The Discipline of Transcendence

超越の道シリーズ 1

ブッダ——最大の奇跡

OSHO

講話録

市民出版社

Originally English title: **The Discipline of Transcendence vol.1**

はじめに

この本に再現された講話、ブッダの四十二章経についての四巻シリーズの一冊目は、一九七六年八月二十一日から三十日までプネーのアシュラムで語られた。

ＯＳＨＯはこの仏教の経文の原書について、こう語っている。


「……この経文『四十二章経』はインドには存在しなかった。これはサンスクリット語やパーリ語で存在したことはない。この経文は中国語でのみ存在する。

漢王朝の皇帝、明は、紀元後六十七年に中国にブッダのメッセージをもたらすために、何人かの仏教の導師たちを中国に招いた。その仏教の導師たちの名前は知られていないが、あるグループが中国に行った。そして皇帝は中国人のための最初の手引きとして、仏教格言の小さな選集を望んでいた。

仏教経典は非常に膨大で、仏教文献はそれ自体がひとつの世界だ。

……何千もの経典が存在し、そしてそれらは非常に詳細にわたって述べられている。それはブッダが論理的分析の価値を信じているからだ。彼はあらゆるもののまさに根源に行く。彼の分析は深遠かつ完全なので、非常に深く詳細に入って行く。

それは非常に困難な作業だった。これまで、ブッダのような人が誰も存在しなかった全く新しい国に、何を翻訳したらいいだろう？　そこでこの仏教の導師たちは四十二章の小さな選集を作った。彼らはあちこちから、この経典やあの経典から、この説教やあの説教から格言を集めた。

今世紀の初め、学者たちはそれまで、その原典はサンスクリット語かパーリ語で存在していたはずで、その後それは紛失したため、中国語のこの経典は翻訳されたものだと考えられていた。それは全くの誤りだ。この経典はインドに存在したことはない。そのままの形では存在しなかった。もちろん、それぞれの格言はブッダから来ているが、すべての仕事が新しい仕事であり新しい選集だ。だからそれを覚えておきなさい。

それこそが、私があなた方のためにブッダの世界への最初の手引きとして選んだ理由だ。それは非常に単純だ。それは非常に単純な方法ですべてを含んでいる。これは非常に直接的だ。それは本質的にすべてのメッセージだが、非常に短くて、他の仏教経典のように、非常に長くてくどくどしたものではない——ＯＳＨＯ」

ブッダ－最大の奇跡

◉目　次

Contents

第一章 最も優れた道

The Most Excellent Way

ブッダは言った。
熱情から解放され、穏やかであること、
これが最も優れた道である。

両親のもとを去り、家を出て、
マインドを理解し、源泉に達し、
そして非物質的なものを理解する者は沙門《シュラマナ》と呼ばれる。

道徳の教訓を守る者、
彼らの振る舞いにおいて純粋で汚れ無き者、
そして聖人らしさの成果を達成するために努力する者は阿羅漢《アルハット》と呼ばれる。

次は阿那含《アナガーミン》。
その生の終わりに、
阿那含《アナガーミン》の霊は天に上昇し、

阿羅漢《アルハット》の境地を獲得する。

次は、斯陀含《スクリダガーミン》。
斯陀含《スクリダガーミン》は死後に天に上昇し、
もう一度地上に戻り、
それから阿羅漢《アルハット》の境地を達成する。

次は、須陀洹《スロタパンナ》。
須陀洹《スロタパンナ》は、最終的に阿羅漢《アルハット》を達成した時、
七回死んで、七回生まれる。

熱情の分断とは、切断された手足のように、
それが決して二度と使われないことを意味する。

ゴータマブッダはヒマラヤの最高峰のような、グリシャンカールのような存在だ――。最も純粋な存在の一人、最も純潔な魂の一人、この地球上で非常に稀な現象の一つだ。その稀少性は、ブッダが内面世界の科学者で、宗教の科学者だということにある。それは稀な組み合わせだ。宗教的であることは簡単だ。科学者であることは簡単だ。だがこれら二つの極性を結合して統合するのは驚くべきことだ。それは信じられないことだが、それは起こった。

ブッダはいまだかつてない豊かな人間だ。生のすべての次元が彼の中で満たされている、という意味で豊かだ。彼は一次元的ではない。

真理に向かう三つのアプローチがある。一つは力のアプローチ、もう一つは美のアプローチ、そして三番目は崇高さのアプローチだ。

科学的なアプローチは力の探究だ。だからベーコン卿は「知識は力なり」と言った。科学は人間を非常に強力にし、その結果、人間は地球全体を破壊可能になった。意識の歴史の中で初めて、人間は世界的な自殺、集団的自殺ができる。科学は驚異的な力を解き放ってきた。科学は持続的にますます多くの力を探究している。これも真理へのアプローチだが、部分的な取り組みだ。

それから詩人、神秘家、美的感覚を持つ人々がいる。彼らは真理を美として見る。ジュラルディン・ルーミーやラビンドラナート・タゴールなど、美は真理だと考える人々だ。彼らは多くの芸術を創造する、彼らは世界に美の新しい源泉を創造する。画家、詩人、ダンサー、音楽家、彼らもまた力とは全く異なる次元から真理にアプローチしている。

詩人は科学者のようではない。科学者は分析、道理、観察を扱う。詩人はハート——不合理、信頼、愛を通して生きる。彼はマインドや道理とは何の関係もない。

宗教的な人々の大部分は第二番目の次元に属している。スーフィー、バウル——彼らはみんな美的アプローチに属する。そのため非常に多くの美しいモスク、教会、大聖堂、寺院——アジャンタやエローラ——それらは宗教的な人々によって創造された。宗教的活動が優勢になる時はいつでも、芸術が創造され、音楽が創造され、名画が創造される。世界はもう少し美しくなる。それはより強力にはならないが、世界はより美しく、よりすばらしく、生きる価値のあるものになる。

三番目のアプローチは崇高さのアプローチだ。旧約聖書の預言者——モーセ、アブラハム、イスラム教の預言者モハメッド、クリシュナとラーマ——彼らのアプローチは崇高さの次元——人が宇宙のこの広大さを見て感じる畏怖——を通るものだ。ウパニシャッド、ヴェーダ、それらはすべて、崇高さを通して世界に、真理の世界にアプローチする。それらは驚きに満ちている。その驚きは信じがたくそこにあり、非常に壮大なので、あなたはただ単にその前にひれ伏してしまう可能性がある。それ以外は何も可能ではない。人は全く畏敬の念を感じ、無に帰す。

これらが真理にアプローチするために通常利用できる三つの次元だ。

最初の次元は科学者を作る。二番目は芸術家、三番目は預言者だ。ブッダの稀少性を成り立たせているもの、それは彼のアプローチがその三つのすべての統合であり、統合だけではなく、その三つを超えているということだ。

彼は合理主義者だ。彼はイエスのような人ではなく、クリシュナのような人でもない。彼は絶対的に合理主義者だ。アインシュタインやニュートン、あるいはエジソンは、彼の理論の中にどんな欠陥も見つけられない。どんな科学者もすぐに彼の真理を確信するだろう。彼のアプローチは純粋に論理的だ。彼はマインドを納得させる。あなたは彼の中に抜け穴を見つけられない。

ある人が私に有名な無神論者、W・C・フィールドについての美しい逸話を届けてくれた。彼はアメリカを旅行していた。ある日、彼のマネージャーがホテルの部屋に入ってきて、彼がギデオンの聖書を読んでいるのを見てショックを受けた。

「ビル！」と彼は言った。

「あなたは一体何をしているのだ？　私はあなたが無神論者だと思っていたのに」

フィールドは答えた。「ただ抜け穴を探しているだけ、ただ抜け穴を探しているだけなんだ」

だが、ブッダの中に抜け穴を探すことはできない。確かに、イエスの中には抜け穴を探すことができる。それは多い——なぜならイエスは信じて、信頼するからだ。彼は信仰を持っている。彼は子供のように単純だ。彼の中にはどんな議論もない。証明は存在するが、そのための議論はない。彼の全存在が彼の証明だ。

しかしブッダはそうではない。あなたは彼のハートとは少しも調和しないかもしれず、彼を全く信じないかもしれず、彼がそうであるという証明を見ないかもしれないが、あなたは彼の議論に耳を傾けなければならないだろう。彼には証明と議論の両方がある。彼そのものが彼が語っていることの証明だが、それがすべてではない。もしあなたに彼を見る準備ができていなくても、彼はあなたを強制できる。彼はあなたを納得させることができる。彼は合理主義者だ。

無神論者で、全く論理的だったバートランド・ラッセルのような男でさえこう言った。

「ブッダの前では、私はためらいを感じ始める。イエスとなら私は戦うことができる」

彼は『私はなぜキリスト教徒ではないのか』という本を書いている。とても論争的な本だ。キリスト教徒による返答はまだされていない。彼の議論は今なお当てはまる。しかしブッダの前では、彼は突然ためらいを感じる。彼は自分の立場がそれほど確かでなくなる。なぜならブッダはバートランド・ラッセルの専門分野で彼を納得させられるからだ。ブッダはバートランド・ラッセルと同等の分析者だ。

ブッダを確信するのに宗教的な人である必要はない。それが彼の稀少性だ。あなたは少しも信じる必要はない。あなたは神を信じる必要はない、魂を信じる必要はない、何も信じる必要はない。それでもあなたはブッダと共にいることができる。やがてあなたは魂について、そして神についても知るようになるだろう。しかしこれらは仮説ではない。

ブッダと旅をするのに何も信じる必要はない。あなたは可能な限りのすべての懐疑主義を持つことができる。彼は受け入れ、歓迎し、そして言う、「私と共に来なさい」と。まず彼はあなたのマインドを説得する。いったんあなたのマインドが納得して彼と旅を始めたら、やがてあなたは、彼にはマインドを超えたメッセージが、どんな道理にも制限されないメッセージがあるのを感じ始める。だが、まず彼はあなたの道理を説得する。

ブッダの宗教は超理性的だが、道理には反対していない。これはまさに、最初に理解されねばならない。それは超えたもの、超理性的なものと関係があるが、その超理性的なものは理性に反対していない。それらは調和している。理性的なものと超理性的なものには連続性があり、それらは連がっている。これがブッダが稀少な存在であるところだ。

クリシュナはアルジュナに「私に明け渡しなさい」と言う。ブッダは決してそうは言わない。彼はあなたが明け渡すことを納得させる。

クリシュナは、「私に明け渡しなさい。そうすればあなたは納得するだろう」と言う。

ブッダ曰く「まず納得しなさい。そうすれば明け渡しは影のように訪れる。それを心配する必要はない。それについては全く話さなくていい」

この理性的なアプローチのために、彼は証明できないようなどんな概念も決して持ち込むことはない。彼は神について語ることはない。

H・G・ウェルズはブッダについてこう言った。「彼は人類の全歴史の中で最も敬虔で、最も神を否定する男だ」。そう、最も敬虔で、最も神を否定する——その通りだ。

ブッダよりも敬虔な人を見つけることはできない。他のすべての人格は彼の前では全く色褪せる。

彼の光輝はみごとだ。彼の存在に匹敵するものは何もない。だが彼は神について話さない。

彼が神について決して話さなかったので、多くの人は彼が無神論者であると考えるが、そうではない。彼が神について話さなかったのは、神について語る方法がないからだ。神についての話はすべてナンセンスだ。あなたが神について語ることは何であれ偽りになる。それは話すことができないものだ。

その他の先覚者たちも、神については何も言えないと言うが、少なくともこれだけは言う――神については何も言えない、と。ブッダは本当に論理的だ。彼はこれさえも言わない。なぜなら彼はこう言うからだ。「神については何も言えないと言うためにさえ、あなたは何かを言った。もしあなたが『神は定義できない』と言うなら、あなたは否定的な方法で、彼は定義できないものだ、と彼を定義したことになる。もしあなたが『何も言えない』と言うなら、それもまたあなたは言っていることになる」

ブッダは厳密に論理的だ。彼はひとことも口にしない。

この時代の最も偉大な思想家の一人であり、すべての時代においても偉大な一人であるルートヴィヒ・ヴィトゲンシュタインは言った。「言えないことは言うべきではない。言えないことは、人は沈黙していなければならない」と。表現できないことについて何かを言うことは冒涜だからだ。

ブッダは無神論者ではないが、神については決して語らない。だから私は、彼は稀な存在だと言うのだ。彼は多くの人々を神のところへ連れて来る。彼は他の誰よりも多くの人々を連れて来た。何百万人もの人々が彼の現存に敬虔な気持ちにさせられたが、彼は決して言葉を口にしなかった。神だけでなく魂や自我のことさえも——彼はそれについて何の理論も持っていない。彼はただ単に言う。「私はあなたに内側に入る方法、その道を示すことはできる。行って、そして見なさい」

彼は言う。「覚者たちはその道をただ指し示せるだけだ。彼らはあなたに哲学を与えることはできない。体験しなさい。行って見ればいい」

一人の男がブッダのところに来た。彼は偉大な学者、ある種の教授で多くの著作があり、国中に知られていた。マウリンガープッタという名前だった。彼はブッダに言った。「私は十二の質問を持って来たので、答えて頂きたいのです」

ブッダは言った。「答えよう。だがあなたは要件を満たす必要がある。一年間、あなたは完全な沈黙の中で私と一緒にいなければならない。それから私は答えよう。その前ではだめだ。たった今でも答えられるが、あなたに準備ができていないため、あなたは答えを受け取らないだろう。そして私が何を言おうと、あなたのマインドにはとても多くの解釈が充満しているので、あなたは誤解する。私が言うことは何であれ、あなたのマインドを通過するに違いない。一年間ただ沈黙していれば、あなたは知識を落とせる。あなたが空っぽである時、あなたが尋ねたいことに何でも私は答えよう。約束する」

彼がこれを話していた間、樹の下に坐っていたブッダのもう一人の弟子シャーリプトラが笑い始めた――気違いじみた笑いだ。マウリンガープッタはきまりが悪くなったに違いない。

彼は言った。「どういうことですか？　なぜあなたは笑っているのですか？」

シャーリプトラは言った。「私はあなたのことを笑っているのではありません。私は自分自身を笑っているのです。一年が過ぎました。この方は私をも騙しました。私は多くの質問を抱えてやって来ました。そして彼は『一年間待ちなさい』と言い、私は待ちました。今私が笑っているのは、今やそれらの質問が消えてしまったからです。彼は尋ね続けます。『さて、例の質問をしなさい！』と。でも私はそれらの質問ができません。消えてしまったのです。だからマウリンガープッタ、あなたが本当に自分の質問に答えて欲しいなら、今尋ねなさい。一年も待ってはいけません。この方は当てになりませんよ」

ブッダは多くの人々を、何百万人もの人々を内側の世界に導き入れたが、それは非常に理性的な方法でだ。これは単純だ。まずあなたは受信者にならなければならない。まず沈黙を達成しなければならない。その時、霊的な交わり《コミュニオン》が可能だ。それ以前ではだめだ。

ブッダは決して形而上学的な質問には答えなかった。彼は技法に関してはどんな質問にも答える用意が常にあったが、形而上学についての質問には答える用意はなかった。これが彼の科学的なアプローチだ。科学は方法を信じる。科学は決して「なぜ」には答えない。それは常に「どうやって」

に答える。

もしあなたが科学者に「なぜ世界は存在するのか?」と尋ねたら、彼はこう言うだろう。「私は知らない。だが私は、世界がどのように存在しているのかは答えられる」。あなたが彼に「なぜ水は存在するのか?」と尋ねても、彼は答えられない。ただ肩をすくめるだけだ。だが彼は水がどのように存在するのかを言うことはできる。どれだけの酸素、どれだけの水素で水ができるのか、を――。彼はあなたに方法を、「どのように」を、その仕組みを与えることができる。彼は水を作る方法を示すことができるが、「なぜ」をあなたに示すことはできない。

ブッダはどんな「なぜ」の質問も決してしないが、それは彼が無神論者だという意味ではない。彼のアプローチは他の無神論者とは非常に異なっている。有神論者は信じること、信仰を持つこと、信頼することをあなたに求める。ブッダは「どうして人は信じられるのだ? あなたは不可能なことを求めている」と言う。彼の議論に耳を傾けてごらん。

彼は言う。もしある人が疑いを抱いているなら、どうして彼は信じられるだろう? もし疑いが既に生じているなら、どうして信じられるだろう? 疑いを抑圧するかもしれない。彼は信じることを強制するかもしれない。しかし内心では疑いが寄生虫のように潜伏し続け、そして彼のハートを食べ続けるだろう。遅かれ早かれ信じることは崩壊せざるを得ない。それには根拠がないからだ。それを支える基盤がない。その基盤に疑いがあり、疑いの基盤の上に、あなたは自分の信念のすべての構造を作り上げてきた。それを見守ったことがあるかな? あなたが信じている時はいつでも、心の底には疑いがある。これはどういうタイプの信念だろうか？

ブッダは言う、疑いの余地がないなら信念の問題はひとつもない、と。その時、人はただ単に信じる。クリシュナたりとも「明け渡しなさい、信じなさい」と言う必要はない――そこには何の意味もない。もしアルジュナに信念があるなら、信仰しているのだ。もし彼に信念がないなら、それをもたらす方法はない。その時アルジュナは、せいぜい自分が信じているということを示し、ふりをするゲームはできる。だが信じることは強制できない。

信念が自然で自発的な人にとって、信念の問題はひとつもない。彼らはただ単に信じる。彼らは信じることが何かさえ知らない。小さな子どもたちはただ単に信じる。しかしいったん疑いが入ると、信じることは不可能になる。そして疑いは入って来るべきだ。それは成長の一部だ。疑いは人を成熟させる。

疑いがあなたの魂に浸透していない限り、あなたは子どもっぽいままだ。疑いの炎があなたを燃やし始めない限り、あなたは未熟なままだ。あなたは生とは何かを知らない。ただ疑うこと、懐疑的であること、問題を提起することによってのみ、あなたは生を知り始める。

ブッダは言う。信念は生じるが、それは疑いに反対してではなく、信じることとしてではないと。信念は、議論によって疑いを破壊することで、より多くの疑いで疑いを破壊することで、疑いそのものによって疑いを排除することで生じる。毒は毒によってのみ破壊できる――それがブッダの技法だ。彼は信じよとは言わない。彼はあなたの疑いの中へ深く入って行きなさい、そのまさに終わりまで進みなさい、と言う。抑圧してはいけない。最後まで疑いのすべての道を旅しなさい。するとその旅そのものが、それを超えたところへあなたを連れて行く。疑いが疑いそのものを疑い始める瞬間が来るからだ。疑いが疑いそのものを疑う時――それは究極の疑いだ。あなたがまさに終わりまで行けば、それは訪れるしかない。あなたはまず信じることを疑う。あなたはあれやこれやを疑う。ある日、あらゆるものが疑われた時、突然新しい、究極の疑いが生じる――あなたは疑うことを疑い始める。

これは宗教の世界では途方もなく新しいものだ。そしてその時、疑いが疑いを殺し、疑いが疑いを破壊すると信念が得られる。この信念は疑いに反対していない。この信念は疑いを超えている。この信念は疑いの反対ではない。この信念は疑いの不在だ。

ブッダは言う。あなたは再び子供にならなければならないが、その経路は世界を通って行かなければならない、疑いの、議論の、推論の多くのジャングルを通って行かなければならない、と。そして人が家に戻り、彼の元の信念に戻る時、それは完全に違っている。彼はただの子供ではない。彼は老人だ――彼は成熟し、体験している、そしてそれでも子供のようだ。

この経文『四十二章経』はインドには存在しなかった。これはサンスクリット語やパーリ語で存在したことはない。この経文は中国語でのみ存在する。

漢王朝の皇帝、明は、紀元後六十七年に中国にブッダのメッセージをもたらすために、何人かの仏教の導師たちを中国に招いた。その仏教の導師たちの名前は知られていないが、あるグループが中国に行った。そして皇帝は中国人のための最初の手引きとして、仏教格言の小さな選集を望んでいた。

仏教経典は非常に膨大で、仏教文献はそれ自体がひとつの世界だ――何千もの経典が存在し、そしてそれらは非常に詳細にわたって述べられている。それはブッダが論理的分析の価値を信じているからだ。彼はあらゆるもののまさに根源に行く。彼の分析は深遠かつ完全なので、非常に深く詳細に入って行く。

それは非常に困難な作業だった。これまでブッダのような人が誰も存在しなかった全く新しい国に、何と翻訳したらいいだろう？　そこでこの仏教の導師たちは四十二章の小さな選集を作った。彼らはあちこちから、この経典やあの経典から、この説教やあの説教から格言を集めた。

この本は儒教の国に伝えられようとしていたため、儒教論語の仕方で編纂された。人々は孔子の語り口に、儒教の経典が製作され、編纂されたやり方に非常によく精通していた。人々は孔子を熟知していたので、正確に同じ方針で、仏教のマスターたちはこの経典を編纂した。論語はあらゆる文、あらゆる節が「マスターは言った（師曰く）――」という成句で始まる。この経典は同様の方法「ブッダは言った――」で始まる。あらゆる格言は「ブッダは言った――」で始まる。

今世紀の初め、学者たちはそれまで、その原典はサンスクリット語かパーリ語で存在していたはずで、それが紛失したために中国語のこの経典は翻訳されたものだと考えていた。それは全く誤りだ。この経典はインドに存在したことはない。そのままの形では存在しなかった。もちろん、それぞれの格言はブッダから来ているが、すべての仕事が新しい仕事であり新しい選集だ。だからあなたはそれを覚えなければならない。

それこそが、私があなた方のためにブッダの世界への最初の手引きとして選んだ理由だ。それは非常に単純だ。それは非常に単純な方法ですべてを含んでいる。これは非常に直接的だ。それは本質的にすべてのメッセージだが、非常に短くて、他の仏教経典のように非常に長くて、くどくどしたものではない。

ブッダは言った。
熱情から解放され、穏やかであること、
これが最も優れた道である。

彼は常に道について語る。決して目的地《ゴール》についてではない。それは彼がこう言うからだ。
「目的地については何と言うべきか？　それについて話すことは無駄だ。あなたが知っているなら、あなたは知っているのだ。もし知らなければ、それに達する前にそれを知る手立てはない」

彼は道についてのみ語る。彼は目的地――神、ブラフマー、真理、絶対不変、神の王国――を指す言葉さえ話さない。違う、彼には目的地のためのどんな言葉もない。彼が語るものはすべて道だ。

熱情から解放され、穏やかであること、これが最も優れた道である。

このひとつの単純な文の中に、彼のすべての教えが存在している。熱情から解放され、穏やかであること――、これらは一つの現象の二つの側面、一枚のコインの二つの面だ――熱情から解放され、穏やかであること。もし熱情から解放されないなら、あなたは穏やかでいられない。そして穏やかでないなら、あなたは熱情から解放されない。それらは同行していて、人は両方一緒に働きかけなければならない。

なぜ人間はとても緊張しているのだろう？　なぜそんなに多くの不安や苦悶があるのだろうか？　なぜ人間は穏やかでなく、落ち着かず、中心が定まっていないのだろう？　非常に多くの熱情があなたをこの道やあの道に引っ張り続け、この道やあの道に押し進め続ける。あなたは多くの方向に引っ張られている。そのためあなたは断片的になり、分割するようになり、分裂するようになる。あなたは自分の中心を失い、自分が誰なのかを完全に忘れている。

見守ってごらん。あなたがお金に対して貪欲な時、あなたは何者だろう？　あなたは単なる金銭欲のかたまりに過ぎず、それ以外の何者でもない。あなたが怒っている時、あなたのエゴが傷ついている時、あなたは何者だろう？　あなたは単なる怒り、傷ついたエゴに過ぎず、それ以外の何者でもない。あなたが性欲に満ちている時、あなたは何者だろう？　あなたはただ性衝動のかたまりに過ぎず、それ以外の何者でもない。あなたが野心的で、権力、名声、体面が欲しい時、あなたは何者だろう？　あなたは単なる野心に過ぎず、それ以外の何者でもない。

見守ってごらん。するとあなたは自分の中に多くの熱情を見つけるが、あなたは自分が誰なのかを見つけることはできない。すべての熱情はあなたを引き離し、それぞれの熱情は独自に進む。もしお金が欲しいなら、あなたはそのために他の熱情を犠牲にしなければならない。お金に夢中になる人は、セックスに関するすべてを忘れるかもしれない。禁欲者でいることはけちな人にとって非常に簡単だ。実際、禁欲とはある種のけちかもしれない。その人は自分のエネルギーを分かち合いたくない。その人は自分の性的エネルギーを誰とも分かち合いたくない。その人はけちん坊だ。

政治的に野心的な人がとても簡単に禁欲者になれるのは、彼のすべての熱情が一つの道に彼を駆り立てるからだ。自分の探求にあまりにものめり込んでいる科学者は、女性についてのすべてを忘れられる。それは簡単だ。もし一つの熱情があなたを完全に支配するなら、あなたは他のあらゆることを忘れられる。

科学者たちが非常にぼんやりした人たちであるのは周知の事実だ。彼らのすべてのマインドは一つの方向に進むが、その時彼らはまた大変つまらない人間になる。彼らの領域や、彼らの視野は狭く、ますます狭くなり続ける。それが専門化ということだ。貪欲な人は狭く、ますます狭くなる。彼は考え、瞑想するが、それはただお金についてだけだ。彼はお金を数え続ける。彼のすべてのマインドは一つの音楽だけを知っている。それはお金という音楽だ。一つの愛だけ、それはお金への愛だ。ある意味で、一つの熱情に支配されている人は見方によれば統合されている。彼らは豊かではない。彼らは自分の存在に多くの次元を持っていない。彼らにはただ一つの味しかない——が、彼らにはある程度の統合がある。彼らは分裂していない。このタイプの気が狂った人は見つからない。なぜなら彼らは一つの方向で狂っているからだ。だから彼らは分裂していない。しかしこれはめったに起こらない。通常、人はすべての方向に走る。

私は聞いたことがある。

科学者とゴリラが一緒に宇宙に送られた。ゴリラの宇宙服にはピンで留められた封筒があり、その中には特別な指令が入っていた。科学者は好奇心に駆られ、封筒の中をこっそり覗くためにゴリラの睡眠時間まで待った。

彼は非常に慎重に封筒を切り開き、中にあった一枚の紙を広げた。そこに印刷されていた文は次のようなものだった——「科学者に食事を与えることを忘れるな」

科学者は集中するようになる。彼の人生は集中の人生だ。集中する人は偽りの類の統一に達する。

普通の人々は集中しない。瞑想ははるか遠くにある。彼らは集中さえしない。彼らの生はごちゃ混ぜ、乱雑だ。彼らの手の一本は北に向かっている。片足は南に向かっている。一つの目は東に行っている。もう一つの目は西に行っている。彼らはすべての方向に向かっている。この多くの方向の押し合いが彼らを分離する。彼らは断片的になり、全体性を失う。どうやって沈黙できるだろう？

どうやって穏やかでいられるだろう？

集中している人も穏やかでいられないのは、彼の生はバランスに欠けるからだ。彼は一つの方向に動いているだけだ。彼の生の他のすべての側面は飢えている。科学者には美とは何か、愛とは何かが決してわからない。彼は詩とは何かがわからない。彼はあまりにも数学的な世界に閉じ込められている。彼はバランスを欠く。彼の多くの部分は飢えて腹を空かしている。彼は穏やかでいられない。あなたが飢えている時、どうやって穏やかでいられるだろう？

すべての方向に動いている人は、専門家よりも少し多くの豊かさを持っているが、彼の豊かさには、その中に精神分裂症がある。彼は分裂するようになる。とても多くのものがあなたを支配し、異なる方向にあなたを引っ張る時、どうやって静かで、穏やかでいられるだろう？　これらが通常の人々の二つのタイプで、両方とも不安で、深い混乱にはまり込んでいる。

ブッダは言った。

熱情から解放され、穏やかであること、

これが最も優れた道である。

彼の道とは何だろう？

両親のもとを去り、家を出て、
マインドを理解し、源泉に達し、
そして非物質的なものを理解する者は沙門《シュラマナ》と呼ばれる。

この言葉は理解されなければならない。シュラマナ、これは非常に基本的なものだ。インドには二つの道があった。一つはバラモンの道であり、もう一つはシュラマンの道だ。バラモンの道は神の恵みの道だ。バラモンは、あなた自身の努力ではあなたは到着できないと信じている。あなたの努力はとても小さく、あなたはとてもちっぽけだ。どうやってあなたは、自分自身の努力で真実を知ることを想像できるだろうか？　神の助けが必要になる。神の恵みが必要になる。

バラモンの道は神の恵みの道なので、祈らなければならない。神が助ける時にだけあなたは道を進むことができる。彼の意志がない限りあなたは到達できない。あなたが一人で動ける可能性はない。神が必要だ。彼の助けが必要だ。彼の手が必要だ。彼があなたを天上に連れて行かない限り、あなたは無駄に苦労するだろう。だから、祈りがその道だ。バラモンは祈りを信じている。

シュラマナはまさに正反対だ。「シュラマナ」という言葉は根「シュラム」が語源だ。シュラムとは自分自身の力を尽くすこと、努力を意味する。シュラムは努力という意味だ。そこにはどんな恵みの可能性もない。ブッダは決して神について語らないからだ。

ブッダは言う。あなたは神を知らない――どうやって祈ることができるだろう？　誰に対してあなたは祈るつもりなのだ？　あなたの祈りは深い無知の中にある。あなたは自分が知らない神に、見たことがない神にどうやって祈ることができるのだ？　どんなタイプのコミュニケーションが可能だろう？　あなたはただ空、空虚な空に向かって話している。独り言を言うほうがましだ。それは気違いじみている。

あなたは、独り言を言っている――独りで坐って誰かに話している――狂った人々を見たことがあるだろうか？　彼らは誰かと話しているが、そこに誰もいないことは誰でも知っている。彼らは自分自身に話している。

ブッダの合理主義的なアプローチにとって、神に祈る人は馬鹿げていて、気が狂っている。あなたは何をしているのだ？　あなたは神が存在するのを知っているのだろうか？　もし知っているなら祈る必要はない。あなたは、神を知るために自分は祈っている、と言う。バラモンは「我々はただ祈りによって、神の助けによって、神の恵みによってのみ、神を知ることができる」と言う。

さてこれは不合理だ、論理的に不合理だ。あなたは輪の中を動いている。あなたは言う。「我々はただ、祈りによってのみ神を知ることができる」。それならどうやって祈れるのだろう？――あなたはまだ神を知らないのだ。そしてあなたは言う。「ただ祈りによってのみ、我々は彼の恵みに達することができるだろう」。これは悪循環だ。これは非論理的だ。その欠陥は非常に明白で、抜け穴はすぐわかる。

これが普通の宗教的な人の問題だ。彼は論ずることができない。無神論者はすぐに、あなたのすべての議論を破壊できる。宗教的な人々は議論を避ける。なぜなら彼らは、自分が論ずるものにどんな根拠もないのを知っているからだ。

あなたは「我々は神を探している」と言う。そして同時にこうも語る。「ただ祈りによってのみ我々は彼を探せるだろう」。あなたはまだ知らない。祈ることは不可能だ。そしてもしあなたが彼を知っているなら、祈りは必要ない。

ブッダは、ただあなた自身の努力によってのみ、あなた自身のシュラマによってのみあなたは彼に到達すると言う。そこにはどんな恵みの問題もない。ある意味では、それは非常に厳しく見え、別の意味では、まさに非常に科学的に見える。

あなたはここに一人で、世界というこの森の中で道に迷っている、そして木の下に坐って、あなたはただ祈っている。誰に祈っているのか、神はどこにいるのか、彼はいるのかどうかも知らずに――。あなたは自分の時間を浪費しているのかもしれない。もし神がいないなら、その時は――?あなたが祈りで浪費したすべての時間は、探求のために、見つけ出すために使うことができたのだ。

ブッダは言う。ひとたびあなたが自分は道に迷っていて、自分は自分自身の道を見つけなければならず、何の助けもやって来ないことを理解するなら、あなたは責任感を持つようになる、と。祈りは無責任さに通じる。祈ることは単に避けることだ。祈ることは怠惰なことだ。祈ることは全くの逃避だ。

ブッダは努力が必要だと言う。そして祈ることはある意味で侮辱的でもある。だから仏教の体系には祈りのようなものは何も存在せず、瞑想だけが存在するのだ。あなたは瞑想することはできるが、祈ることはできない。

これが瞑想と祈りの違いだ。祈りは神への信仰を必要とし、瞑想は信仰を必要としない。瞑想は純粋に科学的だ。瞑想はただ単に、思考が停止するマインドの状態が存在すると言う。それはただ単に思考を止めるため、思考を落としてマインドの静かな状態に至るため――マインドの平静な、静穏な状態に至るための方法がある、と言う。マインドのその状態はあなたに真理とは何かを与え、その一瞥を与え、その扉を開ける――が、ただあなた自身の努力によってのみ可能だ。

人間は独りであり、懸命に働きかけねばならない。あなたが取り逃しても、ただあなただけに責任がある。もし到達しなくても咎めるべき人は誰もいないので、誰も咎めることができない。

ブッダの道はシュラマナ――自分の努力を信じる人の道だ。それは非常に厳しく、骨が折れるように見える。人は恐れを感じ始める。恐れの中で、私たちには誰かの助けが必要となる。どこかにある神が存在すると信じることさえ、私たちに安心を与える。

私は聞いたことがある。

デッキチェアにだらしなく横たわっている船酔い乗客が、通り過ぎる給仕を止めた。遠くを指差して、彼は言った。「あそこにあるものは陸地ですね？」

「いいえ、お客様」と給仕は答えた。「あれは水平線です」

「かまわんだろう」ため息まじりに乗客は言った。「何もないよりはましじゃないか」

しかし水平線とは何もないものだ。どうしたら何もないよりましだと言えるだろうか？　それはそう見えるだけだ。それは存在しない。水平線のようなものはない。水平線とは単なる錯覚だ。しかしそれも、船酔いの乗客にとっては良いように思われる。少なくとも何かがある。何もないよりはましだ。

信仰はブッダにとって水平線のようなものだ。あなたの神々は水平線のような、蜃気楼のようなものだ。あなたは独りだと感じるので神々を信じる。あなたは彼らがいるのかどうか知らない。あなたは彼らが必要なので彼らを作る。しかしあなたの必要性が彼らの真実性を保証はできない。あなたの必要性が彼らの実在を保証することはできない。

あなたは暗い夜に森を通り過ぎている。あなたは一人だ。あなたに必要なのは仲間がいることだ。あなたは仲間を想像できる。仲間と話し始められる。あなたはその仲間からのもののように答え始めることさえできる。それは誰かがそこにいるような錯覚を与えるだろう。あなたはその仲間を信じることができる。あなたはそのために完全に催眠術にかかってしまうことがあり得るが、あなたが仲間を作れるという意味ではない。

人々は一人でいる時に口笛を吹き始める。暗い夜を通ると彼らは口笛を吹き始める。それは役に立つ。何もないよりましだ。あなたは自分の騒音に耳を傾け、他の誰かがそこにいるという考えを与える。人々は歌い始めることもする。自分の声を聞くことは、そこに他の誰かもいるという感じがする。あなたはいつも他人が話すのを聞いていたからだ。あなたに聞こえるまさにその音が、他の人がそこにいるに違いない、という感じをあなたに与える。

だがブッダは、ただあなたに必要だという理由だけで、現実がそれを満たす必要はない、と言う。現実は、あなたの必要性によって変わるものではない。あなたの必要性——つまりあなたは一人であり、あなたは空の中に父親像を、神を求めているということ——それは本当にある。だからキリスト教徒は神を「父」と呼ぶのだ。それは理想の父親像だ。

心理学者はブッダに同意するだろう。心理学者は、神は父親の代わりに必要なものにすぎないと言う。すべての小さな子供には父親がいる。それは保護であり、安心を与える。父親がいることで、人は絶対に大丈夫だと感じる。それからあなたは成長する。それからあなたは成熟する。その時あなたの父親はもはや保護ではない。そこであなたは自分の父親が自分と同じくらい弱いのを知る。そこであなたは自分の父親が自分と同じように制限されているのを知る。そしてやがてあなたは、自分の父親が毎日だんだんと弱くなっているのを、年老いていているのを見る。

あなたの信頼は失われるが、必要性が残っている。あなたにはある父親代わりが必要だ。あなたはどこかへ行って自分の父親と語りたいが、彼はもはや存在しない。失われてしまった。あなたは神を創造する。または母親を創造する――それをカーリー、アンバと呼ぶ――だが、あなたは父親像か母親像を創造する。それは確かにあなたの必要性――心理的な必要性だが、この必要性はあなたを未熟なままにする。


ブッダは成熟を全面的に支持する。彼はこれらのすべての像を落としなさいと言う。彼らは存在しない。たとえ彼らが存在しても、これは彼らを見つけるための道ではない。その道は、穏やかで静かになることだ。その道は、誰かの恵み《グレイス》を必要としないほど独りになることであり、そして自分の独り在ることを受け容れることだ。あなたが自分自身の内で満たされるほど、あなたが自分自身で充分であるほどとても静かに、そして独りになりなさい。その時あなたは穏やかになるだろう。その時、気品《グレイス》があなたに起こり始めるだろう。だがそれは神から来る恵みではない。それはあなた自身の中心から、あなた自身の周辺に向かって広がる優雅さだ。あなたは優雅になる。

ブッダの坐り、立ち、歩みは、まさに体現された優雅さだ。しかしこの優雅さは他のどこかから来ているのではない。それは彼自身の最も内側の深みから表出している。彼自身の中心から湧き出ている。まるで木に咲いた花のようなものだ。それは木から出てきた。それは他の誰かからの贈り物ではなく、成長だ。

これがバラモンの道とシュラマナの道との違いだ。バラモンの道では、真理は贈り物、神の贈り物だ。シュラマナの道では、真理はあなた自身の存在からあなたに起こる成長だ。それはあなたのものだ。真理は発見されるべき外側の何かではない。それは内側で実現されるべきものだ。

両親のもとを去り、家を出て、
マインドを理解し、源泉に達し、
そして非物質的なものを理解する者は沙門《シュラマナ》と呼ばれる。

さて、シュラマナの定義だ。誰がシュラマナと呼ばれるのだろう？　誰が本当に真理の探求者なのだろう？　誰が真理とは何かを発見するために本当に努力を、真正な努力をしているのだろう？

第一に――彼らは両親のもとを去る。

さあ、これは非常に象徴的なものであり、文字通りに受け取ってはいけない。これは非常に象徴的で、非常に心理的だ。子供は母親の胎内に九ヶ月間留まらなければならない――完全に保護されている。二度とそうした快適さを見つけられないほど、美しくて温かい雰囲気の中に彼はいる――。何の心配もない、何の責任もない、呼吸することにさえも。彼は自分で呼吸する必要はない。母親が彼のために呼吸する。彼には空腹になったり、空腹なままにされる心配は何もない。母親が彼に食べさせ続ける。彼は手厚く保護され、とても安全だ。

心理学者は、宗教的な探究において人々は再び同じ子宮を求めている、と言う。彼らの楽園の概念すべては、拡大された子宮以外の何ものでもない。そこは全く心地良い。ヒンドゥー教の神話では、彼らは天国にはカルパヴリクシャと呼ばれる木があると言う。願いが叶う木だ。あなたはその下に坐る。そしてどんな欲求でも起こる瞬間に、それが起こったことをあなたが知るようになる前であっても、それは満たされる。あなたが食べ物を思うと食べ物があるだろう。即座に、だ。あなたは眠気を感じているので、ベッドを思う。即座にベッドがあるだろう。

これこそが子宮というものだ。子宮はカルパタル、願いが叶う木だ。子供はどんな必要性にも決して気づきはしない。彼が気づく前にそれは満たされる。それは全く自動的だ。だが、子供は子宮を去らなければならない。成長のために必要だ。快適さだけでは何の挑戦もないため、成長の助けには決してならないからだ。子供は子宮を去らなければならない。そして子供が子宮を去った後にすべき最初の事が、すべての生存の基本だ——彼は自分で息をしなければならない。彼は自分で努力をしなければならない。彼はシュラマナになっている。

母親の子宮の中では、彼はバラモンだった。あらゆることが恵みによって起こっていた。あらゆることが起こっていた。彼は何もしていなかった。しかし、誰もが子宮から出てこなければならない。あらゆるバラモンはシュラマナにならなければならない。ブッダはシュラマナで在ることを通じて成長は可能だと言う。

それから子供はやがて、もっと遠く離れて、母親からもっと遠く離れて成長する。誕生後、彼はまだ母親の乳房に依存しなければならないだろう。それから彼はもはや乳房にも依存しなくなる瞬間が来るだろうが、それでも自分を養うために母親に依存する。それから彼は学校に行く。彼は母親からさらに遠く離れて行く。彼はますます独立するようになっていく。彼はますます個になっていく。そしてある日、彼は別の女性と恋に落ち、そして完全に母親から切り離される。

だからこれまでどんな母親も、自分の息子を奪った女性を許せないのだ。決してだ。母親が自分の息子を奪った女性を許すことは不可能だ――それは深い対立だ。しかし男性は、彼が女性と恋に落ちる時、本当に成熟するようになる。なぜならその時、彼は完全に自分の母親へ背中を向けるからだ。今、彼は百八十度向きを変えた。

ブッダは、心理的な世界ではまだ多くの根を断ち切らなければならない、と言う。自分が母親からはるか遠くに来たかもしれないことに、ますます気づくようになるべきだ。しかし、あなたは心理的な母親を創造する。あなたは父親から遠く離れているかもしれないが、天国に父親像を創造する――全世界を支配する神、最高の主権者をだ。そしてあなたは彼を父と呼ぶ。再びあなたは依存する者になろうとしている――まるで自分の独立を恐れているかのように。これらのすべてが根だ。その根はすべて断ち切らなければならない。

イエスはどこかで言っている――そして私は、彼がある仏教の源からその考えを得たに違いないのではないかと思っている。なぜならイエスはブッダの五百年後に生まれて、イエスが生まれた頃には、仏教の考えは中東全域に広がっていたからだ。それはアジアの中央まで遠く浸透していた。それはエジプトに深く入り込んでいた。

イエスはエジプトで育った。彼は知るようになったに違いない。そして彼が教えるためにエルサレムに再び行ったその前に、インドを訪れた可能性が高い。あらゆる可能性がある。彼がナーランダ大学、仏教大学を訪れたという情報源がある。彼はシュラマナの道について知るようになったに違いない。なぜなら彼の教えの中では、ユダヤ人の観念に伝統的な源がないことをいくつか語っているからだ。

たとえば彼は言う。「あなたの父と母を憎まない限り、私の弟子にはなれない」。もしあなたがこれを言ったら、キリスト教徒は常に当惑させられる。これはどんなタイプの教育だろうか？「あなたの父と母を憎まない限り――」とは。それであなたは、イエスは愛であり、彼は世界に愛を教えるために来た、と言うのだろうか？　あなたは、神は愛だ、と言うのだろうか？　そしてその教えは憎しみに満ち溢れているようだ――「あなたの父と母を憎みなさい」。すべての偉大な教師たちは言ってきた。「あなたの父と母を尊敬しなさい」。そして何というナンセンス――イエスは憎めと言うのか？　彼はある源からそれを聞いたに違いない。

それらの源は仏教以外に在り得ない。なぜならブッダがこう言うからだ。

両親のもとを去り、家を出て――

それらを文字通りに受け取ってはいけない。イエスの言うこともまた、その言葉通りに受け取ってはいけない。彼は「あなたの父と母を憎みなさい」と言っているのではない。彼は単に、父と母から完全にあなた自身を切り離しなさいと言っているのだ。彼は保護からあなた自身を遮断しなさいと言うのだ。不安定になりなさい。すべての依存状態からあなた自身を断ち切りなさい。自立しなさい。個になりなさい。それが彼が言うことだ。

イエスは非常に乱暴な言葉を使う。ブッダは非常に洗練された言葉を使う。イエスはあまり教養がなかった。彼は粗野な男、大工の息子だった。そしてユダヤ教の伝統は非常に粗暴だ。預言者は火のような言葉で話す。彼らの言葉は宗教的というよりも政治的に見える。ブッダは王の息子だった。充分な教育を受け、充分な教養があった。彼らの用語が異なるようになったのは、彼らが異なる人物だからだが、その意味は同じだ。

人は両親のもとを去らねばならない。人は家を出なければならない。人は過去を後にしなければならない。人は完全に自立し、独りにならなければならない――人はその独りの状態に怯える――が、独りにならなければならない。

人は自分自身に、絶対的責任を持つようにならねばならない。その時にだけ、あなたはマインドを理解できる。もしあなたが他人に依存し続けるなら、まさにその依存が、あなたが誰であるかを理解することをあなたに許さないからだ。

すべての源を断ち切りなさい。すべての関係性からあなた自身を切り離しなさい。他の誰もいない今、あなたは一人残される。あなたは自分自身の魂を覗き込まなければならない。自分自身に遭遇しなければならない。それが自分自身に出会う唯一の方法だ。その時マインドを理解することで、あなたの存在のまさに源泉に達する――。そして非物質的なものを理解する。

見てごらん、ブッダはスピリチュアルなものを理解せよとは言っていない。非物質的なものを理解せよと言う。これが違いだ。彼のアプローチはとても理に適っている。彼はあなたが抜け穴を見つけられるものを主張しない。彼は「スピリチュアルなもの」とは言わず、単に「非物質的なもの」と言う。

物理学者に尋ねてごらん。彼は仏教の言語を理解するだろう。彼は「原子を分析することで、我々は電子に至った」と言う。電子はまさに電気の微粒子で、ほとんど非物質的だ。物質は消えてしまった。ただエネルギーだけがある。それを物質とは呼べない。それを非物質と呼ぶしかない。そしてそれから電子を分析することで彼らはほとんど虚空に、非物質的虚空に至った。物理学者は仏教用語を理解するだろう。

ブッダもまたマインドを分析することで同じ地点に達した。マインドを分析することで、彼はどんな思考も存在しない段階に至った。純然たる虚空に――。彼はそれを非物質的と呼ぶ。思考は内的な物質だ。あなたが思考を消散させ、ただ空間だけが残っている時、それは非物質的だ。
同じことが現代物理学に起こってきた。彼らは外側の世界で物質を分析していて、非物質的なものに至った。ブッダは彼の内面の旅で非物質的なものに達し、科学はその外側の旅で非物質的なものに達したが、両方とも非物質的なものに達した。科学者たちもまた、これはスピリチュアルであるとは言わないだろう。科学者はこう言えるだけだ。物質であったものは何であれもう存在しない、と。彼はそこに何があるのかは言えない。これだけは言える。私たちが物質として考えていたものは何であれ、もはや存在しない、と。私たちに言えることのすべては否定だ。

ブッダは言った。

そして非物質的なものを理解する者、
彼らは沙門《シュラマナ》と呼ばれる。

さてシュラマナの範疇だ。

道徳の教訓を守る者、
彼らの振る舞いにおいて純粋で汚れ無き者、

そして聖人らしさの成果を達成するために努力する者は阿羅漢《アルハット》と呼ばれる。

アルハットはノー・マインドの最高の状態だ。「アルハット」という言葉は「彼の敵を征服した者」という意味だ。アリは敵を意味し、アルハットは「敵を征服した者」を意味する。

敵とは誰だろう？　彼らはあなたの外側にはいない。熱情、心の乱れ、欲望、憎悪、嫉妬、独占欲、怒り、性欲——これらが敵だ。

ある意味において、あなたのマインドは敵だ、根源的な敵だ。マインドを征服した人はアルハットと呼ばれる。これが最高の状態、すべての雲の上に来た人だ。

あなたは時々、空の旅で、飛行機が雲の上に来る時に見守ったことがあるだろうか？　すべての雲はあなたのすぐ下にあり、あなたは純粋な、青空の中にいる。それがアルハットの状態、その内側の状態だ。人はマインドを洞察し続ける。やがて熱情の雲はもはや存在しなくなる。それははるか後方に置き去りにされる。そしてあなたは純粋な空間に、非物質的な空間にますます高く舞い上がっている。これがアルハットの状態だ。

仏教用語でそれは最高の状態だ。キリスト教徒がキリストと呼ぶものを、ブッダはアルハットと呼ぶ。ジャイナ教徒がアリハンタと呼ぶもの、その言葉もまた同じ意味だ。あるいはヒンドゥー教徒がアヴァターラ——ラーマ、クリシュナと呼ぶもの、それも同じ状態、アルハットの状態だ。

だがブッダは、それについても非常に科学的だ。彼はそれをアヴァターラとは呼ばない。なぜならアヴァターラとは「世界へ降臨した神」を意味するからだ。あなたは神の存在を信じなければならない。彼はそうは呼ばない――ともかく彼は、何らかの前提が必要などんな用語も使わない。彼は前提なしに簡単な用語を使う。

次は阿那含《アナガーミン》。

アルハットは最高の状態であり、それの次はアナガーミンだ。アナガーミンとは「再び来ることのない者」という意味だ。その人は――。

その生の終わりに、
阿那含《アナガーミン》の霊は天に上昇し、
阿羅漢《アルハット》を獲得する。

それはアルハットの状態のすぐ下にある。

アナガーミン――その言葉の意味は「再び来ることのない者」だ。消え去る。彼は去ってしまう。消え去る。彼は永遠に去ってしまう。彼は戻らない。彼は戻れない地点に来てしまった。彼はアルハットである存在のすぐ近くにいる。彼は雲を通過してきた。ちょうど境界線上に、彼はアルハットになろうとして立っている。おそらく小さな執着が彼に残っていたのだ。そしてその執着は身体と共にある。そこで彼が死ぬ時、その執着もまた消える。彼は戻ってこないだろう。

次は斯陀含《スクリダガーミン》。

スクリダガーミンは「戻ってくる者」を意味する。

斯陀含《スクリダガーミン》は死後に天に上昇し、もう一度地上に戻り――

ただ一度だけ――。彼にはまだいくらかの執着がある。非常に微かだ――だがそこにはまだ少しの根があり、そして彼は再び別の子宮に引き戻される。彼は絶対的な無欲ではない。アルハットは全く無欲だ。スクリダガーミンは粗い欲望を超えたが、微妙な欲望がまだある。

粗い欲望とは何だろう？　お金に対する欲望、権力、名声に対する欲望――これらが粗い欲望だ。自由への欲望、穏やかでありたいという欲望、アルハットらしさの最後の状態を達成したいという欲望――これらが微妙な欲望だが、それらはまだ欲望だ。彼は一度だけ戻ってこなければならないだろう。

次は須陀洹《スロタパンナ》。

スロタパンナという言葉は「流れの中に入った者」を意味する。スロタは流れを意味し、アパンナは「入った者」を意味する。スロタパンナとは「流れに入った者」という意味だ。彼はその道でまさに彼の旅を始めた。彼はもはや世俗的でない。彼はサニヤシンになった。彼は川に入った。遠くには海がある。だが彼は川に入った。彼は始めた。

そして旅が始まる時、それは終わるだろう。それがどれほど遠くても、それはひどくかけ離れてはいない。本当の問題は、流れに入ることさえしなかった人にある。彼らは川岸の上に立っている。彼らは世俗的な人々で、川岸の上に立っている。サニヤシン、比丘は、川に入った人だ。彼は、海は遠く離れているが、ただ入ることで今や旅の半分が終わったことをよく知っている。

次は須陀洹《スロタパンナ》。
須陀洹《スロタパンナ》は、最終的に阿羅漢《アルハット》を達成した時、
七回死んで、七回生まれる。

これらは単なる象徴的なものであり、それらを文字通りに受け取ってはいけない――これらは単なる象徴的なものだ。「七」は正確に七を意味するものではない。それは、彼は何度も死ぬだろう、彼は何度も生まれるだろうという意味だが、彼の顔は海を向いている。彼はガンジス川に入り、旅は始まった。

熱情の分断とは切断された手足のように、
それらは決して二度と使われないことを意味する。

そしてブッダは「熱情を落とすことによって」と言ったが、それはまるで誰かがあなたの手を切断して、それであなたは手を使えないようなもの、という意味だ。あるいは誰かがあなたの目を取り出す。その時あなたは目を通して見ることができない。流れに入る準備ができている人とは、自ら進んで、自発的に自分の熱情を落とす人だ。彼は言う、「私はそれを再び使うことはないだろう」と。覚えておきなさい。これはフロイト派の用語の意味している抑圧ではない。彼はそれを抑圧しない。彼は単に、そこから自分のエネルギーを引き抜く。セックスはそこに残る。彼はそれを抑圧しない。彼は単にそれ以上協力しない。

その違いは途方もない。セックスがあってそれを抑圧する時、あなたはそれと戦う。あなたはそれより上には行かない。あなたはそれと共に残るが、それと戦うなら、それにしがみついたままだ。そしてもしそれと戦うなら、あなたはそれを恐れたままだろう。

ブッダは単にそれに協力しない人のことを言う。欲望は、性欲は生じる――あなたはどうするだろう？　ブッダは、ただ見守りなさい、と言う。それをそのままにしておきなさい。それは来ては去る。それはマインドにちらつくだろう。あなたを魅了しようとするだろう。用心深いままでいなさい。どんな無意識も許してはいけない。そうでなければそれはあなたの中に入る。あなたは単に用心深いままでいる。

ブッダは言う、「人はただ、心を配らなければならない。その時に人は明かりが灯り、明かりが点灯している家のようなものだ。泥棒は入ることを恐れている。ランプがなくて家が暗い時は、泥棒は簡単に入る。本当に心を配るようになった人は、扉に番人がいて、完全に目覚めて、明かりが灯っている家のようなものだ。泥棒が入ることは難しい。彼らは勇気が出せない」

同じことがあなたが気づく時に起こる。あなたには番人がいる。あなたが気づく時、あなたの家は光が灯される。熱情はあなたに入ることはできない。熱情は来ることができる、それは周りでぶらつくことができる、それはあなたを説得しようとする。だが、もしあなたがただ見守るなら、それはあなたの協力によって生きているので自動的に消える。それと戦ってはいけないし、それに溺れてはいけない。ただ気づいたままでいなさい。やがてそれは切断された手足のように落ちるだろう。

もし戦い始めたら、あなたは別の問題を作っている。寛大な人である代わりに、あなたは抑圧的な人になるだろう。問題は解決されない。名前が変わるだけだ。

私は聞いたことがある。

ある医師が泥酔状態で運ばれてきた男を治療していた。「もし患者が再び緑色のヘビを見るなら、この薬をいくらか与えなさい」。と彼は看護婦に言った。

後ほど彼が戻って来ると、その男がうわ言を口走っているのに気づいた。しかし薬は彼に与えられていなかった。「もし彼が再び緑色のヘビを見たのなら、彼にこの薬を与えるようにと私は君に言わなかったかね？」と医者は詰問した。

「でも彼は緑色のヘビを見ませんでした」と看護婦は答えた。

「何だって？」

「いいえ、彼は紫のカエルを見ていたのです」

さて、あなたが緑のヘビを見ようが紫のカエルを見ようが何の違いもない。あなたは酔っぱらっている。

自分の熱情に協力する人々と、自分の熱情と戦う人々がいる。しかしどちらも熱情と共に残る。一つは友好的で、もう一つは対立的だが、どちらも熱情と共にあり、どちらも微妙な協力の仕方だ。人は関係性から離脱しなければならない。人はただ見物人に、見守る者にならねばならない。ひとたびあなたが見守り始めるなら、あなたは何層もの熱情に気づくようになるだろう。そこには多くの層がある。粗い熱情が置き去りにされる時、より微妙な層が見つかる。私たちの人生は玉葱のようなものだ。その皮を剥くと、別の層がある。その皮を剥くと、別の層がある――より新鮮でより若く、もっと生きている。だがもしあなたが剥き続けるなら、ただ虚空だけがあなたの手の中に残される瞬間が来る。それがブッダがニルヴァーナ（涅槃）――虚空と呼ぶものだ。すべての層はなくなった。

私は聞いたことがある。

ポップ・グループのギタリストが自動車事故に巻き込まれ、頭に傷を負った。病院に到着した時、医師は傷の程度が見えるように、彼の長くて太い髪の毛を完全に切ることを命じた。看護婦は仕事を引き受けるための細かな説明を受け、彼女は大きな鋏一丁で仕事に取りかかった。

十分ほど後、彼女は若者に言った。

「あなたは若かった頃、北ランカスター大学に行きませんでしたか？」

「はい、行きました」と若者は答えた。「あなたもですか？」

「いいえ」看護婦は言った。「私はロンドンから来ました」

「では、私が行った大学をいったいどうやって知ったのですか？」と若者は尋ねた。

「ちょうどあなたが学生帽を被っていたあたりを切っていますから」と、看護婦はカットを続けながら答えた。

層に継ぐ層――そしてあなたが深くまで切るほど、より多くのものをあなたは見つけるだろう。長い間、長年にわたって失われていた多くのものを。自分の学生帽をあなたは見つけるだろう。あなたが自分のマインドの中へより深く入って行けば行くほど、あなたはより深く自分の子供の頃に行くだろう。多くのことが忘れられ、失われた。再び、それらはそこにある。なぜなら何もこれまで失われていないからだ。あらゆるものは蓄積され続ける。

あなたが何も見つけられない地点に来るとき、自分の実存に達する。その実存は層のようなものではない。その実存は単なる空間、純粋な空間だ。その実存は単なる虚空だ。

ブッダは実存を非存在と呼ぶ。彼はそれをアナッタと呼ぶ。ブッダは言う、もしあなたが自分自身を見つけるなら、まだ残されたいくつかの層が存在しているに違いない、と。あなたが自分自身を見つけられない地点に突然来る時――あなたは在る、それでもあなたは自分自身を見つけられない――その時あなたは家に帰っている。そしてこれは努力によってのみ達成できる。

これが彼の構成だ。明日から私たちは彼の方法論へ移り始めよう。それは瞑想の道、内的な規律の道、エゴを超越する方法、すべてを超越する方法だ。だから私はこの話のシリーズを「超越の道」と呼ぶつもりだ。しかしこれは彼の説明だ。

通常、あなたは川岸に立っている。その時あなたは希望を持てない。その時あなたは絶望的な状態にある。もしあなたがスロタパンナになるなら、もしあなたが流れに入るなら、それが私がサニヤスと呼んでいるものだ。サニヤスによってあなたはスロタパンナになる——あなたは流れに入る。あなたは勇気を出す。あなたはジャンプをする。これは川岸から流れへの量子的跳躍だ。それらは非常に近いが、全く異なっている。

川岸は決してどこへも行かない。それには何の成長もない。それは決して動かない。それは静止して停滞して古く、死んでいる。その側には流れる川がある。それはどこかへ向かう。もしあなたの生がどこにも行かないなら、あなたは川岸の上に立っているのだ。流れに入りなさい。するとあなたは旅を始める。あなたの生は変わり、変容し始める。あなたは変貌し、変性《メタモルフォーゼ》し始める。そして一瞬一瞬、新しいビジョンの扉があなたのために開く。ある日、川は海に達する。あなたがアルハットになるその日、あなたは海に溶ける。

まずスロタパンナだ。それからスクリダガーミン、それからアナガーミン、それからアルハットだ。これらがそのありさまだ。これは非常に科学的な構成だ。世俗的人間であることからスロタパンナになること、すなわちあなたの旅は始まったのだ。

第二章

最大の奇跡

The Greatest Miracle

質問一

ある人が禅マスターに尋ねました。「世界で最大の奇跡とは何ですか?」

マスターは答えました。「私は自分と共に独りでここに坐っている」

この喩えの意味は何ですか?

それは喩えではなく単純な事実だ。直接それを見なさい。どんな意味も探す必要はない。それはバラの花のようなもの——単純な声明だ。もし意味を探し始めるなら、あなたはその意味を取り逃がすだろう。意味はそこにあり、明らかだ。それを探す必要はない。このような単純な事実についての意味を探し始める瞬間、あなたは哲学を組み立てたり、形而上学を作り出す。そしてあなたは進み続け、事実から遠く離れて行く。

これは単純な声明だ。禅マスターは言った。「私は自分と共に独りでここに坐っている」。これが最大の奇跡だ。独りであることは最大の成就だ。人は常に他人の必要性を感じている。他人に対する途方もない必要性があるのは、私たち自身の内側で何かが欠けているからだ。私たちの存在には穴が開いている。私たちは他人の存在でその穴を何とか埋める。他人は私たちを完全にする。そうでなければ私たちは不完全だ。

他人なしでは、私たちは自分が誰なのかがわからない。私たちは自分の自己認識《アイデンティティ》を失う。他人は鏡になり、私たちはその中に自分の顔を見ることができる。他人がいなければ、私たちは突然自分自身に放り投げられる。大変な居心地の悪さ、不便が生じる。なぜなら私たちは自分が誰なのかを知らないからだ。一人でいる時、私たちは非常に奇妙な群れの中に、非常に困惑する群れの中にいる。私たちは誰といるのかわからない。

他人と一緒では、物事ははっきりしていて、定義される。私たちはその名前を知っている、その姿を知っている、男か女かを知っている――ヒンドゥー教徒、キリスト教徒、インド人、アメリカ人――そこには他人を定義するいくつかの方法がある。どうやってあなた自身を定義するのだろう？

心の底には深淵が、定義できないものがある。そこには深淵が、空虚がある。あなたはそれに没入し始める。それは恐怖を引き起こす。あなたは怯えるようになる。あなたは他人に駆け寄りたくなる。他人はあなたが気を紛らすのを助ける。他人はあなたが外に留まるのを助ける。そこに誰もいない時、あなたはただただ、自分の空虚さと共に取り残される。

誰も独りになりたくない。世界で最大の恐怖は独りきりにされることだ。人々はただ独りきりにならないために千と一つのことをする。あなたは隣人の真似をする。そうすれば彼らのようになってあなたは独りきりにならない。あなたは自分の個性を失い、独自性を失う。あなたはただの模倣者になる。もしあなたが模倣者でないなら、あなたは独りきりになるからだ。

あなたは群衆の一員になり、教会の一員になり、組織の一員になる。どうにかしてあなたは安心できて、あなたは独りではなく、あなたのような人々が大勢いる群衆の中にのみ込まれたい。あなたのような大勢のイスラム教徒たち、あなたのような大勢のヒンドゥー教徒たち、多数のキリスト教徒たち、多数の人々……あなたは独りではない。

独りであることは本当に最大の奇跡だ。それは、今やあなたはどんな教会にも属していない、どんな組織にも属していない、どんな神学にも属していない、どんなイデオロギーにも属していないという意味だ――社会主義者、共産主義者、独裁主義者、ヒンドゥー教徒、キリスト教徒、ジャイナ教徒、仏教徒――あなたは属していない。あなたは単に在る。そしてあなたは自分の漠然とした、言い表せない現実《リアリティ》を愛する方法を学んだ。あなたは自分と共に在る方法を知るようになった。

あなたの他人の必要性は消えてしまった。あなたにはどんな抜け穴もない。あなたにはどんな穴もない。あなたは何も不足していない。あなたにはどんな欠陥もない。あなたは自分自身であることで全く幸せだ。あなたは何も必要としていない。あなたの至福は無条件だ。そう、それは世界で最大の奇跡だ。

しかし覚えておきなさい。そのマスター曰く「私は自分自身と共に独りでここにいる」

あなたが独りでいる時、あなたは一人ではない。あなたは単に孤独なだけだ。

そして孤独《ロンリネス》と独りあること《アロンネス》の間には、途方もない違いがある。孤独な時あなたは他人のことを考えている。あなたは他人がいないのを寂しく思っている。孤独は否定的な状態だ。あなたはもし他人がいたら……友人や妻、母親、あなたの最愛の人、あなたの夫がいたらもっと良かっただろうと感じている。もし他の人がいたら良かっただろうが、他人はいない。

孤独は他人の不在だ。独りあることは自分自身の現存《プレゼンス》だ。独りあることは非常に肯定的で、これは現存、溢れ出る現存だ。あなたは自分の現存で全宇宙を満たすことができ、そして誰の必要もないほど現存に満ちている。

もし全世界が消えても、この禅マスターは何も寂しく思うことはない。もし突然、ある魔法によって全世界が消えてこの禅マスターが独り取り残されても、彼はいつもと同じように幸せで、欠乏を感じないだろう。彼はその途方もない虚空を、その純粋なる無限を愛するだろう。彼は我が家に到着したので欠乏を感じないだろう。彼は自分自身であるだけで充分なのを知っている。

これは、光明を得て我が家に帰った人は他人と共には生きない、という意味ではない。それどころか、彼だけが他人と共にいられる。彼は自分自身と共にいられるから、他人と共にいられるようになる。もしあなたが自分自身と共にいられないなら、どうやって他人と共にいられるだろう？　あなたは最も近い所にいる。自分自身と共にでさえ深い愛の中に、喜びの中にいられないなら、どうやって他人と共にいられるだろう？　他人は遠く離れている。

自分の独りあることを愛する人は、愛することができる。孤独を感じている人は愛することはできない。自分自身と共にいて幸せでいられる人は、愛に満ちて流れている。彼はどんな人の愛も必要としない。そのために彼は与えることができる。あなたが必要としている時、どうやって与えられるだろう？　あなたは乞食だ。そしてあなたが与えることができる時、多くの愛があなたに向かってやって来る。それは応答、自然な応答だ。愛の最初のレッスンは独りでいる方法を学ぶことだ。これは非常に重要な声明だ。その中に喩えのようなものは何もない。それは即時で、直接的だ。それはあなたに遭遇しているバラの花のようなものだ。あなたはバラの花について「このバラの花の喩えは何ですか？」とは決して尋ねない。あなたは「このバラの花の意味は何ですか？」とは尋ねない。

マスターとはバラの花のようなものだ。もしあなたに見ることができるなら、見なさい。見ることができないなら、忘れなさい。その意味はまさにあなたの目の前にあるので、その意味を知ることは決してできないだろう。それから喩えを作ってはいけない。喩えとは、あなたは解釈し始めた、という意味だ。そしてあなたが意味を考えるものは何であれあなたの解釈になる。

私は聞いたことがある。

ムラ・ナスルディンは、『ここで魚釣りは禁止』という大きな看板がある場所で釣りをしているのを見つけられた。彼を捕まえた管理人は尋ねた。「ナスルディン、君は看板を見ることができないのか？　君は読めないのか？　ここで魚釣りは禁止だ」。彼は看板を指さした。

ムラ・ナスルディンは言った。「もちろん読めるさ。でも俺は同意しないね。ここは良く釣れる。誰が『ここで釣りは禁止』と言った？　ここは良く釣れる。俺が今日釣り上げたこの代物をちょっと見てみなよ。その看板を立てた者が誰だろうと、そいつはどこかおかしいに違いない」
さて、これはあなたの解釈だ。それは単純な看板だ……ここで魚釣りは禁止。意味を見つけるべきではない。それは単にそうなのだ。

禅マスターが何かを言う時、あるいはどんなマスターでも何かを言う時は、彼の意味は絶対にはっきりしていて明白だ。それはまさにあなたの目の前にある。それを避けようとしてはいけない。もし意味を探し始めるなら、あなたは左や右を見て、あなたの目の前にあるものを見逃すだろう。これは単純な声明だ。「私は自分と共に独りでここに坐っている」

それをやってごらん、その感触を持つために。時にはただ一人で坐りなさい。何もせずにただ一人で坐ること、それが瞑想のすべてだ。とにかくやってごらん。もしあなたが寂しさを感じ始めるなら、あなたの存在の中に欠けているものがあるのだ。あなたはまだ、自分が誰なのかを理解できていない。

その時には、突如として孤独そのものが独りあることへと変容するような層にあなたが至るまで、この孤独の中により深く入って行きなさい。それは変容する……それは同じ現象の否定的な側面だ。孤独は独りあることの否定的な側面だ。もしあなたがその中により深く入って行けば、突然その肯定的な面を感じ始めるような瞬間が、必ずやって来る。なぜなら両方の側面はいつも一緒だからだ。

だから孤独の寂しさを感じ、孤独に苦しみなさい。それは難しい。瞑想は難しい。人々は私のところに来ては尋ねる。「はい、私たちは坐る準備ができています。でも、私たちがマントラを唱えられるようにマントラを与えてください」。彼らは何を求めているのだろう？ 彼らは一人になりたくない、彼らは自分の孤独に直面したくないと言っている。彼らはマントラを唱えるだろう。マントラは彼らの仲間になる。彼らは「ラーム、ラーム、ラーム」と言う。今、彼らは一人ではない。今、この「ラーム」という絶え間なく繰り返される音が彼らの仲間になる。

彼らは肝心な部分を理解していない。超越瞑想、TMは、全く瞑想ではない。なぜなら瞑想とは単に独りあること、何もしないことを意味するからだ。それはマントラを唱えることでさえない。なぜならこれはマインドの策略《トリック》だからだ。それがマインドが常にしてきたことだ。一人で坐る時、あなたはどれほど多くの空想が現われるかを、見守ったことがあるだろうか？ 終わりのない空想、夢想……。一人でいる時はいつでも、あなたは空想にふけり始める。することが何もない時や退屈を感じる時はいつでも、すぐにあなたは夢想の中に逃げる。

だからもし人が砂漠に、アラビアの砂漠に、サハラ砂漠に行って、そこで坐るなら、彼は想像し始め、ビジョンが彼に起こり始める。砂漠は非常に単調だからだ。注意を払うべきものは何もない。砂また砂の同じ単調な広々とした空間だ。気をそらすものは何もない。新しいものは何もない。単調で、退屈だ。人は夢見がちになる。人は代用し始める。もし外側に新しいものが何もないなら、人は自分の想像の世界を作り、それを覗き込み始める。

それが、瞑想するためにヒマラヤに行って洞窟の中に坐る人々に起こることだ。彼らは想像し始める。その時彼らは何でも想像できる……神、女神、天女《アプサラ》、天使、フルートを吹くクリシュナ、弓を持って立つラーマ、そしてイエス——あなたの想像が何であろうと、あなたの条件付けが何であろうとだ。もしキリスト教徒として条件付けられてきたなら、遅かれ早かれヒマラヤの洞窟で、あなたはイエスに出会うだろう。そしてこれは純粋な想像の産物だ。マインドの気をそらすものは外側には何もない。マインドは内側に独自の夢を作り始める。そしてあなたが絶え間なく夢を見る時、それらの夢は全く非常にリアルに見える。

感覚剥奪に関する多くの実験が西洋で行なわれている。もし人がすべての感覚を奪われるなら、——彼の目は閉じられ、箱の中に入れられて、耳は塞がられ、全身は気泡ゴムで包まれる。その結果、感触は単調になり、目の中の闇は単調で、無音状態は単調で、すべてが単調になる。すると二、三時間以内に彼は夢を見始める。とても幻想的な夢を、とてもリアルな……現実よりももっとリアルな夢を。そしてもし二十一日間感覚を奪われたら、彼は決して正気に戻らないだろう。彼は精神に異常を来たすだろう。彼の想像物が彼を完全に所有するからだ。

しかし、なぜマインドは空想し始めるのだろうか？　科学的な説明によれば、マインドはそれ自体単独では生きられない、ということだ。だからマインドは現実的に誰かを必要とするか、あるいは、もし現実的に誰も存在しないなら、それは幻想を作る。幻想は代用品だ。マインドは一人では生きられない。

だからあなたは夜に夢を見る。睡眠中あなたは一人だからだ。世界は消える。夫はもはやいない。子供はもはやいない。妻はもはやいない。あなたは全く一人だ。そしてあなたは一人でいられなくなっている。あなたのマインドは単に夢の別の世界を代用にする。一晩中夢を見、夢を繰り返す。なぜ夢は必要なのだろう？　それはあなたが一人でいられないからだ。

　あなたの周りに存在するこのすべての幻影は、あなたが一つの基本的な事……独りあることを学んでいないのが原因だ。禅マスターは正しい。彼は言う。「これが最大の奇跡だ。私は自分自身と共に独りでここに坐る」。自分自身と共にいて、自らと共にいて幸せでいること、自らと共にいて喜びに満ちていること、そして空想の中に入って行かない……その時突然、人は我が家にいる。人はその人自身の深淵の中に入っている。

　あなたが入る時、それは空虚のように見えるが、いったんあなたが入ってしまったなら、それは存在の並外れた充満、充足感、開花、最高潮《クライマックス》、高まり《クレッシェンド》だ。それは空虚ではない。それが空虚のようにしか見えないのは、あなたが他人と一緒に住んできて、突然他人がいないのに気づくからだ。だからあなたはそれを空っぽのように解釈する。他人はいない。ただあなただけがいる。しかしあなたは、今すぐ自分に出会うことができない。あなたは単に他の人がいないのを寂しく思う。

　あなたはあまりに習慣的になった。他人のことを考えることが、非常に深く沁み込んでしまっている。それは機械的な習慣になっているので、他人のことを考えない時、あなたは自分が空っぽであり、孤独であり、深淵の底に落ちているように感じるのだ。だが、もしそれをそのままにさせて、深淵の底に落ちるなら、すぐにあなたは深淵が消えてしまったことを、そして深淵と共にすべての幻影の愛着が消えてしまったことを理解するだろう。その時最大の奇跡が……あなたは全く何の理由もなく単に幸せである、ということが起こる。

覚えておきなさい。あなたの幸せが他人に依存している時、あなたの不幸もまた他人に依存するだろう。もし女性があなたを愛するからあなたが幸せであるなら、もし彼女があなたを愛さないなら、あなたは不幸になるだろう。もしあなたが何らかの理由で幸せであるなら、その理由がない時はいつでも、あなたは不幸になるだろう。あなたの幸せは常に破綻を来たす。あなたは常に荒れた天気の中に留まる。あなたは自分が幸せなのか不幸なのか決して確かでないだろう。なぜなら各瞬間、あなたは下の地面が消え得るのを見るだろうからだ。どんな瞬間にもそれは消え得る。あなたは決して確信できない。女性はたった今笑っていたが、間もなく彼女は怒るようになる。夫はとても気持ちよく話していたが、突然彼は腹を立てる。

他人に左右されることは依存していることだ。それは束縛であり、依存性であり、人は本当に至福を感じることはできない。

至福はただ完全な、無条件の自由の中でのみ可能だ。だから東洋では私たちはそれを解脱《モクシャ》と呼ぶ。モクシャは絶対的な自由を意味する。自分自身と共に在ることがモクシャであるのは、今やあなたは依存していないからだ。あなたの幸せは全くあなた自身のものだ。あなたは誰からもそれを借りていない。誰もそれを取り去ることはできない。死でさえも、だ。

覚えておきなさい。死はただ他人からあなたを切り離すだけで、決してあなた自身からあなたを切り離すことはない。死がとても恐ろしく見えるのは、それが他人からあなたを奪うからだ。妻はもはや夫と一緒ではない。母親はもはや子供と一緒ではない。死はただ他人からあなたを切り離すだけだ。それはあなた自身からあなたを切り離すことはできない。あなた自身から切り離す方法はない。

ひとたび自分自身と共に在る方法を学んだなら、死は無意味で、その時死は存在しない。あなたは不死になる。その時、死はあなたから何も取り去ることはできない。死があなたから取り去ることができるものを、あなたは自ら進んで明け渡したのだ。

それこそが瞑想だ。非本質的なもの、死があなたから取り去ることができるものを明け渡すこと。死がしようとしていることを、瞑想者は自ら進んで自発的にする。それを――これは取り去られるだろうということを――よく知って、彼はそれを明け渡す。

独りあることは非常に美しい。それと比べられるものは何もない。その美しさは究極の美しさだ。その崇高さは究極の崇高さであり、その力は究極の力だ。

我が家に帰って来なさい。そしてその道は次のようなものだ。あなたはまず孤独に苦しまなければならないだろう。それを苦しみ、それを通り抜けなさい。あなたは、あなたのものになるその至福のために費やさなければならない。あなたはそのために支払わなければならない。この孤独の苦しみは、まさにそのための支払いだ。あなたは途方もない恩恵を受けるだろう。

質問二

あなたはサニヤシンに、ただ自分自身についてだけ心配しなさいと言います。そして彼らはそうします！　アリカ（チリの一都市）には統一集団として知られているものがあり、そこにある法則は、その集団はその最も低いメンバーと同じ高さのものだけを得る、というものです。したがって私たちの進展は互いに結びついています。人類は一体です。なぜ普遍性よりも個であることを強調するのですか？

そう、私たちはお互いの一部だ。人類だけが一つではない。存在は一つだ。しかしこの一つであることは、二つのレベルで感じることができる。一つは深い無意識においてで、もう一つは超意識において、だ。あなたは木にならなければならないか――その時あなたは全体と一つだ――またはあなたは覚者《ブッダ》にならなければならないか――その時あなたは全体と一つだ――のどちらかだ。二つの間では、あなたは全体と一つであることはできない。

意識は個人的《インディヴィジュアル》で、無意識は普遍的だ。超意識は普遍的で、意識は個人的だ。だからもしアリカか別のどこかで、彼らがあなたに集団の一員になることを教えているなら、あなたは無意識になるだろう。あなたが自分の意識から落ちる可能性はより大きい。あなたが覚者《ブッダ》にならない限り、あなたは一つになれない。あなたは全体と真に一つであることを知ることはできない。

全体と真に一つであることは、ただ二つの方法でしか知ることはできない。一つは無意識になってあなたの意識を失うか——個人性《インディヴィジュアリティ》が失われる——あるいは意識を超えて行くか——その時あなたの個人性は失われる——のどちらかだ。

だから群衆は人々にとって、とても多くの魅力があるのだ。あなたは群衆の中の人々を見たことがあるだろうか？　彼らはなぜ幸せに見えるのだろう？　寺院を破壊しようとしているイスラム教徒、あるいはイスラム教徒を殺そうとしているヒンドゥー教徒。どんなに幸せで、興奮し、エネルギーに満ちて輝いているのかをちょっと見てごらん。活気のない人々……あなたは前に彼らを見たことがある。街を歩いている彼らを、鈍くて、死んだ彼らを。今突然、彼らは非常に生き生きするようになった。叫んで、お互いを励まして、ある方向に向かって突進している。まるで何か素晴らしいことが起ころうとしているかのように……。

なぜ人々は、群衆の中でとても幸せに感じるのだろう？　なぜ群衆の中で幸福はたちまち伝染するようになるのだろうか？　なぜなら群衆の中では彼らは落ちるからだ。彼らは無意識になる。彼らは自分の個人性を失う。彼らは自分の個人性を没入させる。彼らの意識を捨てることで、彼らは自分の個人性を捨てる。その時彼らは幸せだ。何の心配もない。何の責任もない。

個人は世界で大きな罪を犯さなかったという事実を、観察したことがあるだろうか？　すべての大きな罪は群衆によって犯されてきた。決して個人によってではない。軍隊は何百万もの罪を犯すことができる。その軍隊の個々の個人に尋ねると、彼らは責任を感じ始めるだろう。彼らに「あなたは同じことを一人でできるだろうか?」と尋ねてごらん。

彼らは言うだろう。「無理だ。どうやって私は一人で同じことができるだろう? それは群衆だった。私はその中に失われてしまった。私は我を忘れた。群衆ムード、暴徒は手に負えなかった。私は失われた。群衆が何かをやっていた。私は単にその一部になった。私はそれをしていない」

一人のイスラム教徒に尋ねてごらん。「あなたは寺院を燃やしたり、ヒンドゥー教徒を殺すことができるだろうか?」。ヒンドゥー教徒に尋ねてごらん。「あなたはイスラム教徒を、個人的に殺すことができるだろうか?」

これは奇跡だ。だが私たちはそれを観察しない。個人のイスラム教徒は誰も悪くない、個人のヒンドゥー教徒は誰も悪くない……個人では素晴らしい人々だ。人々が常に素晴らしいように。群衆の中では、突然彼らは自分の顔を変える……変質が起こる。彼らはもはや個人ではない。彼らはもはや意識的存在ではない。彼らは失われる。その時群衆には独自の方法があり、誰もそれを制御することはできない。

その時には、もちろん、アリカは正しい——そこにある法則は、その集団はその最も低いメンバーと同じ高さのものだけを得る、というものだ。だから私は集団のメンバーになってはいけないと言うのだ。そうでないと、あなたは最も低いメンバーと同じくらい低くなるだろう。個人になりなさい。集団の中では、あなたは常に最も低俗な人間になる。

それは当然だ。それは非常に科学的だ。もしあなたが百人の集団と一緒に歩いているなら、最も遅い人がその速度を決定する。なぜなら最も遅い人はもっと速く動けないからだ。彼には限界がある。そして集団が集団のままでいなければならないなら、集団は最も遅い人と一緒に動かなければならない。より速い人は速度を落とせるが、より遅い人は速くなれない。彼には限界がある。

集団は常に馬鹿な人によって支配される。愚か者は知性的にはなれないが、知性的な人は簡単に逆戻りできるし、馬鹿にもなれる。あなたは今まで、愚かな人が知性的な何かをしているのを見たことがあるだろうか？　しかしあなたは多くの知性的な人々が馬鹿な行動を、愚かな行動をしているのを見てきた。あなたはいつでも愚かになれるが、いつでも賢明になることはそれほど容易ではない。愚かな人は非常に一貫している。彼は愚かなままだ。時たまでさえ賢明であることはあり得ない。それは不可能だ。しかし賢明な人にはそれほど一貫性はない。時には彼は逆戻りし、愚かになる。彼の生の中には愚かな瞬間がある。彼の生の中には、少しくつろいで、自分の分別について気にかけない休日がある。

もしあなたが活動し続ける途中であなたより低い人と結びつくと、その人と一緒に歩かなければならないだろう。もちろん彼はあなたと一緒には歩けない。それゆえ私もその法則を信じるが、私は違う方法でそれを解釈する。その法則は完全に真実だ――集団は、その最も低いメンバーと同じ高さのものだけを得る。だから、もしあなたが高いものを得たいのであれば、どうか覚えておきなさい。決してどんな集団のメンバーにもなってはいけない。個人のままでいることを覚えていなさい。それならあなたは自分のペースで自由に動ける。その時あなたには、単独で動く完全な自由がある。集団ではあなたは束縛される。

そしてもちろん、馬鹿な人々が集団を作りがちなのは、一人では彼らは自分を頼りにできないからだ。彼らは恐れている。彼らにはどんな知性もない。彼らは一人では自分が失われるのを知っている。彼らは集団を、群衆を作る傾向がある。だから教会が存在する時はいつでも、宗派が存在する時はいつでも、九十九パーセント愚か者で成り立っているのだ。それはそうであるに違いない。彼らが宗教、政治、その他いろいろの政策を決定する。

この愚民政治に用心し、油断なくありなさい。なぜならあなたの中にも、あなたがリラックスしたい瞬間、愚かな瞬間があるからだ。その時あなたは責任を負わない。何も心配しない。その時あなたは常に、集団に責任を負わせばいい。あなたは常にこう言える。「私に何ができるだろう？私は集団と一緒に歩いている。そして集団が遅いので、私も遅いのだ。最も低いメンバーがすべてを決めているのだ」

もしあなたが本当に成長したいなら、一人でいなさい。もしあなたが本当に自由でいたいなら、責任を負いなさい。そのため私は個であることを主張する。それは私が万物《ユニヴァース》は一つであることを知らないという意味ではない。だがそれを知るには二つの方法がある。意識の下に落ちるか——その時万物は一つだ。しかしあなたは意識の下に落ちているのでそれがわからない——あるいは意識の上に行き、超意識になり、光明を得て、ブッダになるかのどちらかだ。その時もあなたは全体が一つであることを知るが、全体はあなたを引きずり下ろすことができない。実のところ、ブッダが全体を引き上げ始める。

無意識の状態では、最低のものが成長の速度を決定する。超意識の状態では最も高次のもの、最も偉大なものが決定する。ブッダはあなたを引き上げる。彼のまさに存在が、あなたにとって思いがけない、未知の高みにまであなたを引き上げる。その時、最も高次のものが決定要因になる。

だから東洋で私たちは常に個を強調してきたのだ。そして私たちは常に何かの集団の一部になるよりも、個々のマスターを見つけることを強調してきた。個としてマスターに関わりなさい。その時、最も高次のものがあなたの生を決定する。それからあなたは彼に引っ張られることができる。集団では、最低のものがあなたの生を決定するだろう。

ヒンドゥー教徒であってはいけない。もしあなたがクリシュナを見つけられるなら、もちろん従うがいい……しかしヒンドゥー教徒であってはいけない。キリスト教徒であってはいけない。あなたがどこかでイエスを見つけられるなら、彼のところにはせ参じなさい。すべてを忘れて……。だがあなたがイエスを見つけられないなら、キリスト教徒であってはいけない。なぜならキリスト教は群衆だからだ。イエスは超個人だ。マスターを見つけてマスターとの交わり《サットサング》の中に生きなさい。

マスターの臨在の中に生きなさい。それを個人的な触れ合いにしなさい。

私はあなた方にサニヤスを与える。あなたはどんな教会の一部にもならない。あなたはどんな群衆の一部にもならない。あなたと私の関係性は個人的なものだ。数多くのサニヤシンがいるが、それぞれのサニヤシンは個人的に私と関係している。あなたは別のサニヤシンとは全く関係していない。覚えておきなさい。あなたと私の関係性は……個のもの《インディヴィジュアリティ》、個人的な《パーソナリティ》ものだ。

集団としての他のサニヤシンたちに関わる必要はない。その必要は全くない。あなた方はみんな私と個人的に関わっている。そしてもちろん、あなた方はある意味でお互いに関わっているが、それは私のせいでだ。その関係性は直接的ではなく、私を通したものだ。

そして私はあなたがますます個《インディヴィジュアル》になってほしいと思う。ある日あなたは普遍的になるだろうが、それは希望だ。それはまだあなたにとって現実ではない。あなたがそれを現実のものにしたいなら、ますます意識的にならねばならないだろう。ある日、意識的である必要がなくなるほどに素晴らしく意識的にだ。意識的であることがもはや必要ないほど、それに注意を払わなくてもよいほどに、あなたは意識的になる。

酔っ払いが通りを歩いているのを見に行ってごらん。彼は何をしたのだろう？　彼はブッダと同じようなことをした。ブッダを見守り、そして酔っ払いを見守ってごらん。彼らは両方とも同じことをした。酔っぱらいは無意識状態に陥って、普遍的なものの一部になる。彼は自分の意識や心配事、個であることを紛らすためにアルコールを飲んだ。彼は集合的無意識の一部になった。それから優雅さ、美しさ、崇高さをもって歩いているブッダがいる。彼もまた消えてしまった。しかし酔っ払いのようにではない。彼は人間以下に堕ちなかった。彼は人間を超えた。両者ともある意味で同類だ。なぜなら両者とも個ではないからだ。だから酔っ払いにはブッダと同じような何かがある。両者とも個ではない。いまのところあなたは二人がそれほど遠く離れているのを、それほどの極端を認めることができない。それでも彼らは同じような何かを持っている。

あるいは別の例を取り上げてみよう。パタンジャリは、睡眠とサマーディ、深い眠りとサマーディは類似していると言う。なぜならサマーディでは個が消え、深い眠りでも個が消えるからだ。深い眠りでは、あなたは無意識の、集合的無意識の一部になる。そしてサマーディでもあなたは集合的超意識の一部になる。

それらは類似していて、にも関わらず両極端で対極にある。類似点はたった一つで、両方においてエゴが消えることだ。しかしそれは非常に異なる方法で消える。睡眠中には、あなたは再び植物のようになる。あなたは無為単調に生きる。あなたは岩のようなものだ。どんな個人性もない。

サマーディではエゴは落ちる。今あなたにはどんな限界も、何の定義もない。あなたは全体と同化した……が、途方もない気づきの中での全体との同化だ。あなたは眠っていない。心配は消えてしまった。なぜなら心配はエゴと共にのみ存在するからだ。だから心配を落とす二つの方法がある。

集団の一部になるか、または超意識の段階の一部になるかのどちらかだ。

アリカ人たちは本当のことを言っているが、彼らがしていることは絶対に間違っている。

あなたはサニヤシンに、ただ自分自身についてだけ心配しなさいと言います。そして彼らはそうします！

そうだ、私は彼らに、ただ自分自身のことだけを心配しなさいと言う。なぜなら今は、それが彼らの唯一の関心事であるべきだからだ。彼らは全世界を心配し始めても何もできないだろう。自分のことを心配することでさえ手に余る。それらの心配を取り除くのは大変だ、それは難しい。そしてあなたが全世界を心配しても、それを何とかする方法はない。その時あなたは、自分が常に心配したままでいるのを確信する。

そしてたった一瞬たりとも、あなたは世界を心配することで世界を助けている、と考えてはいけない。あなたは世界を心配することで世界を助けてはいない。心配する人は誰も助けられないからだ。彼は破壊的な力そのものだ。

だから心配をまず最小限に減らしなさい。つまり、あなたの心配をあなた自身の範囲内に留めなさい。それで充分だ。絶対に利己的でいなさい。そう、それが私が言っていることだ。もしいつかあなたが他人を助けたいなら、絶対に利己的でいることだ。もしいつか、あなたが本当に利他的でありたいなら、利己的でいなさい。

まずあなたの存在を変えなさい。まずあなたのハートの中に明かりを灯し、輝きになりなさい。その時あなたは他人を助けることができる。あなたは心配せずに助けることができるだろう。なぜなら心配は誰の役にも立たないからだ。誰かが死にかけている、そしてあなたは彼の側に坐って心配している。どうやってそれが助けになるというのだろう？　もし患者が死にかけていて、医師が心配していても、助けにならない。いくら彼が心配しても無意味だ。彼は何かをしなければならない。

患者が死にかけている時、心配しない方法を知っている医者が必要だ。その時だけ彼は役立つことができる。なぜならその時だけ彼の診断はより明確で、より正確であり得るからだ。だからあなたが病気で、あなた自身の夫が医者であれば、彼はあまり助けにはならないだろう。それは彼があなたのことをあまりにも心配するだろうからだ。その人に関係のない誰かが必要だ。

子供に手術が必要となるとする。彼自身の父親は偉大な外科医かもしれないが、彼が子供を手術するのを許されないのは、彼はあまりにも心配するだろうからだ。彼の手は震えるだろう……彼自身の子供だ。彼はただの観察者でいることができない。彼は客観的になれない。彼は関わり合い過ぎている。彼は子供を殺してしまうだろう。公平なままで、遠く離れたままで、超然として、距離を置いて、心配しないままでいられる、他の外科医が必要だ。

もし本当に人類を助けたいのなら、まず心配しないようにしなければならない。心配しないようになるためには、まず無駄に心配することを落とさなければならない。世界について考えてはいけない。世界は同じ事を続けてきたし、同じ事を続けようとしている。愚かであってはいけない。すべての夢想像は少し愚かだ。彼らは決して起こることがない何かを期待している。それは決して起こらなかった。

なし得るすべては現実的であること、科学的であることであり、あなたが心配を超越できるということがなし得るすべてだ。ただ自分自身のことだけを心配しなさい。それから脱却し、それを超える方法を見出しなさい。あなたが超えて行った時、あなたは世界のための途方もない祝福になることができる。

質問三

私はほとんどの場合、まるで自分がただ他人の目の中にだけ存在しているかのように、自分への彼らの期待に反応しているかのように感じています。私は自分がエゴを超越したとは感じていませんが、まるで私にはエゴがない、存在がない、本質がないかのように感じます。私はとても非現実的に感じます。私はどこにいるのでしょうか？　どうしたらいいのでしょうか？　または、どうすべきではないのでしょうか？

まず第一に、他人の目の中にだけ存在するのはあなただけではない。誰もがそのように存在している。それが存在の一般的な方法だ。あなたは他人を鏡として使う。他人の意見は非常に重要になり、計り知れない価値を持つようになる。彼らはあなたがどういう人間であるかを決めるからだ。

誰かがあなたはとても美しいと言う。その瞬間にあなたは美しくなる。誰かがあなたは馬鹿だと言う。その瞬間にあなたはそう思い始める。多分自分は馬鹿だと……。あなたは怒るかもしれないし、拒否するかもしれないが、内心では自分の知性を疑うようになる。誰かがあなたはとても神聖だと言うと、あなたは神人のように振る舞い始める。自分のイメージを保たなければならないからだ。ひとたび社会があなたは犯罪者だと決め付けたなら、あなたは犯罪者のように振る舞い始める。なぜなら今や何の意味があるだろう？　彼らはすでにあなたが犯罪者であると決め付けたのだ。あなたがそうであろうとなかろうと、大した問題ではない。ではなぜそれであってはいけないのか？

ひとたび人が刑務所に行くと、彼は永続的な訪問者になる。彼は何度も何度も来る。いったん社会が、彼は犯罪者であり、彼は処罰されたことを知ったなら、いったん彼が犯罪者の烙印を押されたなら、彼は決定する。「今や何の意味がある？」

心理学者は言う。もし家族の中であなたが馬鹿者かおどけ者として扱われてきたなら、やがてあなたはその役割を演じ始める、と。あなたは自分が誰なのかわからないので、それを受け入れなければならない。少なくとも人々はあなたを馬鹿と呼ぶ。彼らはあなたに特定の定義を与える。あなたは彼らを当てにできる。ひとたび小さな男の子が、彼は愚かだと――家の中で、学校で言われたなら、彼は愚かに振る舞い始める。それが彼の定義になるからだ。でなければ彼は自分が誰なのかわからない。

理解すべき最初のことは、他人の目の中にだけ存在するのはあなただけではない、ということだ。他の誰もが他人の目の中に存在している。これが世界だ。これがインドで私たちがマーヤ、幻影の世界と呼ぶものだ。あなたは他人の目の中に存在し、他人はあなたの目の中に存在する。それは相互欺瞞だ。彼らは自分が誰なのか知らない。あなたは自分が誰なのか知らない。あなたは彼らを定義し、彼らはあなたを定義する。それは相互のトリックだ。彼らはあなたを定義するゲームをし、あなたは彼らを定義するゲームをする。そしてすべての定義は誤りだ。あなたの魂は誰の目にも決して映らないからだ。

あなたが自分は誰なのかを知りたいなら、目を閉じることさえしなければならない。内側へ向かわなければならない、全世界を忘れなければならないし、彼らがあなたについて言うことを忘れなければならない。あなたは自分の中へ深く入って行って、あなた自身の真実《リアリティ》に出会わなければならない。

それが私がここで教えていることだ。他人に依存しないこと、彼らの目で見ないこと。彼らの目には何の手がかりもない。彼らはあなたと同じくらい気づいていない。どうしたら彼らはあなたを定義できるだろう?

私は二人の占星術師について聞いたことがある。彼らは毎朝ある町の市場に来て、そこに坐って人々の未来を占っていた。ある朝、二人はやって来てお互いの前に自分たちの手を広げた。彼ら自身の未来を、その日に何が起ころうとしているのか、彼らはお金を稼げるのかどうかを知るためだ。そこで一人の占星術師はもう一人について占い、もう一人は最初の者について占った。そして彼らは両方とも満足だった。代金はもちろん無料だった。両者がお互いに奉仕していたからだ。さて、そんな人々が他人の将来について予測していたのだ！

一度それは起こった。私は街に滞在していて、数人の友人が非常に有名な占星術師を私のところに連れて来た。もし千ルピーを支払うなら、彼は手相だけを見る。彼はもちろん支払われるだろうと考えていた。彼は私の手を見て、それから料金を請求した。私は言った。「あなたは私が払うつもりはないのを見ることができないのか？　これくらいのことも見ることができないのか？　もしあなたが本当の占星術師で、私の未来を知っているのなら、少なくともあなたの未来を知るべきだ」

あなた方は自分が誰なのかを見つけるために、お互いの目を見ている。そう、何かの反映はある、あなたの顔は反映される。しかしあなたの事実はあなたではない。あなたはその顔のはるか後ろにある。あなたの顔はすっかり変化してきたので、あなたはあなたの顔でいられない。

自分の母親の胎内に入った最初の日に、あなたがどのように見えていたのか覚えているだろうか？　全く顔はなかった。あなたはいたが、顔はなかった。あなたを肉眼で見ることはできなかった。ただ顕微鏡だけが見るための役に立った。そして顔はなかった。あなたはただの身体、細胞だった。しかしあなたはいた。

それからあなたは成長し始め、顔が幾度も変わった。それからあなたは生まれた。もし誰かが、あなたが生まれた日のあなたの写真を持ってきても、あなたは自分だと認識できると思うだろうか？　そう、誰かが――あなたの母親と父親がこれはあなただ、と言うなら、あなたは信じるかもしれないが、あなた自身は認識できない。絶えざる変化……あなたの顔は流動的だ。それは毎日、毎瞬、変化し続ける。

あなたは顔ではない。どこか深いところに隠れているものがあなたの意識だ。それは決して誰の目にも反映されない。そう、少しは反映される。例えばあなたの行為。あなたは何かをする。それは他人の目に反映される。しかしあなたのすることはあなたではない。あなたは、あなたの行為よりもはるかに大きい。

行為とは、ちょうど木から落ちる乾いた枯れ葉のようなものだ。行為とはあなたから離れて落ちる、枯れて乾いた葉のようなものだ。それはあなたではない。あなたの行為の中にあなたの定義はない。それはまるで木の下に行って、乾燥した葉をみんな集めて、自分は木を知ったと思うようなものだ。木ははるかに大きくて生きている。どんな行為も、それが完了した瞬間は死んでいる。それは過去の一部だ。それはもはや生きていない。それは枯れ葉だ。

そう、葉が木に生えるように多くの行為があなたに起こる。しかもそれらは起こり続ける。そしてすべての葉がなくなって、木が裸のままになる瞬間がある。空を背景に顕わになる、一枚の葉もなく……。だから葉は木を定義できない。それは生えてはなくなる。秋には消えてしまう。春には再び生え、膨大な緑葉が生まれる。膨大な緑樹が生まれる。膨大な花が咲く。しかし木は他の何かだ。

あなたはその存在……その木だ。行為は来ては去る。行為はあなたを定義しない。行為は反映される。そして実のところ、人々はあなたの行為について話さない。彼らはあなたの行為についての彼らの解釈について話す。彼らはあなたが何をしたかは言わない。彼らはすぐにそれを評価する。例えば、もしあなたが怒るなら、彼らはあなたが悪いことをしていると思う。彼らはあなたの怒りを反映しない。彼らは怒りについての彼らの態度を反映している。

今、人間のマインドに関する現代の研究では、怒りは美しい、それは悪くないと言う。実際は怒りを抑圧することが悪い、と。それは新しい解釈だ。あなたが怒りを抑圧するなら、それは憎しみになる。憎しみとは慢性的に抑圧された怒りだ。単にあなたの怒りを表現するなら、あなたは憎しみを作るのに充分な怒りを蓄積することはない。

まさに小さな子供のように――ある瞬間、彼はとても怒っている、火のようになる、まるで全世界を破壊できるかのように、そして次の瞬間、彼はその同じ男の子と遊んでいる、またはあなたの膝に坐り、笑っている、くすくす笑っている――彼は完全に忘れてしまった。彼は悪意を運ばない。

彼は憎しみを運ばない。来るものは何であれ過ぎ去る。怒りはそよ風のように来ては過ぎ去る。

もし怒りを抑圧したら、あなたはそれを積み重ね続ける。内側で蓄積し続ける。それは膿になる。ある日、それは憎しみで爆発する。簡単に怒る人は決して殺人などできない。決して怒らずに抑制している人——彼に用心していなさい。彼は蓄積しているのでいつか殺すことができる。

さて、これは新しい解釈だ。私はこれが正しいとか間違っていると言うのではない。私はただ単に解釈の変化を話しているだけだ。過去には怒りは悪であり、怒る人は悪い人だった。今、人間性回復運動が新しい解釈を作った。彼らは怒りは良いと言う。それは単に生き生きしている特性を示す純粋なエネルギーだ、それはコミュニケーションだ、それは自然だし人間的だ、そこに何も間違ったものはない、抑圧してはいけない、それを楽しみなさいと言う。


新しい心理学はこう言う。あなたが怒りを楽しむなら、あなたはもっと愛を楽しめるようになるだろうと。古い心理学はこう言っていた。あなたが怒るとすべての愛を失うだろう、その時あなたの愛は消えるだろう、と。今や解釈は完全に変わった。今、怒りを抑圧するなら、あなたは憎しみになるだろう。憎しみは蓄積される。そして怒りを表現しても、それは愛の表現に他ならない。

実際あなたは関心を持つ人にだけ怒る。そうでなければあなたは気にしない。あなたの息子が何かをしている。あなたが怒るのはあなたが気にかけているから、愛しているからだ。あなたの妻が何かをしている。あなたが怒るのはあなたが愛しているから、気にかけているからだ。隣人の妻が同じことをしている。彼女にやらせなさい。誰が気にかけるだろう？　あなたが決して怒らないのは、何の関係もないからだ。怒りとは関係性なのだ。

念のためにもう一度言うが、私は誰が正しくて誰が間違っているのかを話しているのではない。単に解釈が変わり、人々はあなたやあなたの行動を反映していない、彼らは彼らの解釈を反映している、と私は話しているのだ。もし今、古くて因習的な人が、あなたが怒って癇癪を起こし、飛びかかり揺すぶって物を投げるのを見たら、彼はあなたは狂っていると言うだろう。そして新しい人道主義者は、あなたは人間だと言うだろう。

私は聞いたことがある。

ちょうど研修を終えたばかりの若い看護婦は、病棟での彼女の最初の日に、特に難しい患者に出会うという不運に見舞われた。彼はすべてに不平を言い、自分のあらゆる要求に遅滞なく対応することを誰にでも期待し、多くの人に迷惑をかけていた。

かわいそうな看護婦は我慢できないほど疲れてしまい、そして、看護婦と患者の関係についての彼女の講義を思い出し、ついに自制心を失って怒ってつぶやいた。

「ああ、あなた……あなたは人間だわ！」

今や「人間」でさえ非難の意味で使うことができる。

「ああ、あなた……あなたは人間だわ！」。それはあなたの解釈次第だ。あなたの存在は決して他人の目に反映されない。あなたの存在は、ただ一つの方法で知るようになるべきだ。それは、すべての鏡に対してあなたの目を閉じることによってだ。直接それに対面するために、あなた自身の内側の存在に入って行かねばならない。誰もそれが何であるか、それについてのどんな考えもあなたに与えることはできない。あなたはそれを知ることができるが、他人からでは無理だ。それは決して借りた知識ではあり得ない。ただ、直接的な体験でしかあり得ない。ただ直接に体験すること、瞬時にしかあり得ない。だから、心配しなくていい。

私は自分がエゴを超越したとは感じていませんが、まるで私にはエゴがない、存在がない、本質がないように感じます。私はとても非現実的に感じます。私はどこにいるのでしょうか？

あなたはまさにこれらの二つの世界の間にいる。それはあらゆる瞑想者に起こる。ん？　あなたには他人の目から集めた、他人の意見から抜粋したひとつの自己認識《アイデンティティ》があった。それからあなたは内側に進み始める。その自己認識は曖昧に、より曖昧になり、消え始める。あなたは自分が誰なのかわからない。そしてあなたが自分自身について知っていることはすべて消えつつある。まさにその中間に、ある日あなたは立つ。

これは過度的な瞬間だ。あなたは内側に入ってはいないが、外側から遠く離れている。あなたはちょうどその敷居の上に立っている。世界はもはや存在しないが、あなたもまだ存在していない。この瞬間、人は非常に非現実的に、ただ幻影的に感じる。なぜなら自分が誰なのか全くわからず、持っていたすべての考えが失われるからだ。

そして実際、エゴが存在しないため誰もエゴを超越できない。私たちが「エゴを超越する」と言う時、それは単にエゴが存在しないことを知るようになる、という意味だ。あなたが超越できたり、落としたりできるものは現実のものではない。それはあなたが単に理解しなければならない非現実的な考えだ。そのまさに理解が超越だ。

さて、質問全体を繰り返させてほしい。

私はほとんどの場合、まるで自分がただ他人の目の中にだけ存在しているかのように、自分への彼らの期待に反応しているかのように感じています。私は自分がエゴを超越したとは感じていませんが、まるで私にはエゴがない、存在がない、本質がないかのように感じます。私はとても非現実的に感じます。私はどこにいるのでしょうか？　どうしたらいいのでしょうか？　または、どうすべきではないのでしょうか？

あなたはその敷居の上にいる。あなたは他人の目によるあなたの自分確認《アイデンティティ》が偽りであることを理解するようになった。そのため、あなたは自分のエゴを作れないのだ。エゴのためのまさにその糧が消えてしまった。あなたは非現実的に感じる。エゴは今まであなたの唯一の現実だった。そしてあなたは喪失感を味わっている。あなたは自分がどこにいるのかわからない。しかし私はあなたがどこにいるのか知っている。あなたは二つの世界の……この世界とあの世界のちょうど中間にいるのだ。あなたはまさにサンサーラとサニヤスの間の……世界と本当の放棄の間の、過度的な瞬間にいる。

今この瞬間、あなたは何の行為も期待されていない。なぜならあなたがすることは何であれ、あなたを再び世界に連れ戻すからだ。行動は人々を世界に連れて行く。あなたは何の行為も期待されていない。あなたは何もすべきではない。あなたはただ単に待って見守ればいい。してはいけないことが役に立つだろう。

何もしてはいけないし、状況を変えようとしてはいけない。なぜならもし変えようとしたら、再びあなた自身の既知の、おなじみの世界に戻るからだ。あなたは再びあなたの古い自己認識《アイデンティティ》にしがみつく。ただ単に待ちなさい。ただ待つことで、やがてあなたは内面の世界に入り込む。それに関して何もする必要はない。ただ何もしないことだけが役に立つ。

それはちょうど、川が泥だらけになったようなものだ。それをきれいにするために何をするだろうか？　単に川岸に坐ればいい。やがてそのゴミは底に沈殿する。再び川はきれいに、透明に澄んで流れる。ただ待ちなさい。これらの二つの世界の間に坐りなさい。私はそれが非常に不便で、非常に不快なのを知っている。人は何らかの現実性《リアリティ》を持ちたくなるが、そこは非常に非現実的だ。だが待ちなさい。

これが道を行く上で、苦行、タパスチャリヤと呼ばれるものだ。人が古いものを失っていて、新しいものが来ていない時……これは骨が折れる、本当に骨が折れる状態だ。あなたは古いものからジャンプしたが、着地場所を見つけられていない。ただ中間に、あいまいな状態にぶら下がっている。それは不快だが、ただ待ちなさい。物事は自然に落ち着くだろう。

内的世界では活動は必要ない。ただ非活動だけが役に立つ。非活動が内的世界の活動だ。老子はそれを無為と呼ぶ。それは非活動的活動、受動的活動だ。あなたは何もしない。あなたは単に待つ。すると物事はまさにあなたの待つことによって起こる。

あなたが他人の意見から解放されるのは良いことだ。不当に真実《リアル》でいるより、非真実でいる方がましだ。あなたの非真実にはその中にリアリティがある。あなたが単に他人の目の中で真実でいる時、あなたは不当に真実でいる。あなたは真実のように見えるだけで、真実ではない。そして今、あなたは理解している。用心しなさい。その罠は大きくて、いたるところにある。そして誰もがあなたを罠に無理やり戻す準備をしている。誰もあなたが彼らの罠から抜け出すのを好まないからだ。父親は、彼にとって起こってほしい方法であなたが物事をすることを望んでいる。母親は、彼女がしたいようにあなたが物事をすることを望んでいる。妻には彼女自身の考えがあり、あなたの子供たち、彼らには彼ら自身の考えがある。そして誰もが、自分には正しい手がかりがあると考えている。そして彼らはみんなあなたを狂気へ駆り立て続ける。

私は聞いたことがある。

ありふれた衝立が注意深く患者のベッドの周りに配置され、看護婦が巻尺を持って入って来た。看護婦が患者の頭からつま先まで、そして肩から肩までを測っていた段階では、彼は黙ったままで抗議しなかったが、彼女がベッドの上のマットレスから、彼のかなり大きなお腹の高さまでの距離を測った時は、もはや我慢できなかった。

「あなたはいったい何をしているのだ、看護婦さん?」。彼は弱々しく尋ねた。

「私は棺のためにあなたを測っています」。予想外の返事だった。

「しかし俺は死んでいないぞ!」

「静かにしなさい! あなたは医者を馬鹿にしたいのですか?」

さて、医者はそう言い、彼はあなたが死んでいるか生きているかを良く知っている。

「静かにしなさい!」と彼女は言う。「あなたは医者を馬鹿にしたいのですか?」

あなたが何をしようと、あなたは誤るだろう。なぜならあなたは誰かの願望に、誰かの考えに逆らうことになるからだ。みんなを喜ばせることは非常に難しい。そしてもしあなたがみんなを喜ばせようとし続けるなら、あなたは自分の人生をただただ浪費するだろう。そして誰も喜ばない。誰もが喜ぶことはあり得ない。誰をも喜ばせることは不可能だ。

他人の期待を満たすことを止めなさい。それはあなたが自殺し得る唯一の道だからだ。あなたは誰かの期待を満たすためにここにいるのではないし、他の誰もあなたの期待を満たすためにここにいるのではない。決して他人の期待の犠牲者になってはいけないし、誰もあなたの期待の犠牲者にしてはいけない。

これが私が「個性」と呼ぶものだ。あなた自身の個性を尊重し、他人の個性を尊重しなさい。誰の人生にも決して干渉してはいけないし、誰もあなたの人生に干渉するのを許すべきではない。ただその時だけ、ある日あなたは霊性《スピリチュアリティ》へと成長できる。

そうでなければ、人々の九十九パーセントはただ自殺している。彼らの人生はゆっくりとした自殺に他ならない。この期待を、あの期待を満たすこと……ある日それは父だった。ある日それは母だった。ある日それは妻であり、夫だった。それから子どもたちに来る。彼らもまた期待する。あなたは彼らの期待を満たさなければならない。それから社会、聖職者や政治家、周りのあらゆる人が期待している。そしてかわいそうなあなたがいる。全くかわいそうな人間がいる。そして全世界が、あなたがあれやこれやをすることを期待する。もしあなたが彼らの期待に応えないなら……それにあなたは、彼らのすべての期待を満たすことはできない。それらは矛盾しているからだ。

私はある家族の家に滞在していて、小さな男の子に尋ねた。「君は何になるつもりだ?」彼は「わかりません。僕は気が狂うだろうと思います」と言った。

「どういう意味だ?」

彼は言った。「僕の父は僕がエンジニアになることを望んでいます。僕の母は僕が医者になることを望んでいます。僕の叔父は言います。『実業家になりなさい。それなら君ならできる……』と。もう一人の叔父は教授になりなさいと言います。それが最も簡単な職業だからです。そして僕にはわかりません。でもこれだけはわかります。もしすべての期待に応えるなら、僕は気が狂うだろう、ということが……」

そのようにして多くの人々は気が変になる。そして私が、多くの人々が気が変になると言う時、あなた自身を例外にしてはいけない。あなたはみんなの期待に応えて正気を失っている。そしてあなたは誰の期待も満たしていない。誰も幸せではない。これがそのおかしなところだ。あなたは失われる、完全に壊される。そして誰も幸せではない。なぜなら自分自身に満足していない人たちは、どんな方法でも幸せではいられないからだ。あなたが何をしようと、彼らはあなたに不満を抱く方法を見つけるだろう。なぜなら彼らは幸せでいることができないからだ。

幸福とは人が学ぶべき技《アート》だ。それはあなたがするかしないかということとは何の関係もない。

質問四

もし愛が結婚で壊されるのなら、私たちが日常的に愛や考えを分かち合いたいと思い、その上母親と父親の両方を持つ子どもを育てようともするなら、どうやって私たちは生きたらいいのですか？

私は愛が結婚によって壊されると言ったことはない。どうやって結婚が愛を壊せるだろうか？そう、それは結婚生活の中で壊されるが、それはあなたによって壊されるのであって、結婚によってではない。それはパートナーたちに壊される。どうやって結婚が愛を壊せるだろうか？　それを壊すのはあなただ。なぜならあなたは愛とは何なのかを知らないからだ。あなたは単に知っているふりをする。あなたは単に自分が知っていることを望んでいる。あなたは知っていることを夢見る。が、あなたは愛とは何なのかを知らない。愛は学ばなければならない。それは存在する最も偉大な芸術だ。

もし人々が踊っていて、誰かがあなたに「来て、踊りましょう」と求めても、あなたは「よくわからない」と言う。あなたは全く跳躍しないし、踊り始めない、そしてあなたが素晴らしいダンサーであるとみんなに思わせたりはしない。あなたは自分自身が道化であることをただ証明するだけだ。あなたは自身自身がダンサーであることを証明しない。それを、その優雅さを、その動きを学ばなければならない。あなたはそのために身体を訓練しなければならない。

キャンバスが手に入り、筆があり、絵の具があるという理由だけで、あなたは絵を描き始めたりはしない。あなたは絵を描き始めない。あなたはこう言う。「すべての必要物はここに揃っている。だから私は描くことができる」あなたは描くことができる……だがあなたはそのやり方では画家にならないだろう。

あなたは女性に会う──キャンバスがある。あなたはすぐに恋人になる──あなたは絵を描き始める。そして彼女はあなたの絵を描き始める。もちろんあなた方は両方とも愚かであることが──愚か者を描いたことがわかる。そして遅かれ早かれ、あなたは起こっていることを理解する。しかしあなたは愛が芸術であるとは決して考えたことがない。あなたは芸術を携えて生まれたのではない。それはあなたの誕生とは何の関係もない。あなたはそれを学ばなければならない。これは最も微妙な芸術だ。

あなたは潜在的可能性だけを持って生まれる。もちろん、あなたは身体を持って生まれる。あなたは身体があるので踊れる。あなたは自分の身体を動かせるし、ダンサーでいられる。しかしダンスは学ばなければならない。多くの努力がダンスを学ぶために必要とされる。そしてダンスは、あなた一人がそれに関わるのでそれほど難しくはない。

愛はずっと難しい。それは他の誰かと一緒に踊ることだ。その相手もダンスとは何なのかを知る必要がある。誰かとぴったり合うこと、それは偉大な芸術だ。二人の間に調和を作ること……二人とは二つの異なる世界を意味する。二つの世界が近づく時、もし調和する方法を知らないなら衝突は必ず存在する。愛とは調和だ。そして幸福、健康、調和、すべては愛から起こる。愛することを学びなさい。結婚を急いではいけない。愛することを学びなさい。まず偉大な恋人になりなさい。

では何が必要な条件だろう？　必要条件は、偉大な恋人は常に愛を与える準備ができており、それが返されるかどうかを気にしないことだ。それは常に返される。それが物事の本性だ。それはちょうど、あなたが山に行って歌を歌うと、谷が応答するようなものだ。あなたは山や丘のこだまの場所を見たことがあるだろうか？　あなたが叫ぶと谷が叫ぶ。あるいは、あなたが歌うと谷が歌う。それぞれのハートが谷だ。もしあなたがそれに愛を注ぐなら、それは応答するだろう。

愛の最初のレッスンは、愛を求めることではなく、ただ与えることだ。与える者になりなさい。だが人々はまさに反対のことをやっている。与える時でさえ、彼らはその愛は返ってくるべきだという考えだけをもって与える。それは取引だ。彼らは分かち合わない。彼らは自由に分かち合わない。彼らは条件付きで分かち合う。彼らは、それが返って来るかどうかを横目で見続ける。非常にかわいそうな人々だ……彼らは愛の自然な働きを知らない。あなたはただ単に注げばいい。それはやって来るだろう。

そしてもしそれがやって来なくても、何も心配することはない。なぜなら恋人は愛することが幸せであることを知っているからだ。もしそれがやって来るなら、けっこうだ。その時幸せは増す。

しかしたとえそれが返ってこなくても、愛することの行為そのもので、あなたはとても幸せになり、とてもうっとりする。それがやって来るかどうかを誰が気にするだろう？

愛には本来備わっている幸福がある。あなたが愛する時、それは起こる。結果を待つ必要はない。ただ愛し始めなさい。やがてあなたはもっと多くの愛が、あなたに返って来ているのがわかるだろう。人は愛し、そして愛することによってのみ愛とは何かを知るようになる。人が泳ぐことで泳ぎを学ぶように、愛することで人は愛する。

そして人々は非常にけちだ。彼らはある素晴らしい恋人が現われるのを待っている。それから彼らは愛する。彼らは閉じたままだ。彼らは引きこもったままだ。彼らはただ待つ。どこからかクレオパトラが来ると、彼らはハートを開くだろうが、その時までには彼らはそれを開ける方法を完全に忘れてしまっている。

愛のどんな機会も見逃してはいけない。街路を通り過ぎている時でさえ、あなたは愛することができる。乞食に対してさえ、優しくすることができる。あなたが彼に何かを与えなければならないということはない。あなたは少なくとも微笑むことができる。それには何も費用がかからない。しかしあなたのまさに微笑があなたのハートを開き、あなたのハートをより生き生きとさせる。誰かの手を……友人や見知らぬ人の手を握ってごらん。適切な人が現われた時にだけ愛するというように待ってはいけない。それなら適切な人は決して現われないだろう。愛し続けなさい。愛すれば愛するほど、適切な人が現われる可能性は高くなる。なぜならあなたのハートが開花し始めるからだ。

そして開花するハートは多くのミツバチを、多くの恋人を惹き付ける。

あなた方は非常に間違った方法で訓練されてきた。まず、誰もが既に愛する人であるという間違った印象の下に生きている。ただ生まれただけで、あなたは自分が愛する人であると考える。それはそんなに簡単ではない。そう、可能性はあるが、その可能性は訓練され、修練されなければならない。種は存在するが、それは開花しなければならない。

あなたは自分の種を運び続けられるが、ミツバチが来ることはないだろう。あなたは今まで種のところにやって来るミツバチを見たことがあるだろうか？　彼らは種が花になれるのを知らないのだろうか？　だが彼らは種が花になった時に来る。花になりなさい。種のままでいてはいけない。個々に不幸な二人は、彼らが一緒になる時、お互いに対して多くの不幸を作り出す。それは数学だ。あなたは不幸で、あなたの妻は不幸だったのに、あなた方両方は、一緒にいることであなた方両方が幸せになることを望んでいるのだろうか？　これは……これは普通の算数だ――二足す二が四になるようなものだ。それはとても単純だ。それはどんな高等数学の一部でもない。それはごく普通だ。あなたは自分の指でそれを数えられる。あなた方は両方とも不幸になる。

「あなたはもう私を愛していないの？」と、ムラ・ナスルディンの妻は尋ねた。

「あなたは私たちが付き合っていた頃にあなたがよく言っていたような素敵なことを、もう何も言ってくれないのね」。彼女はエプロンの隅で目の涙を拭った。

「愛しているよ。愛している」とムラ・ナスルディンは言い返した。
「今、お願いだから黙っていて、俺に静かにビールを飲ませてくれないだろうか？」

愛を求めることは一つの事だ。愛を求めることに依存してはいけない。実際、あなたが結婚する前に、愛を求めることを終わらせなさい。私の提案は、結婚はハネムーンの後に起こるべきで、決してその前ではない、ということだ。あらゆることがうまく行くのなら、その時だけ結婚は起こるべきだ。

結婚後のハネムーンは非常に危険だ。私が知る限り、ハネムーンが終わった時点で結婚の九十九パーセントは終わる。しかしその時あなたは捕まっている。その時あなたに逃れる方法はない。そしてもしあなたが妻を捨てるなら、あるいは妻があなたを捨てるなら、社会全体、法律、裁判所が――誰もがあなたに反対する。それからすべての道徳、宗教、聖職者が、誰もがあなたに反対する。実際、社会は結婚に対して可能な限りの障壁を作るべきであり、離婚のための障壁を作るべきではない。社会はそう簡単に結婚することを人々に許すべきではない。裁判所は障壁を作るべきだ。少なくとも二年間は女性と一緒に暮らすことだ。それからなら裁判所はあなたに結婚を許す。現在、彼らはまさに逆のことをしている。あなたが結婚を望む時、誰もあなたに準備ができているのかどうか、またはただの気まぐれなのかどうか、ただあなたがその女性の鼻が好きだからなのかを尋ねたりしない。何という愚かさだろう！　人はただ高い鼻だけで生きることはできない。二日後、その鼻は忘れられるだろう。誰が妻の鼻を見るだろうか？

私は聞いたことがある。

ある病棟に、まるでミスワールド・コンテストの最終候補者たちのような看護婦たちがそろって配属されていた。しかし患者たちの中の一人が彼女たちに会うたびに、彼は熱心に見つめて、そして言った。「酷い！」

隣のベッドの男は全く理解できなかった。「こんな華やかな看護婦たちがあなたの世話をしているのに、あなたには『酷い！』としか言えないのですか？」

「私は看護婦のことを考えていなかった」と、その相手は悲しそうに言った。

「私は家内のことを考えていたのだ」

妻は決して美しく見えない。夫は決して美しく見えない。ひとたびあなた方が知り合うなら、美しさは消える。

二人はお互いに知り合い、親密になれるよう充分長く一緒に住むことを許されるべきだ。そしてたとえ彼らが結婚したくても、許されるべきではない。それなら離婚は世界から消えるだろう。離婚が存在するのは結婚が不適当であって強制されるからだ。離婚が存在するのは結婚がロマンチックな雰囲気で行なわれるからだ。

ロマンチックな雰囲気はあなたが詩人であれば良いものだ。そして詩人が良い夫や良き妻であることは知られていない。実際、詩人はほとんど常に独身だ。彼らは遊びまわるが決して捕まらない。それ故彼らのロマンスは生き続けるのだ。彼らは詩を、美しい詩を書き続ける。

人は詩的な気分の中で女性や男性と結婚すべきではない。散文の気分を生じさせ、それから落ち着きなさい。なぜなら日々の生活は詩というよりは散文に似ているからだ。人は充分成熟するべきだ。

成熟とは、もはやロマンチックな愚か者ではないという意味だ。人は人生を理解する。人は人生の責任を理解する。人は人と一緒にいることの問題を理解する。人はこれらの困難をすべて受け入れ、それでもその人と一緒に生きることを決める。人はそこが天国で、楽しいことばかりだとは望んではいない。人はナンセンスを望んでいない。人は現実が厳しいのを知っている。それは粗い。そこにバラはあるが、遠くにあってわずかしかない。そこには多くの棘がある。

あなたがこれらの問題のすべてに気を配り、それでも一人でいるよりも危険を冒して人と一緒にいることに価値があると決める時、その時に結婚しなさい。それなら結婚は愛を殺すことはないだろう。なぜならこの愛は現実的だからだ。結婚はロマンチックな愛だけを殺すことができる。そしてロマンチックな愛は、人々が「幼い恋」と呼んでいるものだ。人はそれに依存すべきではない。人は精神的な糧としてそれを考えるべきではない。それはちょうどアイスクリームのようなものかもしれない。あなたは時々それを食べることはできるが、それに依存しない。生はより現実的で、より散文的でなければならない。

そして結婚自体は決して何も破壊しない。結婚は単に、あなたの中に隠されているものをすべて引き出す。結婚はそれを表に出す。もし愛があなたの後ろに、あなたの内側に隠れているなら、結婚はそれを表に出す。もし愛がただの見せかけ、ただの餌に過ぎないなら、遅かれ早かれそれは消えるに違いない。そしてその時あなたの現実《リアリティ》が、あなたの醜い人格が浮かび上がる。結婚は単にひとつの機会だ。だからあなたが表に出さなければならなかったものは、何でも浮かび上がってくるだろう。

私は、愛が結婚によって壊される、とは言っていない。愛は愛する方法を知らない人によって壊される。愛が壊されるのは、そもそも愛がないからだ。あなたは夢の中に生きてきた。現実はその夢を破壊する。そうでなければ愛は永遠のもの、永遠の一部だ。あなたが成長するなら、あなたがその技《アート》を知り、愛の生活の現実を受け入れるなら、それは毎日成長し続ける。結婚は愛に成長する途方もない機会になる。

何も愛を壊すことはできない。もしそれがあれば、成長し続ける。しかし私の感じでは、それはそもそも存在していない。あなたは自分自身を誤解している。何か別のものがあったのだ。おそらくセックスがあった。性的魅力があったのだ。それならそれは破壊されようとしている。なぜならいったんあなたが女性を愛したなら、性的魅力は消えるからだ。なぜなら性的魅力は未知数だからだ。いったんあなたが女性または男性の身体を味わったなら性的魅力は消える。もしあなたの愛がただの性的魅力に過ぎなかったなら、それは必ず消える。

だから決して何か別のものを愛と誤解してはいけない。もし愛が本当に愛であるなら……。私が「本当に愛である」と言う時、何を意味しているのだろう？　私が意味しているのは、ただその相手のいるところであなたは急に幸せを感じる、ただ一緒にいるだけであなたはうっとりする、まさにその相手の存在が、あなたのハートの中に深い何かを満たす……何かがあなたのハートの中で歌い始める、あなたは調和の中にいる、ということだ。ただ相手のまさにその現存が、あなたが一緒にいるのを助ける。あなたはもっと個になる、もっと中心が定まるようになる、もっと地に根ざすようになる。その時それは愛だ。


愛は熱情ではない。愛は感情ではない。愛とは、誰かが何らかの形であなたを完全なものにするということを非常に深く理解することだ。ある人はあなたを完全な円にする。相手の存在はあなたの存在を高める。愛は自分自身であるための自由を与える。それは独占することではない。

だから、見守りなさい。決してセックスを愛とみなしてはいけない。でなければあなたは欺かれるだろう。油断なくありなさい。そしてあなたがある人に対してただその存在を、純粋な存在を感じ始め、他には何もない、何も他には必要ない、あなたは何も要求しない、ただその現存、ただその相手がいることがあなたを幸せにするのに充分だ、と感じ始める時……何かがあなたの中で開花し始める。千と一つの蓮の花が咲く……。その時あなたは愛の中にいる。そしてその時あなたは、現実が作り出すすべての困難を通過できる。多くの苦悩、多くの不安、それらのすべてを通り過ぎることができるだろう。そしてあなたの愛はますます開花するだろう。なぜならこれらの状況はすべて挑戦になるからだ。そしてあなたの愛は、それらを克服することによって、ますます強くなるだろう。

愛は永遠だ。もしそれが存在するなら、それはますます成長し続ける。愛は始まりを知っているが終わりを知らない。

第三章

ただ無だけ

Only Nothing Is

ブッダは言った。
家無き沙門《シュラマナ》は熱情を切り離し、執着から自分自身を解放し、
彼自身のマインドの源を理解し、ブッダの最も深い教義を洞察し、
そして非物質的なものである法《ダンマ》を理解する。

彼は心に偏見を持っていない。
彼は切望するものを何も持っていない。
彼は道という考えに妨げられず、カルマに巻き込まれることもない。
偏見もなく、衝動もなく、規律もなく、光明もなく、
そして階級を通って上に進むこともなく、
それにも関わらずそれ自身の中にすべての栄誉を所有している。
これが道と呼ばれる。

ブッダは言った。
頭と顔を剃る者は沙門《シュラマナ》になり、

道においては指導を受ける者は、すべての世俗的な所有物を明け渡すべきであり、
何であれ彼らが乞食によって手に入れるものに満足すべきである。
一日一食、木の下での一宿、
そしてどちらも繰り返されるべきではない。
人を愚かにし、理性をなくさせるものは、執着と熱情である。

ブッダは言った。
すべての存在たちによって善いと思われた十のものがあり、十の悪いものがある。
それらの三つは身体に依る、
四つは口に依る、
そして三つは思考に依る。

身体に依る三つの悪行とは、殺し、盗み、姦通を犯すこと。
口に依る四つとは、中傷、罵り、嘘、お世辞。
思考に依る三つとは、羨望、怒り、夢中になること。
これらのものはすべて神聖な道に反し、それゆえそれらは悪である。
これらの悪が為されない時、十の善行がある。

まず第一に、ブッダは家無き放浪者の考え、家が無いことの意味を非常に強調する。これは文字通りに取る必要はないが、その考えは途方もなく意義深い。もしあなたが家を建てるなら、あなたの周りに家を建てるなら、あなたは物事の本質において何か不可能なことをしている。なぜならこの生は流転だからだ。この生はせいぜい束の間のものだからだ。この生は不変ではなく、永久ではない。私たちはここにほんのしばらくいるだけだ。死は絶え間なく近づいている。私たちが生きている間、私たちは刻々と死につつある。

この場所を、この空間を家にすることは馬鹿げている。家はここでは可能ではない。家は永遠の中でだけ可能だ。時間は家にすることができない。そしてもしここに家を作ろうとするなら、あなたは絶え間なく惨めでいるだろう。なぜならあなたは自然と戦っているからだ。あなたはブッダがダンマと呼ぶものに逆らおうとしている。

ダンマとは単にタオ、物事のありさまを意味する。もし夢を永続的にさせたいならあなたは苦しむだろう。夢はそれ自体永続的であり得ないものだからだ。その性質そのものが非永続的だ。実際、同じ夢を再び繰り返すことさえ困難だ。夢は幻影的だ。あなたは永遠にその中で生きることはできない。

この岸辺で、時間の岸辺で永久の生を考えることは愚かだ。あなたが少し知的であるなら、少し気づいているなら、そしてあなたの周りで起こっているすべてを見ることができれば――。あなたはある日ここにはいなかった。そしてある日、あなたは再びここにはいないだろう。どうしたらここに家を作ることができるだろう？　人が宿舎に、朝になると出発しなければならないような所に一晩留まるかのように、あなたはここに滞在することはできる。

そう、ここにテントを張ることはできるが、家を作ることはできない。避難所を持つことはできるが、執着するべきではない。あなたはそれを「私の」とか「私のもの」と呼ぶべきではない。あなたが何かを「私のもの」と呼ぶ瞬間、あなたは愚かさに陥っている。何もあなたに属していない。何もあなたに付属することはできない。

人は物事の本質において家無き放浪者だ。時間は永久的ではない。時間は一時的なことを意味する。時間はその中にどんな永遠の家も持つことはできない。時間の中に家を作ることは、砂の上に家を作ることだ。あるいは水に署名をすることだ。あなたはそれを作り続ける。それは消え続ける。ブッダは、この家が無いことを理解することがサニヤシンになることだと言う。家を捨てる必要はない。もしその方法が良いと感じるなら去ればいい。もしそれがあなたの性質に合うなら家を去ればいい。あなたは文字通り放浪者になることはできるが、それは必須ではない。あなたは家に留まれるが、それはもはやあなたにとって家ではない。あなたは自分がそれを所有していないのを知っている。あなたはしばらくの間、それを使用するかもしれないが、明日には出て行かなければならない。

だからどこにも家を作ってはいけない。身体の中にさえも——その身体もまた継続的に消えつつあるからだ。もしどこにも家を作らなければ、あなたは気持ちの上ではサニヤシンだ。そしてサニヤシンは決して惨めではない。惨めさは執着から来るからだ。あなたの執着が自分の望むように満たされない時、あなたの期待が満たされない時、欲求不満が生じる。欲求不満は副産物だ。

あなたが期待しないなら、誰もあなたを失望させることはできない。何もあなたを怖がらせることを望まなければ、死でさえあなたを怖がらせることはできない。もしここに家を作ることはできない。あなたがどんなものにも執着しないなら、どうやってあなたは惨めになれるだろう？　あなたの執着が惨めさを作る。あなたがしがみつきたくても、物事の本質において、物事は変化しているからだ。あなたはしがみつくことができない。それらは絶え間なくあなたの手から滑り落ちている。それらにしがみつく方法はない。

あなたは妻にしがみつく。あなたは夫に、子供たちに、親に、友達にしがみつく。あなたは人に、物事にしがみつく。そしてあらゆるものは絶え間ない流れの中にある。あなたは自分の腕で川をつかもうとしているが、川は速く流れている。それはある未知の目標に向かって急いでいる。あなたは不満を感じる。

妻が他の誰かと恋に落ちる——あなたは不満を感じる。夫が逃げる——あなたは不満を感じる。子供が死ぬ——あなたは不満を感じる。銀行が破産し、倒産する——あなたは不満を感じる。身体が病気になり、弱くなる、死が扉を叩き始める——あなたは不満を感じる。しかしこれらの欲求不満はあなたの期待のせいだ。あなたはそれらに対して責任がある。

もしあなたが、この場所は我が家ではないこと、そしてここでは自分は家無き放浪者であること、未知の土地でのよそ者であることを理解するなら、あなたは去らなければならない、あなたは行かなければならない——もしその要点を見抜いたなら、それを理解したなら、あなたはどこにも家を作らない。あなたは家無き放浪者、パリヴラジャーカになる。あなたは文字通りにそうなることさえあるかもしれない。それはあなた次第だ。あなたは本当に放浪者になるかもしれない、あるいは精神的に放浪者になるかもしれない。

私自身が強調したいことは文字通りの放浪者になることではない。なぜなら何の意味があるだろう？　ブッダの強調はそうではなかった。それをあなたにはっきりさせておこう。ブッダは何をすべきかについて言ったのではない、彼に文字通りに従うか否かを言ったのではない。何百万人もの人々が彼に文字通りに従った。彼らは自分たちの家から、家族から逃避した。彼らは本当に国中を放浪する比丘に、物乞いになった。私はそれを主張しない。

もし本当にあなたが理解するなら、実際的にそうする必要はない。人が完全にその考えを理解していない時にのみ、彼は文字通り放浪者になる、と私には思われるからだ。そうでなければそんな必要はない。あなたは家にいることができる。あなたは妻や子供と一緒にいることができる。しかし、何もあなたに属していないことに注意を払ったままでいなさい。執着に嵌《はま》らないことに注意を払ったままでいることだ。もし物事が変わっても、あなたはその変化を受け入れる準備ができていることに、こぼれたミルクのために涙を流すことはなく、泣くこともなく、正気を失って頭がおかしくならないように注意を払ったままでいればいい。

これは本当に放浪者になることよりも重要だと思われる。それはより簡単だからだ。もし家がなくて何も所有していないなら、どうやって放棄できるだろう？　それを放棄するというまさにその考えが、無意識のどこか深いところで、あなたがそれを所有していたと思っていたことを明らかにする。あなたは所有しているものだけを放棄できるからだ。

どうしたら放棄できるだろう？　あなたの妻はあなたのものではない――あなたはどうやって放棄できるだろう？　あなたの子供はあなたのものではない――あなたはどうやって放棄できるだろう？　彼らはあなたに属していない。では、放棄する意味はその時どこにあるのだろう？　あなたは彼らがあなたに属していないことを、私たちはよそ者なのだと単に理解すればいい。私たちは途上で出会ったが、あるいは数日間同じ木の下に滞在してきたが、私たちは見知らぬ人に過ぎない。

あなたの気づきの中でそれを深く理解することで充分だ。私が強調したいことはスピリチュアルな放浪者になることだ。乞食のように身体を引きずる必要はない。ただあなたの魂を放浪者の魂にしなさい。それで充分だ。あなたの魂を束縛してはいけない。

ブッダは言った。

家無き沙門《シュラマナ》は熱情を切り離し――

熱情は私たちの夢だ。熱情は私たちの未来への夢、未来への欲望、物事はどうあるべきかという願望だ。内心では私たちは常に不満だ。どんなことにも満足できない。私たちは物事を変えるために絶え間なく夢を紡いでいる――より良い家を作るため、より良い妻を持つため、より良い教育を受けるため、より多くのお金を持つため、これを持つため、あれを持つため。私たちは、どうやって生活をより良いものにするか、という観点で絶え間なく考えている。私たちは存在しない未来の中に生き続けている。

未来の中に生きることが夢なのは、それが存在しないからだ。未来の中に生きることは、現在の深い不満に基づいている。

だから二つのことが熱情に関して理解されなければならない。

一つは、持っているものが何であれ、私たちはそれにしがみつくということだ。その逆説を見てごらん。私たちは何かを持とうとそれにしがみつくが、それでも私たちは満足していない。私たちはそのために惨めでいる。そこで私たちはそれを修正すること、それを飾ること、それを改善することを望む。私たちは持っているものに絶えずしがみつき、持っていないものを絶えず望んでいる。そしてこれら二つの間で私たちは押し潰されている。そしてこれは、いつもいつもそうあるだろう。それは昨日そうであった。それは今日そうある。それは明日そうであるだろう――それがあなたの全人生だ。

あなたが持つものは何でも、誰からも奪われないように、あなたはそれにしがみつく。それでもあなたはそれのために惨めになるだろう。そして、あなたはいつか物事が良くなることを望む。熱情に、欲望に生きる人は無益な生を、常に惨めで、常に夢見ている生を生きる。現実に対しては惨めでいて、非現実的なものを夢見ることになる。

私は聞いたことがある。

「あんたはどれだけ多くの魚を釣ったんだ?」

通行人は桟橋の端の方で釣りをしていた老いたムラ・ナスルディンに尋ねた。

「そうだな」、老いたムラは思慮深く言った。

「もし俺が餌をつついているこの一匹ともう二匹を釣るなら、三匹になるだろう」

彼は何も持っていない――これが人間のマインドが夢を見続ける方法だ。私たちの生は短い、非常に短い。そして私たちの夢は計り知れない。

シーマスとブリジットはロッカウェイ・ビーチで出会った。彼らが遊歩道の下で、毛布の上に一緒に手足を伸ばして横たわった時、シーマスはしゃがれた声でささやいた。

「ブリジット、愛しているよ」

「でも」と、ブリジットは抗議した。「私たちは出会ったばかりじゃないの！」
「わかっているさ」。シーマスは答えた。「でも、僕は週末にしかここにいないんだ」
しかし誰もが週末にだけここにいる。人生は本当にとても短い。どうしたら愛が可能だろう？どうしたらここに家を作れるだろう？　どうしたら何かを所有できるだろう？　あらゆるものが絶え間なく消えている。あなたは影を追いかけている。

ブッダは言う。

家無き沙門《シュラマナ》は熱情を切り離し、執着から自分自身を解放し――

彼が執着と言うとき、実際には存在しない関係性を、存在するとただあなたが信じているだけの関係性を意味している。あなたは夫だ。あなたは確かな関係性が妻との間に存在すると信じているが、それはただ信じているだけのことだ。あなたは女性と四十年か五十年一緒に暮らしていてさえ、彼女は見知らぬ人のままであり、あなたは彼女にとって他人のままであるという事実を観察したことはないだろうか？
何世紀にもわたって、男性は女性を、その心を、女性的な心を理解しようとしてきた――が、男性はまだ理解できていない。女性は男性の心を理解しようとしてきた。それでもそれは謎のままだ。

そして、男と女は何世紀にもわたって一緒に生きてきた。

それを観察してごらん。どうしたら誰かと関係することなどできるだろう？　その相手はあなたの理解を超えている。その相手は他人のまま——手が届かないままだ。あなたはその外面には触れるかもしれないし、相手は、そうだ、あなたは関係を持った、というふりをするかもしれない。だが私たちは一人のままだ。関係性は単なる見せかけに過ぎない。それは助けになる。それはいくらか役に立つ。それは私たちは一人ではないと感じさせる。それは生をもう少し快適にするが、その快適さは幻想だ。相手は他人のままであり、相手の謎を見抜く方法はない。私たちは一人だ。

ブッダが、**家無き沙門《シュラマナ》は執着から自分自身を解放し**、と言うのは、執着はここでは不可能だとわかるようになる、ということだ。

執着は不可能だ。関係性は不可能だ。すべての関係性は全く道理に反した努力だ。あなたはその相手に達することができないし、相手の存在の中心に触れることができないからだ。中心に触れない限り、どうやって関係できるというのだろう？　あなたは相手の魂を知らない。あなたはただ相手の身体、行動、態度だけを知っている。それらはただ周辺のものに過ぎない。私たちは周辺で出会う。

それが関係性の惨めさだ。私たちは周辺に留まり、絶え間なく私たちの希望、願望を信じる。

いつか関係性は本当に起こるだろう、中心は中心に出会うだろう、ハートはハートに出会うだろう——私たちは溶け合うだろうと——。だがそれは決して起こらない。それは起こり得ない。

この非常に心をかき乱す現実に気づくのが難しいのは、気づくことがあなたの足元の地面そのものを取り去るからだ。あなたは孤独の中に残されるので、再び古い夢や関係性、あれやこれやを信じ始める。あなたは再び橋を作り始めるが、決して成功しない。それは成功したことがない。あなたの努力が足りないからではなく、あなたの能力が足りないからではなく、物事の本質からして、執着は不可能だからだ。あなたは現実が許さない何かをしようとしている。

あなたの独りあることは永遠だ。ブッダは言う。この独りあることを理解することと、それに対して真実のままでいることが、執着を落とすことの意味だ、と。世界から逃げるのではなく、ただ単にすべての執着が落ちる、橋が落ちる。これがその素晴らしさだ——すべての執着が落ちる時、あなたはもっと理解するようになる、そして相手とのあなたの人生はもっと平和になる——なぜならあなたは望まず、不可能なことを望まず、期待しないからだ。何が起ころうともあなたは感謝し、何も起こらなくてもあなたは、それは起こり得ないものだと知る。より深いところで、あなたは非常に受容的になる。あなたは自分の欲求に従って現実を押し進めない。あなたは手放す方法を、現実そのものとひとつになって、それと調和する方法を学び始める。

——彼自身のマインドの源を理解し、ブッダの最も深い教義を洞察し——

ブッダの最も深い教義とは何だろう？　ブッダの最大のメッセージは無自己、アナッタのメッセージだ。それが彼の最も深い教義だ。それを理解しなければならない。まず彼は、ここに家を作ってはいけないと言う。それから彼は、執着してはいけないと言う。それから彼は、あなた自身の中を見なさい、あなたはいないことを見なさいと言う。

まず彼は、世界は幻想である、ここに家を作ってはいけないと言う。それから彼は、執着とはただの夢だ、あなたのマインドからすべての執着を落としなさいと言う。それから彼は最も深い教義に至る。その教義はこれだ。今、内側を見なさい、あなたはいない。

あなたはただ家と共に、所有物と共に、関係性と共にのみ存在できる。その「私」とはこれらのすべての夢の組み合わさったもの、その蓄積効果以外の何でもない。物を所有する夢、人々を所有する夢――関係性、執着、愛、熱情、未来への夢――これらすべてが蓄積され、エゴになる。あなたがこれらをすべて落とす時、突然あなたは消える。そしてあなたの消滅の中で、法則がそれの最も適切な方法で働き始める。それがブッダがダンマ、タオ、究極の法則と呼ぶものだ。

だからそこにはエゴの三つの層がある。

第一の層は、世界――あなたの家、あなたの車、あなたの銀行預金残高。第二は、執着――あなたの関係性、あなたの関心事、あなたの子供、妻、夫、友人、敵。そしてより深い層は、あなただ。

そしてこれらすべては結びついている。もし本当にエゴを取り除きたいなら、あなたは非常に科学的な方法で動かなければならないだろう。それがブッダがしていることだ。

まず、家を持たない。第二に、関係性を持たない。第三に、自己が無い。もしあなたが最初の二つの事、予備的な事をするなら、三番目は自動的に起こる。あなたは内側を見るが、あなたはそこにいない。そしてあなたが、自分はそこにいないこと——内側に実体がないこと、実質的な実体がないことがわかる時、あなたは自分自身を「私」と呼ぶことはできない。あなたは解放される。これが仏教の道における解放だ。これこそが涅槃《ニルヴァーナ》というものだ。

涅槃《ニルヴァーナ》という言葉は、自己の停止、無自己、虚空の出現——ゼロの体験を意味する。何もない。ただ無だけがある。

それなら、どうやって妨害され得るだろう？　今、妨害される者は誰もいない。それならどうやって死ぬことができるだろう？　今、死ぬ者は誰もいない。どうやって生まれることができるだろう？　今、生まれる者は誰もいない。この誰もいないことは途方もなく美しい。それはますます開け放たれ、空間が広がり続き、何の境界もない。

これがブッダのリアリティの概念だ。それは理解することが非常に難しい。私たちはエゴを落とせることは理解できる、が、魂は？　その時私たちは微妙なやり方で、まだ利己主義者のままでい続ける。その時、私たちはそれを魂、アートマンと呼ぶ。ブッダは非常に筋が通っている。彼はあなた自身についてのどんな考えも、あなたが何らかの方法で存在し得るなら、それは利己的だ、と言う。

　現代物理学を通してそれを説明してみよう。現代物理学も同じ地点に来ているからだ。現代の科学者に尋ねてごらん。彼は、物体はただそのように見えるだけで、それはないと言う。あなたが物体により深く入って行けば、ただ虚空だけがある。それは虚空以外の何ものでもない。物体を分析するなら、原子を分割するなら、それは消える。究極の核においては、ただ虚空だけが残る――ただの空間、純粋な空間だけ。

　同じ分析をブッダは自分に行なった。科学者が物体に行なってきたことを、ブッダはマインドに行なった。そしてもし分析が充分深く行なわれるなら、物質は残らないことに、すべての物質は消えることに両方とも同意する。非存在が残る。

　ブッダはインドでは生き残れなかった。インドは自己《セルフ》、アートマンを信じてきた世界最古の国だ。ウパニシャッド、ヴェーダ、パタンジャリからマハーヴィーラまで、誰もが自己を信じてきた。彼らは皆エゴには反対したが、自己もまたエゴのトリックに過ぎないと、あえて言うことはなかった。ブッダは究極の真実をあえて主張した。

　彼が生きていた間、人々は大目に見ることができた。彼にはそれほど強力な存在感があった。彼の存在には、彼らが否定できなかったほどの確かさがあった。彼の存在には大変な力強さがあり、実に説得力があったので彼らは否定できなかった。ブッダの語ることは人間の心《マインド》に反していると、絶対に人間の心に反しているとは言えなかった。彼らはあちこちで議論した可能性がある。時には少数の人々が彼のところにもやって来て討論した。

「あなたは何を言っているのですか？　もし誰も残らないのなら、解放されることの要点は何ですか？　私たちは自分たちが解放されるようにと、解放を望んでいるのですよ」

ブッダが強調するのは、あなたは決して解放されないだろう、なぜならあなたが死ぬまで、そして死なない限り、解放は全くないからだ、ということだ。解放とは自己《セルフ》からの解放だ。自己は解放されるものではない。解放とは自己自身から解放されることだ。

しかし彼の存在には非常に説得力があった。彼が言ったことは何であれ真実であるに違いない。彼の存在が証明だった。彼に起こった優雅さ、彼の周りの調和、彼が歩き、移動したあらゆる所で彼の後に生じた輝き——その光。人々は困惑した。なぜならこの男は、自己は存在しない、ただ途方もない虚空だけが内側にある、と言っていたからだ。彼らは否定できなかった。

しかしブッダが亡くなる頃には、彼らは批判し、主張し始めた。彼らは否定し始めた。ブッダが肉体を離れたわずか五百年後で、仏教はインドから根こそぎにされた。人々はこのような徹底的な態度が信じられなかった。何も存在せず、世界は幻想で、執着は愚かで、結局あなたはいない。それなら要点は何なのだ？

もしあらゆるものが夢で、さらに自己も夢であるなら、なぜ私たちはその中に入っていかねばならないのか？　夢のままにしておけばいい――少なくとも何かがそこにあるのだ。なぜ私たちは、ただ無を達成するために、それほどの努力を、とても多くの困難な努力をしなければならないのか？　だがあなたは理解しなければならない。ブッダが無と呼ぶものは、あなたの側から見て無だということだ。彼は、何も残らない――あなたの世界の何も、あなたの関係性の何も、あなたの何も残らない――と言う。だが何も残っていないとは言っていない。彼はあなたの側から見て何も残っていない、そして残っているものは表現できないと言うのだ。その残っているものについては、あなたにそれを表現する方法はない、それを伝達する方法はない。どんな方法であれそれが伝達されるなら、それは誤解されるからだ。

もしブッダが「そう、アートマンは、自己は存在する、しかし自己は非‐エゴの状態だ」と言うなら、あなたは、そうだ、私たちは理解している、とうなずくかもしれない。しかしあなたは理解していない。自己の概念そのものが、その中にいくらかのエゴを運ぶからだ。「私はいる」。どれほど純粋でも、「私」が残っている。アートマン、自己、至高の自己、大文字のSで始まる*Self*（自己）についてのあなたの考えは、形を変えたエゴに過ぎない。

それは起こった。

ムラ・ナスルディンと地元の僧侶は常に争い、議論していて、ついに彼らは裁判所で決着することになった。双方からの証言を聞いた後、判事は言った。「私はこれは友好的に解決されると確信している。お互いに握手をしなさい。そして親善のために何か言いなさい」

僧侶はナスルディンと握手して言った。「私はあなたが私に望むことをあなたに望みます」

「見てくれ、旦那」とムラは言った。「彼はまたそれを始めているぞ」

彼は何も言わなかった。彼は単にこう言った。「私はあなたが私に望むことをあなたに望みます」しかしムラは、彼が自分に何を望むかをよく知っている。彼は言う。「見てくれ、旦那。彼はまたそれを始めているぞ」。あなたに言われることは何であれ、あなたによって色付けされる。

ブッダは非常に純粋なままだった。彼はあなたが改変することを許さなかっただろう。彼はあなたにヒントさえ与えなかっただろう。彼は全く完全に、絶対的に否定した。彼はあなたが知っているものは何でも――あなたの世界、あなたの愛、あなたの執着、あなたの物、あなたの関係性、あなた――それらは消える、と言った。あなたは中心であり、あなたの世界はあなたの周辺にある。それらはすべて一緒に消える。あなたの世界が失われる時、あなたが助かることはあり得ない。周辺が、外周が失われる時、中心も失われる。それらは相伴う。象が移動する時、象の尻尾も共に移動する。あなたの全世界が落ちると、あなたもそれと共に落ちる。あなたはそれの一部であり、その夢の有機的な一部なのだ。

しかし思い起こしてほしい。ブッダを誤解してはいけない。彼は非常に論理的で、残るものについては何も言わなかった。彼は「是非それを体験しなさい」と言った。彼は言った。

「それを言語的に説明することを私に強いてはいけない。それを実存的な体験にしなさい」

あなたは消えるが、ある意味では初めてあなたは現われる。しかしこの出現はあなたのすべての体験とは完全に異なるものなので、それを説明する方法はない。言われることは何であれ間違いだ。あなたはあなた自身の方法でそれを解釈するだろうからだ。


家無き沙門《シュラマナ》は熱情を切り離し、執着から自分自身を解放し、彼自身のマインドの源を理解し、ブッダの最も深い教義を洞察し、そして非物質的なものである法《ダンマ》を理解する。


ブッダはここまでは——非物質的なダンマ、自然の法則が存在することは認める。彼は霊的《スピリチュアル》とは言わない。彼は単に非物質的なものと言う。

このダンマとは何か？　この法とは何か？

あなたが老子のタオの概念を理解するなら、またはヴェーダ的な天の法則《リタ》の概念を理解するなら、それは簡単だろう。あらゆるものを一つにまとめる法のようなものがあるに違いない。移り変わる季節、星の運行——宇宙全体は実にスムーズに進み続ける。そこには特定の法があるに違いない。その違いを理解しなければならない。ユダヤ教徒、キリスト教徒、イスラム教徒、ヒンドゥー教徒はその法を「神」と呼ぶ。彼らはそれを擬人化する。ブッダにはそうするつもりはない。彼は、神を擬人化することはそのすべての美しさを破壊することだ、と言う。なぜならそれは神人同形的な、人間中心的な態度だからだ。人間は神をまるで人間のように考える。拡大され、量的に何百万倍も大きいが、それでも、人間のようなものだ。

ブッダは、神は人ではないと言う。だから彼は「神」という言葉を決して使わないのだ。彼はダンマ、法と言う。神は人ではなく、単なる力、非物質的な力だ。その性質は人のようなものというよりも、法則のようなものだ。だから仏教では祈りが存在しないのだ。

法則に祈ることはできない。それは無益だ。引力の法則に祈ることはできないだろう？　それは無意味だ。法則はあなたの祈りに耳を傾けることはできない。法則に従うことはできる。法則と調和して幸せでいることはできる。あるいは、法則に背くことはできるし、それで苦しむことはできる。しかし法則に祈っても意味はない。

引力に反するなら、あなたは骨を何本か損傷するかもしれない。何本か骨折するかもしれない。引力の法則に従うなら、骨折は避けられる。だが祈ることに何の意味があるだろう？　聖像の前に坐って主に祈ること——「私は旅に出かけます。私を助けてください」——それは馬鹿げている。ブッダは、宇宙は法則に従って動く、人に従ってではない、と言う。彼の態度は科学的だ。なぜなら、彼はこう言うからだ、人は気まぐれであり得る、と。あなたは神に祈ることができるし、彼を説得することができるが、それは危険だ。神に祈っていない人は彼を説得できないかもしれないし、神は偏見を持つようになるかもしれない。人は常に偏見を持ち得る。

それがすべての宗教が言っていることだ。祈るなら、彼はあなたを救うだろう。祈るなら、あなたは惨めではない。祈らなければ、あなたは地獄に投げ込まれるだろう。

神についてこうした観点で考えることは非常に人間的だが、非常に非科学的だ。それは神があなたのお世辞を、あなたの祈りを愛しているという意味だ。だからもしあなたが祈る人で、教会や寺院に定期的に行き、ギータや聖書を読むなら、コーランを暗唱するなら、彼はあなたを助ける。さもなければ、彼はあなたに非常に苛立つだろう。あなたが「私は神を信じない」と言うなら、彼はあなたに非常に怒るだろう。

ブッダは、これは愚かだと言う。神は人ではない。あなたは彼を困らせることはできないし、彼を支持することはできない。彼にお世辞を言うことはできない。自分の思い通りに彼を説得することはできない。あなたが彼を信じるかどうかはどうでもいい。法則はあなたの信仰を超えて存在している。あなたがそれに従えば、あなたは幸せだ。それに従わなければ、あなたは不幸になる。

法則の概念の厳格な美しさを見てごらん。その時、すべての問題は規律にあって、祈りにではない。法則を理解し、それとの調和の中にいなさい。それと衝突してはいけない。それがすべてだ。寺院の必要はない。モスクの必要はない。祈る必要はない。ただあなたの理解に従いなさい。

ブッダは言う。あなたが不幸な時はいつでも、それは単にあなたが法則に反した、あなたが法則に従わなかったというしるしだ、と。あなたが不幸な時はいつでも、ただ一つのことを理解しなさい。見守り、観察し、あなたの状況を分析し、診断しなさい――あなたは法則に反したところに行っているに違いない。あなたは法則と衝突しているに違いない。ブッダは、法則があなたを罰しているのではない、と言う。違う、それは馬鹿げている。法則がどうやってあなたを罰することができるだろう？　あなたは法則に反することで自分自身を罰している。あなたが法則に従っても、法則があなたに褒美を与えることはない。どうしたら法則があなたに褒美を与えられるだろう？　もしあなたがそれに従うなら、あなたが自分自身に褒美を与えているのだ。従うか、従わないか――すべての責任はあなたにある。

もし従うなら、あなたは天国に生きる。従わないなら、地獄に生きる。地獄とは、あなたが法則に対立している時のあなた自身のマインドの状態で、天国もまた、あなたが調和している時のあなた自身のマインドの状態だ。

彼は心に偏見を持っていない。

ブッダは言う。

彼は切望するものを何も持っていない。
彼は道という考えに妨げられず、カルマに巻き込まれることもない。
偏見もなく、衝動もなく、規律もなく、光明もなく、
そして階級を通って上に進むこともなく、
それにも関わらずそれ自身の中にすべての栄誉を所有している。
これが道と呼ばれる。

これは非常に革命的な声明だ。あなたはクリシュナの主張、またはイエスの、あるいはモハメッドの主張の中にそうした声明と出会うことはない。これは途方もなく革命的だ。

ブッダは、理解する真の人は光明を切望することとさえない、と言う。光明を求めることさえ欲望であり、欲望は惨めだからだ。あなたがお金を求めようと、悟りを求めようと、またはあなたがある人物を求めようと、光明を求めようと、または名声、権力、社会的地位を求めようと、ディヤーナ、サマーディ、瞑想、光明を求めようと、欲望であることに変わりはない。欲望の性質は同じだ。求めることは欲望を意味する。そして欲望は惨めさをもたらす。あなたが何を求めるかは問題ではない。あなたは求めている。それはあなたを惨めにするのに充分だ。

欲望とは、あなたが現実から離れたこと、存在するものから離れたことを意味する。

欲望とは、あなたが夢の罠に陥っていることを意味する。

欲望とは、あなたがここと今にいないこと、未来のどこかへ行っていることを意味する。非 - 欲望が光明なのに、どうやって光明を求めたらいいのだろう？　もしあなたが光明を求めるなら、まさにその欲望が、それが起こるのを妨げる。光明を求めることはできない。あなたはただ欲望の性質を理解すればいい。すると理解の光の中で、欲望は消える。あなたが暗い部屋にランプをもたらすように、闇は消える。

欲望は暗闇だ。あなたが理解のロウソクに火を灯す時、欲望は消える。そしてそこに欲望が一つもない時、光明がある。それこそが光明というものだ。

これを理解しようとしてごらん。これはあなたに非常に必要なものの一つだ。世俗的なものから浮世離れしたものへ、あなたの欲望の対象を変えることは非常に簡単だ。

私はある町にいた。夕方の散歩に行っていた。私が庭に近づいていたちょうどその時、女性が私のところに来て、私に小冊子をくれた。その小冊子の表紙には美しい庭園と泉の側に美しいバンガローがあり、背高い木々と遠くの背景には雪の峰があった。私はその小冊子の中身を見て驚いた。それはあるキリスト教共同体の宣伝パンフレットだった。パンフレットにはこう書かれていた。「あなたが神の庭に美しい家を持ちたいのなら、イエスに従いなさい。あの世であなたがそのような美しい家を望むなら、イエスに従いなさい」と。

さて、この種の態度は非常に世俗的に見える。だがこれは昔からだった。ブッダの態度を除いて、他のすべての宗教は何らかの形であなたに、欲望を落とすことを要求せずに、欲望の対象を変えることを要求している。それがブッダとの違いだ。

彼らは言う。「世俗的なものを求めてはいけない。天上のものを求めなさい。お金を求めてはいけない。神を求めなさい」と。

今あなたにはその違いが、革命的な変化がわかる。ブッダは単に、求めてはいけない、と言う。それはあなたが何を求めるかという問題ではない。もし求めるなら、あなたは惨めなままだろう。求めてはいけない、それがすべてだ。無欲でありなさい、それがすべてだ。そして無欲である時、あなたは穏やかで静かで落ち着いている。無欲である時、エゴは消える。無欲である時、惨めさは消える。そして無欲である時、あなたは法則に同調する。

あなたの欲望は常に法則と衝突する。あなたの欲望は単に、あなたが自分に与えられているものに満足していないということだ。あなたはより多く求めるか、それとも何か他のものを求める。無欲な人はただ単に言う。「在るものは何であれ在る。起こっているものは何であれ起こっている。私はそれを受け入れ、それに従う。私は他にどんな考えもない。もしこれが起こっていることなら、単純にそれを喜び、楽しむだろう。私はそれと共にあるだろう」

これを私は明け渡しと呼ぶ。明け渡すことは欲求しないということだ。

彼は道という考えに妨げられず

もしあなたが神、楽園を求めているなら――実際、「楽園」というまさしくその言葉は、壁に囲まれた庭園を意味する――もしあなたがあの世に何らかの美しい宮殿を求めているなら、道、経路、宗教、聖書、コーラン、ギータでさえあなたを妨げるだろう。それらはあなたに負担をかけるだろう。なぜなら欲求するマインドは常にかき乱され、常に揺れ動き、それが起こるのかどうかを常に考え、それはこれまで誰かに起こってきたのかどうかを常に疑っているからだ。

「それを望んでいる私は愚か者なのだろうか？　それは本当に存在するのだろうか？　それはあの世に存在するのだろうか？　神は？　幸せは？　楽園は？　それともそれはただ子供のための、玩具を必要とする人々のための神話、物語に過ぎないのだろうか？」

するとその時、道でさえ緊張になる。なぜなら彼はあらゆるものを、何らかの結果に到達するための手段として使っているからだ。

ブッダは、理解の人は道という考えによって妨げられることさえない、と言う。なぜなら彼はどこにも行こうとしていないからだ。だからどんな道にも意味はない。彼はただ単にここにいる。あなたがどこかへ行こうとしている時は、道が必要だ。あなたが理解する時、あなたは単にここにいることを楽しむ。この瞬間で充分だ。行くべき所がないのなら、道、経路、手段に何の意味があるだろう？　終わりはない、ゴールはない、行くべき所はない。

それは私が強調するところでもある。行くべき所はない。ただここにいなさい。出来るだけ全面的にただここにいなさい。あなたのマインドがどこかへ行こうとするのを、許してはいけない。そしてあなたがどこにも行こうとしていないその瞬間に、あらゆるものが沈黙に包まれる。それを体験しなさい。あなたはたった今、私に耳を傾けながらそれを体験できる――あなたがどこにも行こうとしていないなら。

あなたは二つの方法で私に耳を傾けることができる。一つの方法はマインドの、欲望のそれだ。あなたが光明を得られるような何らかの手がかりを見つけるために、あなたは私に耳を傾けることができる。あなたが神の宮殿に入れるような何らかの手がかりを見つけるために、何らかの鍵を見つけるために――。その時あなたは不安になり、落ち着かなくなるだろう。

そしてあなたは、どこかに行こうというどんな考えもなしに、私に耳を傾けることができる。あなたは単に私を聴くことができる。あなたはただ、私と一緒にここにいることができる。その沈黙の中であなたがただここにいる時、私と一緒にいることを楽しんでいる時、人が滝に耳を傾けるように、人が木々の鳥のさえずりに耳を傾けるように、人が松に吹き込んでいる風に耳を傾けるように私を聴く時――何の理由もなくただ聴く――その瞬間、あなたはタオと同調している。あなたはダンマと同調している。あなたは宇宙と同調している。

宇宙はどこかへ向かっている。あなたはそれと同調するようになる。あなたは川と共に動く。その時あなたは川を押し進めない。その時あなたには全体のゴール以外、他のどんなゴールもない。

――彼はカルマに巻き込まれることもない。

理解する人にはするべきことは何もない。彼はただ在る。彼の存在が彼の行動のすべてだ。彼の行動が彼の喜びであり、彼はそれを楽しんでいる。画家に尋ねてみるがいい。もしその画家が真の画家であるなら、彼は描くことを楽しむ。それの完成を楽しむのではない。完成はするかもしれないし、しないかもしれないが、それは重要ではない。

誰かがヴァン・ゴッホに尋ねた。「あなたの最高の絵はどれですか?」。彼はある絵を描いていた。彼は言った。「これだ――私がちょうど今描いているものだ」。ゴッホの絵が売れなかったため、いったいなぜゴッホは描いていたのか人々は当惑した。彼が生きていた間はたった一枚の絵も売れなかった。そして彼は飢え、死にかけていた。彼には生きるのがやっとのお金しかなかったからだ。毎週彼の弟は彼に、ただ生き延びるのに充分なある程度のお金を与えていた。だから三日間彼は食べ、四日間は絵の具、筆、キャンバスのためのお金を節約するために毎週絶食した。そして絵は全く売れなかった。人々は彼が狂ってしまったと思っていたが、彼は途方もなく幸せだった――飢えていて幸せだった。彼の幸せは何だったのか?　まさに描くというその行為だ。

覚えておきなさい。もしあなたに何かの目的があるなら、もしあなたがそれを経てどこかへ行こうとしているなら、行為はカルマに、束縛になる。もしあなたの行為が全くあなたの喜びであるなら——砂の城を作って、楽しんで、遊んでいる子供たちのように、活動にゴールがなくただ遊んでいて、まさにその活動の中の内在的な遊びがあるなら——その時カルマはない。束縛はない。その時、それぞれの行為はますます自由をもたらす。

——偏見もなく、衝動もなく、規律もなく、

理解のある人は自分を律する必要はない。彼の理解が彼の規律だ。あなたに規律が必要なのは、あなたの理解が充分ではないからだ。

人々は私のところに来る——ほんの数日前の夜、ある人がいた。彼は何が正しいかを知っているが、間違ったことをし続けることについて、私に手紙を書いた。彼は何が間違っているかを知っている。それでも彼はそれをし続ける。

「では、それをどうやって変えたらいいでしょうか?」と彼は書いている。今もしあなたが、本当に何が正しいのかを知っているのなら、どうやって間違えられるだろうか? あなたの知識はどこかからの借りものに違いない。あなたのものであるはずがない。もしあなたが本当に何が間違っているのかを知っていたら、どうやってそれをできるだろう? それは不可能だ。もしあなたがそうするなら、それは単にあなたは知らないということだ。

ソクラテスは言っていた。「知識は美徳である」と。あなたが何かを知っているなら、それは起こり始める。しかし知識は本物でなければならない。そして本物とは、あなたのものでなければならないという意味だ。それはあなた自身の人生を通ってこなければならない。それはあなた自身の体験の本質でなければならない。それは借りるべきではない。それは学問的であるべきではない。それは経典からの引用であるべきではない。それは単なる情報であるべきではない。それはあなた自身の体験で、確実に生きたものであるべきだ。それならあなたはそれに反することはできない。その可能性はない。

それが壁だと知りながら、どうやって壁を通過できるだろう？　あなたは扉を通って行く。あなたは私のところに来て、決してこう言うことはない。

「私は知っています、ＯＳＨＯ、扉がどこにあるのかを。でも、まず壁を通ろうとします。それはいつも私の頭に当たります。さてどうすべきでしょうか？」

扉がどこにあるのかを知っているなら、あなたはそれを通過する。あなたが、自分は知っているが、それでも壁を通過しようとすると言うなら、それは単にあなたが知らないということだ。あなたは聞いたことがあるかもしれない、他の誰かがあなたに言ったのかもしれない。だがあなたは信用していない。あなたの行為はあなたが何を知っているかを示す。あなたの行為があなたの知識の唯一の証拠であり、行為以外の何も証拠にはならない。

ブッダは、理解があれば何の規律も必要ない、と言う。理解が特有の――本質的な、内的な――規律をもたらす。

知識に二つの種類が存在するように二種類の規律がある。もし知識が外部から来るなら、あなたは自分自身に規律を押し付けなければならない。もし知識が内部から生じて湧き出るなら、どんな規律も強いる必要はない。規律はそれに対する影として生じる。それは後に続く。

――規律もなく、光明もなく、そして階級を通って上に進むこともなく、

そしてブッダは、階級はないと言う。私のところに来て、こう言う人々がいる。

「私は前進していますが、それでもまだ達成していません」

彼らは証明書も私から求める。彼らがどの程度まで前進しているか、どの階級にいるのかを私が彼らに示唆できるように。

ブッダは、事実上どんな階級もないと言う。ただ二つのタイプの人々しかいない。光明を得た人と光明を得ていない人だ。その中間はない。少数の人々がそのちょうど真ん中にいる、ということはない。あなたは生きているか、死んでいるかのどちらかだ。その中間はない。あなたは知っているか、知らないかのどちらかだ。その中間はない。階級は存在しない。

すべての階級はエゴの策略だ。エゴは言う。「いかにも、私はまだ光明を得ていない。しかし私ははるかに前進している。まさに九十九度だ。あと一度で私は光明を得るだろう。私ははるかに遅れているのではない。はるかに前進しているのだ」そのようなナンセンスをすべて落としなさい。

光明を得ていないのなら、全く光明を得ていないのだ。

光明を得ていない人はみんな同じであり､光明を得た人々もみんな同じだ。その違いはちょうど、あなたは眠っていて、そして誰かは完全に油断なく目覚めていてあなたの側に坐っているようなものだ。これが唯一の違いだ。もしあなたが目覚めているなら、あなたは目覚めているのだ。あなたは「私はちょうど中間にいる」と言うことはできない。そのような状態はない。あなたが眠っているなら、あなたは眠っている。あなたが目覚めているなら、あなたは目覚めている。

そしてその差は小さいが、それでも多大だ。完全に油断なく目覚めて坐っている人と、その側でいびきをかいている人――両方とも同じ人間で同じ意識だが、一人は深い闇の中にいて、失われて、己を忘れている。もう一人は輝き、生きていて、自らの内側の炎に達している。

何かが起こるなら、彼ら両者は異なった方法で反応するだろう。油断のない人は異なった方法で反応するはずだ。彼の反応は応答だ。彼は応答し、自分が何をしているかをよく知っている。眠っている人が反応したら彼の反応は機械的な反応になる。自分が何をしているかわからないだろう。

ブッダは言う。

──規律もなく、光明もなく、そして階級を通って上に進むこともなく、
それにも関わらずそれ自身の中にすべての栄誉を所有している。
これが道と呼ばれる。

ブッダは言う。あなたがエゴを明け渡すなら、あなたがあなた自身を明け渡すなら、あなたは法則と調和するようになり、すべてはひとりでに起こり始める、と。あなたはただ明け渡すだけでいい。あなたに消える準備ができているなら、あなたは完全な法則になり、法則が世話をするだろう。あなたはそれを見守ったことがあるだろうか？　川を信頼するなら、浮くことができる。信頼を失う瞬間、あなたは溺れ始める。あなたが信頼するなら、川はその手にあなたを受け取る。あなたが恐れるなら溺れ始める。だから死体は川面に浮かび始める。死体は疑うことができないからだ。死体は恐れることはできない。

生きていたら、同じ人は川の中に沈んで溺れただろう。死んだ時、彼らは浮上する。彼らは水面に浮かび始める。今、川が彼らを溺れさせることは非常に難しい。今までそれができた川はない。川は死体を溺れさせることができない。生きていれば、何が起こるだろう？　どうなるだろう？　死んだ人間にはある秘密があるに違いない。その秘密は、彼は疑うことができないということだ。

あなたはイエスの人生における美しい寓話を聞いたことがあるに違いない。

彼の弟子たちはガリラヤの湖を渡っていて、彼は後方に残っていて「私はすぐに行く。私は祈らなければならない」と言う。弟子たちは非常に困惑する。彼は湖の上を歩いて来る。彼らは怖れ、怯え、びっくりした。彼らは、それは何らかの邪悪な力であるに違いないと思う。彼はどうやって歩けるのだろうか？

そして一人の弟子が「マスター、本当にあなたですか？」と言う。イエスは「そうだ」と言う。するとと弟子は言う。「それなら、もしあなたが歩けるのなら、なぜ弟子である私にはできないのですか？」。イエスは言う。「あなたも歩くことができる――来なさい！」。そして弟子は二、三歩歩く。彼は自分が歩いていることに驚く。だが疑問が生じる。

彼は言う。「何が起こっているのですか？　これは信じられません」

彼が「信じられない。夢を見ているのか？　それとも悪魔の何かのトリックか？　何が起こっているのだ？」と考えた瞬間、彼は溺れ始める。そしてイエスは言う。「その者、信仰薄き者よ！なぜあなたは疑ったのだ？　あなたはほんの二、三歩歩き、それが起こったのを知っている。その時でもあなたはそれを疑うのか？」

この物語がこのように起こったのかどうかは要点ではない。しかし私も知っている。あなたは試すことができる。あなたが川を信頼するなら、ただ川にくつろぐなら、あなたは浮くだろう。それから疑いが、イエスの弟子に生じた同じ疑いが生じる。「何が起こっているのだ？　なぜそれは可能なのだ？　私は溺れていない」——するとすぐにあなたは溺れ始める。
泳げる者と泳げない者との違いはあまりない。泳げる者は信頼する方法を学んだ。泳げない者はまだ信頼する方法を学んでいない。両方とも同じだ。泳げない者が川に落ちる時、疑いが生じる。彼は恐れを感じ始める。川が彼を溺れさせようとしている。そしてもちろんその時、川は彼を溺れさせる。しかし彼は自分の疑いで自分自身を溺れさせているのだ。川は何もしていない。泳げる者は川を知っている、川の流儀を知っている。そして彼は何度も川と共にいて、彼は信頼する。彼は簡単に浮かぶ。彼は恐れていない。
生も全く同じだ。

ブッダは言う。

それにも関わらずそれ自身の中にすべての栄誉を所有している。
これが道と呼ばれる。

理解する人は完全に手放しの中にいる。彼は法則の働きを許す。もしあなたが古い宗教的な言語に、非仏教的な言語にしたいなら、それを神への明け渡しと呼ぶことができる。その時帰依者は言う。「今や私はもういません。ただあなただけがいます。私はあなたの唇の上の単なるフルート、中空の竹です。あなたは歌います。その歌はあなたのものです。私は単なる通路に過ぎません」

これは古い宗教的な言語だ。

ブッダは古い言葉に満足しない。ブッダは詩人の言葉に満足しない。ブッダは科学的な言葉遣いをより好む。彼はアルバート・アインシュタインやニュートンやエジソンと同じやり方で語る。彼は法則について語る。そこで決めるのはあなただ。違いは言語だけだが、基本的なことは手放すこと、完全な明け渡しだ。

ブッダは言った。
頭と顔を剃る者は沙門《シュラマナ》になり、
道において指導を受ける者は、すべての世俗的な所有物を明け渡すべきであり、
何であれ彼らが乞食によって手に入れるものに満足すべきである。
一日一食、木の下での一宿、
そしてどちらも繰り返されるべきでない。
人を愚かにし、理性をなくさせるものは、執着と熱情である。
頭と顔を剃る者は沙門《シュラマナ》になり——

ちょうど私が黄土色のローブや、あなたの首の周りのマラを強調するように、ブッダは彼のサニヤシンたちに頭と顔を剃ることを強調した。これらは単なる意志表示としての行為であり、文字通りに受け取ってはいけない。それらは単なる意志表示、あなたに明け渡す準備ができているという表明に過ぎない。他にどんな意味もない。唯一の意味は、あなたはブッダと共に行く準備ができているということだ。

あなたがサニヤスを受け取る時、あなたがサニヤスにイニシエートされる時、あなたは単に私にイエスと言っている。「はい、私はあなたに同伴します。たとえあなたが何か気違いじみたことをせよと言っても、私はそれをする準備ができています」とあなたは言っている。

さてこれは、オレンジ色を身に着けることは気違いじみたことだ。それに何の意味があるのか？しかしこれは、あなたは物笑いの種にさえなる準備ができているという、ただの身振りにすぎない。たとえ人々がそれは馬鹿げていると思っても、あなたには行く準備ができている。あなたは馬鹿げたことをする覚悟ができているが、その代価が何であれ、あなたは私と共に行く用意ができている。それは明け渡すという意志表示に過ぎない。

ブッダはシュラマナは不安定に生きるべきだと言っていた。だから彼は乞食になりなさいと言った。ここでも、文字通りにそれを受け取ってはいけない。それの真意を理解しようとしなさい。彼は、あなたは何も所有できない、と言っている。何かを所有することは不可能だ。生は不安定で、安定する方法はない。死は来ているし、あなたのすべての安定を破壊するだろう。だから悩むことはない。たとえあなたが乞食であっても、幸せでありなさい。幸せに乞食でありなさい。あなたの安定についてあまり心配しても意味がない。生の不安定を理解し、それを受け入れなさい。まさにそれを受け入れることによって、あなたは安定するようになる。

そしてブッダは言っていた——

一日一食、木の下での一宿、
そしてどちらも繰り返されるべきでない。

というのもブッダは、あなたが何度も何度も特定の事を繰り返すなら、それは習慣に、機械的な習慣になる、と言うからだ。そしてあなたが機械的になる時、気づきを失う。だから繰り返してはいけない。状況を変え続けなさい。そうすれば、すべての状況であなたは油断なくいなければならない。町を変え続けなさい。二度と同じ扉から物乞いをしてはいけないし、二度と同じ木の下で寝てはいけない。これらはあなたが油断がないままでいるための、単なる方策に過ぎない。

あなたはそれを見守ったことがあるだろうか？　新しい家に引っ越すと、数日間は非常に不安を感じる。やがてあなたは新しい家に慣れるようになり、くつろぐようになる。それには少し時間がかかる。三日から三週間の間に、人は新しい家にくつろぐようになる。その時その家は習慣になる。

ブッダは、それが起こる前に移動しなさい、と言う。同じ木の下で二回眠ることさえだめだ。さもなければマインドには要求する傾向がある。

乞食もまた要求する。乞食は木の下に坐って物乞いをする。その時彼は、他の乞食がそこに坐ることを許さない。彼は「どこかよそへ行け。これは俺の木だ！」と言うだろう。乞食には彼らの領土がある。ある乞食がこの付近に物乞いに来る。彼は他の乞食がここに来るのを許さない。彼は争うだろう。この領土は彼のものだ。あなたは知らないかもしれないが、あなたは彼の領土に属している。彼は他の乞食がここに入るのを許さない。

ブッダは、マインドを怠惰にさせてはいけない、マインドを機械的にさせてはいけない、と言う。油断せず、動き続けなさい。停滞してはいけない。動き続けなさい。なぜならもし執着と熱情が許されると、人は愚かに、そして不合理になるからだ。あなたが執着するとあなたは愚かになる、あなたは知性を失う。

安定すればするほど、あなたはより愚かになる。だから、知的な人々が裕福な家族から生まれることは稀にしか起こらないのだ――非常に稀だ。それは彼らがとても安定しているからだ。彼らは生の中に挑戦がない。彼らには必要なものがすべてあるのに、なぜ悩まなければならない？　非常に聡明な裕福な人々を見つけることはできない。彼らはたいてい少し鈍い――一種の無感覚状態で、だらだらしている。気楽にだらだらしている。都合よくだらだらしている。ロールスロイスの中でだらだらしている――が、だらだらしていて、鈍い。生が何の挑戦もないように見えるのは、そこに何の不安もないからだ。

ブッダは不安定になることを、あなたが鋭敏になるための方策として使った。乞食は非常に鋭敏で知的でなければならない。彼は何も持っていない。彼はその瞬間その瞬間を生きなければならない。だからブッダは自分の出家僧《サニヤシン》たちが乞食になることを強調したのだ。彼は彼らを比丘と呼ぶ。比丘とは乞食を意味する。それはまさに逆転現象だった。インドではサニヤシンは常にスワミとして知られてきた。スワミとはマスターを意味する。正確には、「スワミ」という言葉は「主」を意味する。ブッダはすべてを変更した。彼は自分のサニヤシンを比丘と、乞食と呼んだ。だが彼は新しい次元、新しい意味、新しい挑戦をもたらしたのだ。

彼は、その瞬間その瞬間を生きよと言った。何も持っていなければ、あなたは決して安定しないだろう。そしてあなたは決して愚かではないだろう。あなたは見守ったことがあるだろうか？　お金を持っている時、あなたは無気力になる。お金を持っていない時は、あなたは油断しなくなる。突然すべてが失われると、非常に用心深くなるだろう。もし物乞いをすることで自活しなければならないなら、あなたは明日について確かでいられない。何が起ころうとしているのか誰にもわからない。あなたが何かを得られるかどうか、あなたに何かを与える誰かを見つけられるかどうか、あなたにはわからない。明日のことは決まっていない――不確かだ。不確実性の中で、不安の中で、あなたの知性はますます鋭くなる。あなたは輝きを増す。

ブッダは言った。
そこにはすべての存在たちによって善いと思われた十のものと、そして十の悪いものがある。

それらとは何だろう？

それらの三つは身体に依る、
四つは口に依る、
そして三つは思考に依る。

身体に依る三つの悪行とは、殺し、盗み、姦通を犯すこと。
口に依る四つとは、中傷、罵り、嘘、お世辞。
思考に依る三つとは、羨望、怒り、夢中になること。
これらのものはすべて神聖な道に反し、それゆえそれらは悪である。

その違いを見てごらん。ブッダは、それらは聖なる道に反していると言う。もしこれらの十のことをすると、あなたは惨めになるだろう。あなたは間断なく痛み、不安、苦悩の中にいるだろう。暴力的でありながら惨めでないことは人間にとって困難だ。あなたが誰かを殺すなら、あなたは惨めなままだろう。殺す前あなたは惨めでいて、殺した時あなたは惨めでいて、殺した後あなたは惨めでいるだろう。破壊性は幸福をもたらすことができない。破壊は創造の法則に反している。

創造の法則は創造的であることだ。だからブッダは、あなたが破壊的ならあなたは惨めになると言うのだ。もしあなたが妬みっぽくて、夢中になりがちで、競争的で野心があり、嫉妬深くて所有欲が強いなら惨めになるだろう。何が間違っているかを知るための唯一の基準になるのは、何であれあなたを惨めにさせるものだ。

さて、これは非常に異なる考え方だ。神が「これをしてはいけない」と言うわけではない。十戒があるわけではない――ブッダもまた避けるべき十のものがあると言うが、専制君主や命令する誰かがいるわけではない。天国で黄金の玉座に坐って「これをしろ。あれをするな」と命令するアドルフ・ヒトラーやスターリンのような誰かがいるわけではない。誰もいない。決めるのはあなただ。

ブッダはあなたに判断基準だけを与える。惨めさをもたらすものは何であれ間違っている、という基準を。彼は、それが罪だとは言わない。その強調するところを見てごらん。彼は、それは単に間違っていると言う――ちょうど二足す二は五ではないように。あなたが二足す二を五にしても、誰もあなたが罪を犯したとは言わない。それは単純な間違い、誤りだ。

仏教用語には罪のようなものは何もない。誤り、過失があるだけだ。非難はない。あなたは過失を正すことができる。誤りを正すことができる。それは単純だ。あなたが理解した瞬間、あなたは二足す二を四にすることができる。

これらのものはすべて神聖な道に反し、それゆえそれらは悪である。

それが悪である理由は他に何もない。それらがあなたにとっての惨めさを作るという理由だけだ。実のところ、それらに従うことであなたは惨めさを作っている。もし惨めになりたくないなら、これらの事を避けることだ。

これらの悪が為されない時、十の善行がある。

そしてこれは非常に重要だ。もう一度この文を聞いてごらん。

これらの悪が為されない時、十の善行がある。

ブッダは善行について話しているのではない。彼は、これらの十のことをしなければ、あなたは全体と、法則と調和する、そして起こることは何であれ善い、と言っている。

善とは、人がしなければならないというものではない。あなたが行為者でない時、あなたが全体に手放している時、法則と共に、川と共に動く時、善が起こる。善は行為ではない。今や罪はない。ただ過失だけだ。そして美徳はない、福《プニャ》はない、あなたがあなた自身を明け渡した時にだけ善行は起こる。

だからブッダは悪行を、悪事を避けなさいと言う。彼は善いことを実行せよとは言っていない。彼は単に、間違いを避けなさいと言っている。するとあなたは全体と調和してくるだろう、あなたは法則と調和するようになるだろう。そしてその時、起こることは何であれ善だ。

善とは健康のようなものだ。病気になってはいけない。それならあなたは健康だ。ただ病気を避けなさい。それがすべてだ。するとあなたは健康になる。医者に行って、彼に健康の定義とは何かを尋ねるなら、彼はそれを定義できないだろう。彼はこう言うだろう。

「私にはわからない。私は単にあなたの病気を診断できるだけだ。私は病気の薬を処方することができる。病気が消えた時、あなたは健康になり、その時あなたは健康とは何かがわかる」

ブッダの考え方も同じだ。ブッダは自分自身を内科医、バイジャ（アーユルヴェーダ医）、医師と呼んでいた。彼は自分自身のことをこう言っていた。

「私は単なる医師、医者だ。あなたは私のところに来る、私はあなたの病気を診断する、私は薬を処方する。病気が消えた時、残ったものは何であれ、その存在が健康だ」

これらの悪が為されない時、十の善行がある。

だから彼は従うべき肯定的な規律をあなたに与えているのではない。全く否定的な理解だ。ちょっと理解しようとしてごらん。過失を犯さないように、あなたが全体と調和するようになるために。調和が幸福であり、調和が天国だ。あなたが全体と調子が合っている時にだけ調和は起こる。全体と共にあることが聖なることだ。

第四章

二つの空っぽの空の出会い

Two Empty Skies Meeting

質問一

イエスとブッダは確かに個の人でした。彼らの個性《インディヴィジュアリティ》とその表現を、人格《パーソナリティ》と呼ぶことはできないのでしょうか？　あなたについていても、人格はあるがそれでもエゴはない、と言えます。人格、エゴ、個性、および自己の概念を明確にしてください。

最初に理解すべき事は、「個性《インディヴィジュアリティ》」と「人格《パーソナリティ》」の言葉だ。「個の人」とは不可分な人、統合された人、もはや分割されない人を意味する。それは美しい言葉だ。この意味でブッダ、イエス、ツァラトゥストラは個の人と言える——あなたがそれを使う意味においてではなく、この言葉の根本的な意味においてだ。

あなたが使う「個性」は、ほとんど「人格」と同義語だ。「人格」には異なる方向付けがある。それはギリシャの戯曲から来ている。ギリシャの戯曲で演技者たちは仮面《ペルソナ》を被っていた。彼らは仮面の後ろに隠れていた。彼らの顔を見ることはできなかった。彼らの声を聞くことしかできなかった。「ソナ」は音を意味する。「ペルソナ」とは、彼らの顔とではなく、ただ彼らの音とだけ接触できるという意味だ。彼らはどこかに隠れている。そこから「パーソナリティ」という言葉が来ている。その意味でブッダ、イエス、ツァラトゥストラ、老子には人格《パーソナリティ》はない。彼らはまさにあなたの目の前に存在し、何も隠していない。彼らはありのままの姿で、彼らの絶対的な純粋さであなたに直面している。隠すべきものは何もない。あなたは彼らをすっかり見通すことができる。彼らは透明な存在だ。

だから「彼らには人格がある」、または「彼らは人物だ」、ときっぱり言うことはできない。彼らは個の人だ。だがその言葉の意味を思い出してごらん。彼らは分割できない。彼らには断片がない。彼らは群衆ではない。彼らは多霊魂ではない。彼らには多くのマインドはない。彼らの多数性は消えていて、一つになっている。そして彼らの一つである《ワンネス》状態は、とても分割できるものではない。どんな剣も彼らを二つに切断できない。彼らの不可分性は究極だ。

その意味で彼らを「個の人」と呼ぶことができる。だがそう呼ぶことは危険だ。この一つである状態は、多数性が失われた時にだけ生じるからだ。多数性が失われた時、どうしたらその一つは一つだと言うことができるだろう？　なぜなら多数性の可能性が存在する時にだけ、一と呼ぶ意味があるからだ。しかし、そのまさに可能性が消えている。

ブッダは多ではないが、どうやって彼を一と呼べるだろうか？　だからインドで、私たちは神をアドヴァイタ、不二と呼ぶのだ。私たちは彼を一と呼ぶことができたが、私たちはその誘惑に抵抗してきた。私たちは彼をこれまで一と呼んでこなかった。なぜなら何かを一と呼ぶ瞬間、二が入り込んでくるから——一は二、三、四なしでは存在できないからだ。一はただ、連続性においてのみ意味を持つ。一は階級においてのみ意味を持つ。

もし本当に人が一になったなら、どうしたら彼を一と呼べるだろうか？　言葉は意味を失う。彼をただ不多としか呼べない。彼を二ではなく不二、アドヴァイタと呼ぶことはできる。だが彼を一とは呼べない。不二が申し分ない言葉だ。これは単に二であること、多であることが消えてしまったことを言う。それは現れたものを言うのではなく、単に消えてしまったものを言う。それは否定的な用語だ。

究極の真実について語り得るものは、何であれ否定的でなければならない。私たちは何が神でないかは言うことができる。彼が何であるかを言うことはできない。なぜなら彼が何であるかを言うことで彼を定義するからだ。あらゆる定義は限定だ。ひとたび神が定義されるなら、彼はもはや無限ではない。有限になる。

だからある意味では、あなたはブッダを個の人と呼べるが、その誘惑には抵抗したほうが良いだろう。彼は確かに人物ではない。彼には人格はない。だが個の人と呼ぶこともまた正しくない。彼を人物と呼ぶよりはましだが、それでも完璧ではない。彼は人物ではない。個の人ではない。なぜなら彼はいないからだ。

彼の存在という考えそのものが消えてしまった。彼はただの広大な虚空だ。彼は空間だ。彼には今や境界がない。

覚えておきなさい。あなたに境界があるなら、あなたは分割され得る。有限なものは何でも分割できる。物理学者に尋ねてごらん。分子は分割できる、と彼らは言う。それは非常に小さいが、それには境界があるので分割することができる。原子は分割できる。これは非常に微小だが、それでも境界があるので分割できる。電子、中性子、陽子は分割できる。それらにもまた境界があるからだ。しかしそれを超えると、境界が消えるため分割は不可能だ。それを超えると、物質にはあらゆる制限がなくなる。それを超えたところは無限の純粋な空間だ。分割することはできない。純粋な空間を分割することは不可能だ。

だからある人が「個の人」になるのは、彼が無限になった時だけだ。それは逆説的に見えるだろうが、そう言わせてほしい。ある人が「個の人」になるのは、彼が普遍的になった時だけ、彼が全体と一つである時だけだ。その時、その人は「個の人」だ。だが彼を「個の人」と呼ぶのは、その言葉を拡大解釈し過ぎることになる。それは少し突飛過ぎるだろう。ブッダは誰でもない者、人物でもなく「個の人」でもない——と呼ぶほうが良い。彼はこれらのことをすべて、はるか後ろに置き去りにしてきた。彼はすべての制限を超越している。

質問はプレム・ディヴィヤからだ。彼女は尋ねている。人格、エゴ、個性、および自己の概念を明確にしてください、と。

個性と自己が同じコインの表裏であるように、人格とエゴは同じコインの表裏だ。人格には中心がある。その中心がエゴと呼ばれる。人格自体が偽りだから、中心もまた偽りだ。なぜなら偽りの円周は本当の中心を持てないし、本当の中心は偽りの円周を持てないからだ。

人格は実在しない。人格とは装ったあなただが、あなたはそれではない。人格は見せかけのあなただが、あなたはそれではない。人格は表示されたあなたであって、あなたの現実ではない。人格はあなたが自分の周りに作ったもの——欺くための虚構だが、あなたはそれではない。この人格には偽りの中心がある。人格それ自体と同じくらい偽りだ。その偽りの中心がエゴだ。あなたが人格を落とす時、エゴが消える。あるいはあなたがエゴを落とすと、人格は地面へ落ち、チリとなる。あなたではないもののふりをしないことを覚えておきなさい。そうしないとあなたは決してエゴを落とせないだろう。そうしてあなたはエゴを養い続ける。どんな形であれ、あなたとは異なるものに自分を見せようとしてはいけない。その代償が何であれ、自分自身に真実でありなさい。作法や、礼儀、千と一つの虚偽でそれを飾ったり被ったりしようとしてはいけない。ありのままのあなたでいなさい。人々にあなたの本当の鼓動を感じさせなさい。そうすれば、途方に暮れることはないだろう。

最初、あなたは自分が面倒な事に巻き込まれていると思うかもしれないが、すぐにあなたは自分が決して困っていないことがわかるだろう。真実と共にあって失なう者は誰もいない。非真実と共にあると、自分だけは獲得していると思う。しかしあなたは失い続ける。そのようにして多くの人々は、非真実であることによって、自らの人生を破壊する。そして彼らは幸せではないと言う。どうしたら非真実な人が幸せでいられるだろう？

それはまるで、種の代わりに石を土の中に入れて待っているような――それらが発芽して開花し、花と果物で人生を満たすのを待っているようなものだ。それは不可能だ。その石は成長できない。その石は何かの種ではない。それにはどんな潜在性もない。それは種のように見えるかもしれない。あなたはそれが種子に見えるように色付けしたかもしれない。種子に見えるようにそれを描いたかもしれない。だがそれは種ではない。それは成長できない。

エゴは成長できない。それは死んでいる。偽りの実体だ。それは生きていない。あなたはそれと共にずっと生き続けることはできるが、あなたの人生は砂漠のように空虚になるだろう。充足もなく満足もなく、至福があなたの扉を叩くことは決してないだろう。

あなたは永遠に待つことができるが、誰もやって来ないだろう。まさに最初にあなたは何かを、非常に本質的で基本的な何かを逃したからだ。成長できるのはあなた自身だけだ。見せかけは成長できない。

私はあなたに「人格《パーソナリティ》」という言葉は「仮面《ペルソナ》」が語源だと言った。あなたが仮面を持っていても、仮面は成長しない。あなたが成長する。あなたは子供だった時、顔に仮面を着けたかもしれない。今あなたは若者かもしれないが、仮面は同じままだ――汚れた古い物で、悪臭を放っている。それは単に腐っている。それは成長できない。あなたは仮面の陰で成長する。それがあなたに多くの痛みを与えるのは、それが監禁になるからだ。仮面は成長できないのにあなたは成長している。あなたはまだ幼い頃の服を着ているかのようだ。あなたは成長しているのに服は成長しない。だからそれは束縛になっている。それはあなたに自由を与えない。あなたを閉じ込める。それはあなたを押し潰す。あなたは絶え間ない圧力、緊張、苦悩を感じる。

それをやってみるがいい。あなたは自分の足より小さい靴を履いて歩くことができる——すると数多くの人々に何が起こるかがわかるだろう。彼らの人格は小さすぎるのに、彼らの存在は成長している。二サイズも小さすぎる靴で歩いてみてごらん——。

ある日私はムラ・ナスルディンと坐っていた。彼は女性を見て言った。

「この女は不可能なことをしようとしているぞ」

私は「どういう意味だ?」と言った。

彼は「彼女は二インチも小さすぎる靴を履いているのだ」と言った。

私は尋ねた。「どうしてわかるのだ?」

彼は言った。「彼女は俺の妻だから俺にはわかる。彼女の顔を見てみろ。あんなに痛がって、あんなに苦しんでいる」

人々の顔を見てごらん。彼らの苦痛と苦悩がとてもはっきりと表われている。彼らは自分たちの苦痛と苦悩以外、何もばら撒いていない。そして問題は、彼らが自分たちと一緒に成長できない死んだ仮面、人格を身に着けていることだ。もちろんそれは常に遅れを取っている。それは成長できない。彼らは絶えず成長し続けていて、それは重荷になる。

覚えておきなさい。偽りと共にでは、あなたは押し潰されるだろう。決して偽りと一緒にいてはいけない。もしあなたが本当に開花した存在に成長したいなら、あなたが本当に自分の存在に自由を与えたいなら、決して偽りと一緒にいてはいけない。真実でありなさい、その代償が何であろうと。再び繰り返そう。最初、これらの見せかけは非常に良く見えるかもしれない。そうではない。あなたのマインドがあなたを欺いているのだ。

そしてもしあなたが真実と一緒にいようとするなら、エゴは自然に消えるだろう。そうでなければ、エゴはそれ自身を養うための新しい方法を、新しい技法を見つけ続ける。

人々はあなたが想像できないほど偽っている。私はある逸話を読んでいた。

サディ・パールミュッターはニューヨークで最も立派な、最も学費の高い花嫁学校に行かされた。そこで彼女は礼儀について知るべきすべてを学んだ。その出費にも関わらず、母親は彼女を非常に誇りに思っていた。それからある暗い夜、サディはずたずたに引き裂かれた服を着て、彼女たちのパーク・アベニュー・アパートによろよろと入って行った。「私はセントラルパークサウスでレイプされてしまいました」。サディはすすり泣いていた。

「誰がしたのかわかりますか？」

「いいえ、わかりません」
「それは、すべての礼儀をあなたが学んだ後、あなたは『誰と一緒に私は喜びを味わっているのでしょうか?』と尋ねることさえしなかった、という意味ですか?」

人々は考えられないような状況においても、自分たちの礼儀、癖、虚偽、見せかけを保ち続ける。私は家が火事になった一人の男を知っているが、彼が家から逃げ出しながら最初にしたことは、自分のネクタイを結ぶことだった。家は火事になっているが、彼はネクタイなしではそこから逃げ出せなかった。人格はあなたにそれほどしがみついているし、あなたは人格にそれほど執着している。

私はある偉大な教授について聞いたことがある。彼は怒っていた時でさえ——その怒りの表現においてさえ——とても丁寧だった。ある日彼は一人の学生に煮えくり返るほど怒っていて、言った。「お願いですから地獄に行ってください!」——。お願いですから地獄に行ってください? ちょっとあなた自身を見守ってごらん。人格はエゴの父だ。もしあなたが人格を落とすなら、エゴは自発的に死ぬのがわかるだろう。

私は聞いたことがある。
年配の女性が抽象絵画を展示している画廊を訪れ、係員に尋ねた。「それは何ですか?」
「それは画家です。奥様」

「ではそれは？」

「画家の妻です、奥様」係員は少しイライラした。

「おやまあ、」とその女性は意見を言った。

「私は彼らが一人の子供も持つ計画がないことを望みますわ」

エゴは人格の子供だ。多くの人々はエゴを落としたがっているが、彼らは内的な繋がりを理解していない。彼らがエゴを落としたがっているのは、それがとても多くの惨めさを与えるからだ。それは絶え間なく痛む傷のようなものだ。あなたにどんな休息も決して許さない。常にあなたを休めないままにする。それは病気だ。多くの人々はやがて、できればエゴを取り除きたいと感じ始めるが、これが人格の子供だとは決して考えない。もしエゴを取り除きたいなら、あなたは自分の人格を落とさなければならない。

だからブッダは宮殿を去ったのだ。人格を落として、それでも王子でいることは不可能だったからだ。マハーヴィーラは裸になった。彼は自分の服さえ落とした。彼は世界にこれまでに知られてきた最も勇敢な人間の一人だった。なぜなら彼は服さえも身体に必要ではないことを、それは単なる社会的な型の一部、単なる社会的な礼儀の一部だと理解するに至ったからだ。もちろん彼はそのために苦しんだ。彼は町から追い出された。人々は彼に石を投げた。彼らは彼が狂ってしまったと思った。彼はそのために苦しんだが、彼がもたらしたその功績は途方もないものだった。

やがて彼の人格は完全に低減し、消えた。人格が消えた時、社会から学んだすべてのこと――すべての見せかけ、すべての自己顕示的な策略、すべてのエゴ・トリップが落ちた時、突然彼はエゴも消えてしまったのを見た。

彼は自分の宮殿を、父親の宮殿を去り、自分の服を落とした。そして言語も落とした。十二年間、一言も話さなかった。彼の論理は全く正しかった。言葉の中に、私たちの人格が入っているからだ。あなたの話し方、あなたの言葉の使い方は、あなたの人格の一部である場合がある。

あなたはそれを見ることができる。もし男が村出身なら、あなたは彼の言語で彼が村人であることがわかる。もし男が非常に裕福な、教養のある家族の出なら、あなたは彼の言語で彼が教養のある家族の出であることがわかる。そしてもちろんマハーヴィーラは王子だった。そのまさに言葉づかいに――その表現の中に、その身ぶりの中に人格が入っている。

マハーヴィーラは、十二年にわたって完全にあらゆるものを落とした。彼は完璧な離脱者《ドロップアウト》だった。言語、衣服、社会、安全性、あらゆるものを彼は落とした。それからやがて彼の純真さが明るみに出た。人格のすべての層が落ち、エゴが消えた。

覚えておきなさい、エゴは非常に策略的であることを。それは非常に微妙だ。そのやり方は非常に微妙だ。あなたは一方の側からそれを落とす。それは別の側から来る。それがどのように生じるのか、それがどのように満たされるのかに、極めて注意深く敏感にならない限り――。

ディヴィヤは原初療法士だ。彼女はこの逸話を楽しむだろう。

三人の原初療法士が街角に立って、彼らの中の誰が最も優れた記憶の持ち主で、誰が最も昔に遡って思い出せるかを論じていた。

「おい、」と一人目が自慢した。「俺はママが一二五番通りを乳母車に俺を乗せて押しているのを思い出せるぜ、聞いてるかい？」

「そんなの、どうってことないな」、二人目の者は一蹴した。「俺は俺が生まれて医者が俺の尻を叩いていた日を思い出すことができるぞ」

「お前はそれを記憶と言うのか？　見栄っ張りめ」と三人目が挑戦した。「俺は親父と一緒にパーティーに行って、ママと一緒に家に帰った夜を思い出すことができるぞ」

エゴは、どこからでも食べ物を見つける。ゲームが何であれ、私がトップだ。ゲームが何であれ――ゲームの名前は謙虚であることかもしれないが、私は最上位の謙虚な男だ。名前は異なってもいい。あなたが最上位であると感じ始める時はいつでも、常に覚えておきなさい。多分それは謙虚であることかもしれないが、どんな違いも作らない。多分それはエゴの無い状態かもしれないが、それはどんな違いも作らない。もしあなたが自分は世界で最もエゴの無い人であると考えるなら、あなたは再び同じ罠に陥っている。

エゴは主張することで生きている。エゴは競争的であり、人格は微妙なやり方でそれを養い続ける。人格はあなたの見せかけの、あなたの自己顕示の、あなたの欺瞞の外周であり、エゴがその中心だ。それらは同行し、それらは一緒に留まる。

さて二番目の一対は個性《インディヴィジュアリティ》と自己《セルフ》だ。個性は外周で、自己が中心だ。それらは人格《パーソナリティ》やエゴよりも真実だ。それらは最初の一対よりもっと真実だが、それでも最終的には真実ではない。

人格が落とされる時、あなたは個《インディヴィジュアル》になる。あなたが個になる時に自己の感覚「私は在る」が生じる。それには主張はない。それは競争的ではない。自己は競争的ではない。それは、私は良いのか悪いのか、私は先にいるのか、それともはるか後ろにいるのか、とは言わない。それは比較しない。それは相対的ではない。これは単に「私は在る」と言う。それは他人と比較しない。個とはあなたが誰であれ、あなたの単純な表現だ。そして「私は在る」という深い感覚がある。

しかしブッダやイエスを個の人とさえ呼べないのは、彼らがさらに少し遠くへ、自己の感覚さえ消えるところへ行くからだ。

エゴは比較するものであり、病気そのものだ。自己はいくらか健康的で、それほど病気ではない。それは誰とも比較しない。だがそれでも「私は在る」というまさにその考えが、完全な統一から分かれ、それから離れる。イエスの道は「私の父と私は一つである」だ。それが――「私は自己ではない。私の父が私の自己である」が彼の言い方だ。全体の中心は私の中心だ、と言ったほうがより良い言い換えになる。その時、言語はより科学的になる。

ブッダはさらにもっと鋭い。彼はどんな気の抜けた表現も使わない。彼は率直に言う、「私はいない」と。なぜなら危険性があるからだ、私は神だと言ったり、神は私の中心だと言ったりする危険性が。その危険性は「私」が裏口から再び入るかもしれないということだ。ブッダは「私はいない」と言う。彼は単純に「私」という現象そのものを分析し続け、そして何も残されていない地点に来る。ちょうど物質が物理学者の手にかかれば消えるように、自己はブッダの手にかかれば消える。

私は聞いたことがある。

ある日、象がジャングルを歩いていた。彼は最高に体調が良く、全世界に挑戦する準備ができていると感じていた。彼が一人で歩いていると、ライオンに会った。彼は胸を張り、ラッパのような大音を出して言った。「なぜお前は俺と同じくらい大きくないのだ?」

「知らないよ」ライオンは息を呑んで歩き去った。

次に象はハイエナに会った。彼は胸を膨らませて尋ねた。

「なぜお前は俺と同じくらい大きくないのだ?」

「知らないよ」と言ってハイエナは同じ様に歩き去った。

それから象は、鼻水を垂らしてピンク色の目をしたかわいそうな小さなネズミに会った。

「なぜお前は俺と同じくらい大きくないのだ?」と彼は吠えた。

ネズミは彼を見上げて言った。「僕は最近、重い病気にかかっていたんだ」

誰でも、ネズミでさえ、彼固有のエゴを持っている。誰でも、宗教的な人でさえ、彼固有のエゴを持っている。「私はあなたの足元の単なる埃に過ぎません」と宣言している間でさえ、あなたはエゴを集めている。

エゴと人格は落とさなければならない。その時あなたは個性が現れていることに、独自性の感覚に気づくだろう。そう、あなたは独特《ユニーク》だ。他の誰もがユニークだ。この世界にはユニークな人々だけが存在する。だから比較は全く愚かだ。あなただけがあなた自身らしい存在だからだ。あなたのような人は誰もいない。ではどうやって比較するのだ？

多くの人々が互いによく似ていて、類似しているなら比較は可能だが、この存在は途方もなく創造的だ。本来非常に創造性があるものなので、決して繰り返されることはない。それはカーボンコピーを信じない。存在はあらゆる人を個に、独特にする。人格が落とされる時、あなたは突然自分が独特であると感じる。しかし覚えておきなさい。あなたはまた、他のあらゆる人も独特だと感じる。独自性はすべてのものに共通した性質で、それについて自慢するものは何もない。それはあらゆる存在の普遍的な性質だ。

個性と共に、あなたは感覚の微妙な中心――「私は在る」を持つ。ブッダはそれをはるかに超えている。マハーヴィーラ、クリシュナ、イエス、彼らはこれを超えたものについて何も語っていない。おそらく彼らは、その超えたものを話すのは不可能だと考えたのだろう。彼らは個性と「私が在ること」という感覚に固執する。しかしブッダは彼の論理をとことん突き詰める。彼は、人格が落とされた、今、この個性も落としなさい、と言う。エゴは落とされた。今、この「私が在ること」も、この自我も落としなさい、と。

その時、何も残っていない。するとただ無だけが残される。その虚空の中であなたは純粋になり、その純粋さは損なわれない。虚空が損なわれることはあり得ない。存在はあるが、「私は在る」という感覚はない。

あなたは、自分は在る、すさまじく自分は在る、だがそれでも「私は在る」という感覚はない、という瞬間を持ったことがないだろうか？　それは崇高さ、恩恵の瞬間だ。それは誰にでも起こる。あなたは気がつかなかったかもしれない。それを受け入れなかったかもしれない。あなたはそれを覚えていないかもしれない。それを拒否したかもしれない。なぜならそれはとても異様に思えるからだ。それはあなたの生には——エゴと人格のあなたの生には合わない。それは適合しない。それはあなたの日常的な生活とは一致しないので、あなたはそれを落とす、それを忘れる。あなたはそれが単なる想像か夢かもしれないと考える。

しかし誰にでもその瞬間は来る。私は、何らかの形で、何らかの瞬間に、途方もなくそこに自分自身を感じながら、それにも関わらず「私」の感覚を持たない、という体験のない人間にはひとりも出会ったことはない。それはあなたが美を感じる瞬間、愛を感じる瞬間、あなたが驚異を感じる瞬間だ。

夜の星を見ると、突然何かが消える、突然虚空があなたの中に現れる——純潔で、社会、文化、文明、宗教、経典、伝統によって損なわれていない、汚されていないものが現れる。再びあなたは純粋で、無垢だ。あなたは在る。実際、初めてあなたは非常に実体のあるものになるが、どこにも「私」はない。そこには空っぽの空と輝く星があり、ここにあなた——空っぽのあなたがいる。そして反射する星。二つの空、両方とも空っぽ、その出会い。

これらが宗教的な瞬間——祈り、美、驚き、畏敬の瞬間だ。それは誰にでも訪れる。時には愛を交わすことによって、突然あなたはそこにはいないが、それでもあなたはいる。これは逆説《パラドックス》だ。あなたは初めて、真に実在し、絶対的に本物になる。それにも関わらずエゴの重みはない。「私」の感覚を持たない。愛を交わすことによって、時々あなたは単に純粋なエネルギーになる。

エクスタシーの体験は——もしその中で自分自身を失う準備ができているなら——愛にとって非常に自然なことだ。なおコントロールし続けるなら、あなたはまだエゴの中に留まり、その時あなたは愛が開けるまさにその扉を逃す。あなたはオーガズムを取り逃す。オーガズムは無限への扉だ。それはエゴが蒸発し、溶け去り、姿を消す地点だ。だが、もしあなたがコントロールし続けるなら——。この不幸が——コントロールし続けることが世界中で起こっている。

そして今、特に西洋では、人々はあまりにも操縦者になり過ぎている。男は自分が完全に愛を交わしているのかどうかを考え続ける。専門家——マスターズやジョンソンや他の人たちに従って愛を交わしているかどうか、キンゼイ（アメリカの性科学者）の報告に従っているかどうかを考え続ける。彼は女を満足させようと試み、懸命の努力をしている。そして女は男を満足させようとしている。どちらもあまりにもエゴの中にいるため、どちらも取り逃している。

女は、他のどんな女も満足させられないほど自分の男を満足させようとしていて、男は、他のどんな男も満足させられないほど自分の女を満足させようとしている。どちらもエゴ・トリップの途上にあり、どちらにも不満が残る。なぜなら満足とは、誰かを満足させようとする人がいない時にだけ、誰もが単にそのあいまいさに、その融合に消えている時にだけ、人格がもはや分離していないところにだけ、物が重なり合うところにだけ、人が誰が誰だかわからない時にだけ生じるからだ。男は男であり続け、女は女であり続ける。その時あなたは、愛が可能になるその貴重な機会を取り逃す。あなたはその扉を閉ざしたままだ。その扉は開き、そして閉じるが、あなたはその中に入ることができない。あなたはどこか別のところで、小さなこと、つまらないことに従事している。

深い性交の中で、あなたはサマーディの最初の一瞥を得ることができる。あるいは音楽で、またはダンスで、日没を見ることで、あるいは何もせずにただ静かに坐ることで――。

しかし覚えておきなさい。あなたが行為者である時はいつでも、あなたは取り逃している。なぜなら行為者は自分のエゴを運ぶからだ。行為者がエゴだ。

あなたが非行為者である時はいつでも、あなたは全体と共同歩調を取るかもしれない、という可能性がある。あなたは全体と――ブッダが道と、ダンマと呼ぶものと――調和するかもしれない。あなたはダンマと一つになるだろう、すると突然至福がこみ上げる――それはあたり一面に雨のように降る。あなたの全存在は、以前には知らなかった新しい祝福で一杯になる。

人格は去るものだ。人格と共にエゴは去る。それから個性もまた去るものだ。そして個人性と共に自己は去る。その時は何も残されていない。そしてあなたは我が家にいる。去って行き、あなたは到着した。

ブッダの名前の一つは如来《タターガタ》だ。それは「非常に巧みに去った者、非常に巧みに消えた者」という意味だ。ガタは去るということを意味する。ブッダのもう一つの名前はスガタだ。うまく去った者、背後に痕跡を見つけられないほどうまく去った者——何も残されていない、まさに純粋な無垢がある。スガタになりなさい。タターガタになりなさい。あなた自身が蒸発して消えることを許しなさい。ただその時だけ、あなたは自分が誰なのかに気づくだろう。

あなたはあなたではない。あなたのまさに「私」という感覚が監禁、束縛、投獄、鳥かごなのだ。鳥かごが消える時、すべての空はあなたのものだ。空でさえあなたの限界ではない。あなたは自分の内なる存在に空を含む。あなたは空よりも広大で、宇宙よりも大きい。

質問二

博学な若い韓国の仏僧が私にある女性について話をしました。その女性は、セックスが目的で彼女のところに来たあらゆる男性と愛を交わしましたが、彼女の頬は常に涙で濡れていました。私はこの物語に深く感動し、それはしばしば私の心に浮かんできます。私は簡単に彼女と自分を重ね合わせることができます。これについてコメントをいただけますか？

この質問はプレム・ヴァルティヤからだ。彼女は韓国のダンサーだ。彼女は私の最初の韓国人のサニヤシンで、多くの可能性を秘めている。私は彼女の言うことが理解できる。その物語は本当に美しい。非常に小さな物語で、たいした物語ではないが、それにも関わらず素晴らしい内容だ。

その女性は、セックスが目的で彼女のところに来たあらゆる男性と愛を交わしましたが、彼女の頬は常に涙で濡れていました。

たった一行の文章の物語だが、その物語は人類全体の物話だ。これが起こっていることだ。愛は可能だが、それは決してセックスより高く上昇することはない。そのためすべての頬が涙で一杯になっている、涙に濡れている。私は涙で一杯の、涙がこぼれ落ちているあなたの頬を見ることができる。人間の生の中で最大の惨めさの一つは、人は性欲と共にあり、決してそれを超えて進まず、決して愛の瞬間を実現しないということだ。

愛は性行為の中に生まれるが、性行為は愛ではない。蓮は泥の中で生まれるが、蓮はただの泥ではない。そして泥が泥のままであるなら、もちろん頬に涙が流れざるを得ない。

あなたは蓮になるのを待っている、あなたはより高い空間で開花するのを待っているが、あなたは根付いたままだ。これが何世紀にもわたって起こっている。愛することを達成した非常に少数の個の人たちがいた。その時彼らの顔には笑顔がある。その時あなたはその優雅さ、美しさを、彼らの中に降下する未知の美しさを見ることができる。愛は変容する。

セックスはせいぜい解放にはなる。衛生的で健康的であり、私は反対しない。それは自然だ。しかしそれは終わりではない。ほんの始まりに過ぎない。それは愛のまさにＡＢＣだが、あなたはそれを使って詩を作らなければならない。すべての詩はアルファベットに分解できる。

かつてマーク・トウェインの友人である偉大な宗教伝道師が、話を聞きに来るようマーク・トウェインを誘ったことがあった。友人は長年にわたって何度も彼を招待していたが、マーク・トウェインは行かなかった。しかしその日彼は言った。「わかった、行きますよ」

牧師は話を用意した。彼がこれまで話してきた中で最も美しい話を。そして彼は偉大な伝道師だった。何千人もの人々が深く感動して彼の話に聞きほれた。マーク・トウェインはちょうど彼の前に座っていた。そして話は最高に盛り上がっていた。観客はうっとりしていて、まるで誰もいないかのようだった。そこにはそれほど濃密な沈黙があった。そして話し手は何度も目でマーク・トウェインを、彼に何が起こっているかを見ていた。だが、マーク・トウェインは退屈して坐っていた！

彼らが車に戻った時、数分間、伝道師は尋ねる勇気がなかった。そしてついに、マーク・トウェインが家に着いて車から降りた時、彼は尋ねた。

「どうだったのか尋ねていいですか？　気に入りましたか？」

マーク・トウェインは言った。「すべてナンセンスですし、すべて借り物です。たまたま最近私はある本を読んでいました。そしてあなたが話したことはすべてその本の中にあります」

伝道師は信じられなかった。なぜなら彼は何も引き写していなかったからだ。おそらくいくつかの文章は所々に見つけられただろうが、すべての講演が？　するとマーク・トウェインは言った。

「一語一語、あなたは単に繰り返していました。それは強盗ですね」

伝道師は「その本を見てみたい」と言った。

翌日、マーク・トウェインは彼にその本を送った。それは辞書だった。

もちろん、辞書にはすべての単語がある。

あらゆる詩はアルファベットに分解できるが、詩は単なるアルファベットではない。ブッダが話すすべてはアルファベットに分解できるが、それらの言葉は単なるアルファベットではない。それがフロイトがしたことだ。彼はすべての愛をセックスに引き下げた。

セックスとは愛のアルファベット、あなたがそれでタージ・マハルを作れるレンガに過ぎない。しかしタージ・マハルは単なるレンガではない。あなたはレンガを積み上げることができる。それはタージ・マハルにはならないだろう。タージ・マハルは無限の愛の、無限の創造性の組成物だ。レンガはただ、目に見える部分に過ぎない。タージ・マハルは不可視の何かだ。レンガは特定の方法でその不可視のものを見えるようにした。あなたはそれを感じることができる。レンガは不可視のものを感じるための役に立つが、レンガはその不可視のものではない。

セックスはちょうどレンガのようなものだ。もしあなたがセックスを積み重ね続けるなら、人は涙が溢れるのを感じざるを得ない。その女性は深い理解の人だったに違いない。

人々はお互いを見るが、彼らは全くお互いを見ていない。彼らはただセックスの対象を探しているだけだ。女性が通り過ぎる。あなたは今まで一人の人間として女性を見たことがあるだろうか？

時々あなたは女性に興味を持つようになるが、一人の人間としてではない。あなたは特定の魅力を感じるが、一人の人間としてではなく、セックスの対象としてだ。あるいは時々あなたは嫌悪感を抱く。それも性的だ。あるいは興味を持たない時もある——うんざりし、嫌悪感を抱くのでもなく魅力を感じるのでもない。ただ無関心だ——しかしそれもまた性的だ。

そしてあなたが、単なる性的対象としてではなく、一人の人間としてあなたの目をまともに見ることができる人、一人の人間としてあなたを愛することができる人に出会えない限りは——。その時あなたは友人を見つけたのだ。それ以前では無理だ。

私たちは欲しいと思うものだけを探し続けている。女性を見ている男性、男性を見ている女性は、お互いを見ていない。彼らは何かを探している。彼らは自分の食べ物を探している。彼らは食欲、空腹を感じている。その空腹は性的だ。そのため誰かがあなたをセックスの対象として見る時はいつでも、あなたは不快に感じる。なぜなら彼はあなたの自己認識《アイデンティティ》を泥まみれにしているからだ。彼はあなたを低俗なものに、あなたの存在の最低のレベルに引き下げている。

人はあなたを引き下げることなく、あなたを愛することができる。実際のところ、愛は決してあなたを引き下げない。愛はあなたが平凡を超えて高く上昇するのを助ける。愛はあなたが高く舞い上がるのを助ける。それはあなたを瞑想的に、恍惚的にさせる。愛は神が存在することの最初の証明になる。生は単なる物質ではなく、人間は単なる身体ではなく、魂が存在し、彼方の世界があることの証明になる。

その女性はそれを取り逃してきたに違いない。彼女は多くの人々を愛してきたかもしれない。しかし彼女が彼らの魂の中を見た時はいつでも、セックスへの欲望以外何もなかった。

多くの女性たちは、男性が愛を交わす時、彼女たちは涙を流して泣くと私に話した。なぜなら男性たちは愛を交わすと眠りに落ちるからだ。それは儀式だ。それは眠りに落ちるのに役に立つ。それは鎮静剤のようなものだ。そして女性は涙を流し泣き続ける。彼女は利用されて捨てられた。プラスチック製の物のように、あなたはそれを使い、それを捨てる。今、全く気にする必要はない。あなたの必要性は満たされている。

私たちは自分たちの必要性を通してのみ相手を見る。その時のそんな見方は不快だ。あなたが相手を、相手独自の美しさ、崇高さ、神性さ、神や女神として見る時は――。そう、それが私があなたに言いたいことだ――それぞれの男性は神であり、それぞれの女性は女神であるということ。あなたが相手を神や女神として見る時、その相手は満たされる。そのような見方が優雅さを高める。

まさにそのような見方が、相手が高く舞い上がるための助けになる。

世界のすべての言語で、私たちは「恋に落ちる」というような表現を持っている。それは馬鹿げている。なぜ「恋に落ちる」のか？　なぜ「恋に上昇する」ではないのか？「恋に落ちる」は、愛が単なる策略であるというまさにその考えを示している。本当はあなたはセックスに落ちたいのだ。あなたは低くなりたい。あなたは偽っている。


私は聞いたことがある。

新しい産婦人科病棟が開業してから六ヶ月の間に五百人以上の赤ん坊が産まれたが、みんな女の子だった。七ヶ月目の初旬に男の子が生まれ、看護婦がその出来事を祝うためにパーティを開催した。そのパーティの真っ最中に記者が到着し、その赤ん坊が父親似なのか母親似なのかを尋ねた。

「わかりません」と看護婦の一人は答えた。「私たちはまだ彼の顔を見ていないのです」


わずか六ヶ月の間に女の子ばかりが生まれたのだ。今誰が彼の顔を気にするだろう？

人が目に性欲と熱情を持ってあなたを見る時、彼はあなたの性器を見ているのであって、あなたを見ているのではない。彼はあなたを侮辱している。彼はあなたをあなたの性器に引き下げている。

彼は単に、あなたはただの付属品だと言っている。彼はこう言っている。「私はあなたの性行為に、あなたの性器に興味がある。私はあなたには興味がない。あなたは単なる状況であって、それ以上の何ものでもないが、私の関心はあなたの性行為に、男としてのあなたに、女としてのあなたにある」――それは無礼で侮辱的で、見下していて屈辱的だ。

その女性は愛情深い女性だったに違いない。そしてもしあなたに深い愛があるなら、あなたは頬にいつも涙がつたっているのを感じるだろう。なぜなら愛を満たすことは非常に困難だろうからだ。ただ低次元の必要性だけがこの世界で満たされ得る。なぜなら人々は非常に低いところまで落ちてしまったからだ。あなたにより高い必要性があるなら、あなたは苦しむだろう。あなたにより高い必要性があるなら、あなたは適切なパートナーを見つけられないだろう。あなたにより高い必要性があるなら、あなたは一人のままだろう。それはその女性に関する問題だった。そして私はこれを知性的な、いくらか理解のあるすべての人間の問題として見ている。

人々はあらゆるものを金銭やセックスに変えてきた。これらの二つのものは――金銭であれセックスであれ――本物の神のように見える。そして人々はまた、ただセックスのためだけに金銭を追い求める。なぜなら金銭は役に立つからだ。

私は聞いたことがある。
あるユダヤ人が売春宿に行って、その宿で最も安い売春婦を希望すると女主人に告げた。
「十ドルでいいと言っている黒人の女の子がいるわよ」と彼女は彼に言った。
「しかし俺はたった四ドルしか持っていないんだ」と彼は言い張った。

長い議論の末、女主人は四ドルで彼女自身を彼に売ることに同意した。

その後十年間、ユダヤ人はその売春宿に戻らなかった。彼が戻った時、女主人は心から彼を迎え入れ、何年も前の彼らの関係の結果として、九歳の息子がいることを彼に告げた。彼女は少年を呼び、父親に紹介した。

「では、あなたが僕のパパですか」と少年は言った。「生まれて以来今まで、僕の名字は何だったのかわかりませんでした。教えてください、パパ、僕の名字は何ですか?」

「ゴールドバーグだ」と父親は答えた。

「信じられない!」少年は叫んだ。「それは僕がユダヤ人だという意味ですか?」

「びっくりしないでくれ、坊や」と彼は答えた。

「もし俺が十年前にあと六ドル持っていたなら、君は黒人でもあっただろう」

すべての物事は金銭かセックスのどちらかであるように思われる。そして誰もが生をただの売春宿に引き下げているように見える。生のすべての神聖さが損なわれている。そして、もしあなたに愛を待つハートがあるなら、あなたが満たされないままなのは当然のことだ。

決して人をまるで性欲《セクシュアリティ》だけであるかのように見てはいけない。人間を実際にあるがままに見なさい。性欲は彼らの一部だが、彼らは単なるセクシュアリティではない。セクシュアリティは非常に小さな部分であり、それ自体は美しい部分だ。それについては何も問題はない。しかしその部分が全体になったなら、すべてが醜くなる。どんな部分でも全体であることを主張するたびに、物事は醜くなる。

あなたの頭があなたのすべての人格であると主張するなら、あなたは醜い。その時あなたは全体性の中にあなたの根を失う。あなたのセックスがあなたのすべての人格であると主張し、あなたがそれのために生き始めるなら、再びあなたは引き下げられ、大地に引き戻され、あなたの空は失われる。その時あなたはただ根に引き下げられるだけで、あなたには空に広がって、太陽と雨に挨拶し、雲と出会い、空と交流できるどんな枝もない。

セックスはあるべき場所にあっては良いもので、健康で、美しいものだ。私の言っている意味を理解しようとしてごらん。セックスが愛の影としてついてくるなら、それは途方もなく神聖だ。だがもし愛が誘惑的な手段に他ならないなら、愛が販売術に他ならないなら、愛が誘惑以外の何ものでもなくただセックスがゴールなら、セックスは醜い、愛は醜い。それならあなたの全存在は、やがて醜くなるだろう。あなたは花のようにではなく、傷のように存在するだろう。

決してどんな人をも、単なる性的対象の存在に引き下げてはいけない。そしてあなたを単なる性的対象の存在に引き下げることを決して誰にも許してはいけない。もしセックスが愛の後についてくるなら、もしそれが愛の中で調和になるなら、それは全く異なる性質を持つ。その時それはもはや性的ではない。

セックスが愛の一部になる時──あなたは人を愛している、あなたはその人とあらゆることを分かち合いたくなる。人を愛する時、あなたは自分の心《マインド》を分かち合いたくなる。自分の身体を分かち合いたくなる。自分の魂を分かち合いたくなる。自分の瞑想を分かち合いたくなる。あなたが持っているものは何であれ、分かち合いたくなる。あなたが美的感覚を持っているなら、あなたの詩を分かち合い、あなたの絵画を分かち合い、あなたのヴィジョンを分かち合い、あなたの夢を分かち合いたいと思う人が欲しくなる。

もちろん、あなたが人を愛する時は、あなたは自分のセクシュアリティも分かち合いたくなる。その時それは美しい。そこにセックスのようなものは何もない。その時それはジークムント・フロイトの性的衝動《リビドー》の源エネルギーではない。その時、そのエネルギーは全く異なる性質を持ち、あなたがさらなる高みに行くための助けになる。

愛の他に、あなたが上昇する助けになるものは何もない。愛と同じくらいあなたが上昇するための助けになれるものは何もない――その高みにおいて愛はたいへん穏やかになり、とても静かになり、非常に満足するものになる。人はまるで自分が到着したかのように感じるからだ。人はありがたく感じ、存在の中にくつろぎを感じる。人はもはやよそ者ではない。

覚えておきなさい。あなたが人と関わっている間は、ただ性的関心のためだけに関わってはいけない。そうでなければ、あなたの全存在は不条理なものになるだろう。そして性欲を祈りのように扱いなさい。それは神に向かう扉の一つだ。それに関してどんな冒涜行為もしてはいけない。

私は聞いたことがある。

妊娠中のユダヤ人の少女は、赤ん坊を出産するためにどんな姿勢で横たわったらいいのか、彼女の医師に尋ねた。

「あなたがそれを始めた時と同じ姿勢です」と医師は彼女に言った。

「まあ！」彼女は叫んだ。「あなたは、私が足をタクシーの窓の外にぶら下げて、二時間もベルリンの周りを走らなければならない、と言っているのですか？」


しかしこれが起こっている。あなたの愛との交わりはこのような風変わりで醜い場所で起こる。今やタクシーの後部座席だ！それは教会で、寺院で起こるべきだ。まさしくその関連が醜い。人は途方もなく美しく、幸せに感じ、祝っている時にだけ愛を交わすべきだ。人は愛を交わす前に踊るべきだ。人は愛を交わす前に歌い、祈るべきだ。人はブッダの二、三の言葉を、あるいはイエスの二、三の言葉を読むべきだ。あるいは人はコーランを朗唱するべきだ――それは人が愛を交わす前には美しいものだ。

神の聖堂に入るように愛に入るべきだ。その時愛は、他のものには与えられない充足をあなたに与える。

質問三

あなたは、身体が空腹の時に食べ、身体が休みを必要とする時に眠る、と言われたことがあります。しかし私は、あなたが風呂、食事、眠り等を正確に時計に従って行なっている、と聞いたことがあります。説明してください。

ん？　これはクリシュナ・ラダからだ。

しかし彼女は治安判事のように尋ねている。「説明してください！」

それは順序が逆だ。時計が私に従っているのだ。そして私は、時計が従っているかどうかをただ見るために時計を見る。

あなたに一つの逸話を話してみよう。

ムラ・ナスルディンは法廷で証言していた。彼が話したすべてのことを、法廷速記者が書き留めていることに気づいた。先へ進めるにつれて彼はどんどん速度を増して話し始めた。最後になると速記者は彼について行くのに必死だった。突然ムラは言った。

「おやおや、旦那。そんなに速く書かないでくれ。ついて行けないじゃないか」

私は全く時計に従っていない。しかし私は自分の身体を理解するようになった。私はその必要性を感じるようになってきた。私はそれに耳を傾けることで多くのことを学んだ。そしてあなたも耳を傾け、あなたの身体に注意深くなるなら、規律とは呼べない規律を持ち始めるだろう。

私はそれを自分に強制したことはない。私は自分の人生でさまざまなことを試してきた。私はずっと、どんな状態の時に体調が万全かを感じるための実験をしてきた。かつて私は朝の三時に早起きしていた。それから四時に、それから五時に、と。今私は、何年も前から六時に起床している。しだいに私は何が自分の身体に合うかを見守るようになった。人は非常に敏感でなければならない。

現在、生理学者は、あらゆる人の身体は眠っている間に、二時間は通常の体温を失うと言う。体温が二度下がる。それは三時から五時の間に、あるいは二時から四時の間に、または四時から六時の間にあなたに起こるかもしれない。だがあらゆる人の身体は毎晩体温が二度下がる。その二時間は最も深い睡眠だ。もしあなたがその二時間の間に起きたら、一日中あなたは混乱を感じる。あなたは六、七時間寝ていたかもしれないが、何の違いも生じない。あなたが体温の低いその二時間の間に起きたら、一日中あなたは疲れと眠気を感じ、あくびをする。そして何かが欠けていると感じる。情緒がより不安定になり、身体は不健康な感じになる。

その二時間が経過した時に、正確にその二時間後に起きるなら、それはあなたが起きるのに最適な瞬間だ。その時あなたは完全に新鮮になる。あなたがたった二時間だけ眠ることができるとしても、それで間に合うだろう。六、七、八時間は必要ない。もし体温が二度低いその二時間だけ寝たなら、あなたは完全に幸せを感じ、くつろぐだろう。一日中あなたは恵みを、沈黙、健康、全体性、幸福を感じるだろう。
今、誰もがその二時間がいつなのかを見守らなければならない。外側からのどんな規律にも従ってはいけない。その規律は、それを作った人にとって良かったかもしれないからだ——。ヴィノバは朝の三時に起きる。それは彼には良く合っているに違いないが、そうするとアシュラム全体は、彼の信奉者たちはみんな三時に起き、一日中身体がだらけている。私は彼の信奉者を、だらけた人たちを見てきた。そして彼らは、自分たちにはそうした普通の規律を行なう能力がない、と考える。その時彼らは罪悪感を覚える。彼らは一生懸命試みるが打ち勝つことができない。そして彼らは、ヴィノバは非常に特別であり、非常に偉大なようだ、と考える。彼は決して愚鈍ではないだろうと考える。だがそれは単に彼に合っているだけだ。

あなたは自分自身の身体に、何が合っているのか、自分の方法を、あなたにとって正しい方法を見つけなければならない。そしてそれを見つけたなら、あなたはそれを簡単に認めることができる。それは身体に合っているので課されたものではない。だから無理強いのようなものは何もない。そこに奮闘はない、努力はない。見守ってごらん、食べている間、何があなたに適しているかを。人々はいろんなものを食べ続ける。その時彼らはかき乱される。その時彼らのマインドは影響を受ける。決して誰かの規律に従ってはいけない。なぜならあなたのような人はいないからだ。だから何があなたに合いそうなのかは、誰にも言えない。

だから私はあなたに一つの規律だけを与えるのだ。それは自己洞察に関するものであり、自由に関するものだ。あなたは自分自身の身体に耳を傾ければいい。身体はその中に偉大な知恵を持っている。それに耳を傾けるなら、あなたは常に正しい。それに耳を傾けず、いろいろな事を強制し続ければ、あなたは決して幸せにはならない。あなたは不幸になり、病気になり、落ち着かなくなる。そして常にかき乱され、散漫になり、混乱する。

これは長い実験だった。私はほとんどありとあらゆるものを食べた。それからやがて私は自分に適さないものをすべて取り除いた。今、私に合っているものが何であろうと、私はそれだけを食べる。ヴィヴェックは困っている。なぜなら毎日ほぼ同じものを料理しなければならないし、私がどうやってそれを食べ続けられるのか、そして楽しみ続けられるのかが信じられないからだ。食べることは問題ないが、それを楽しむとは？

もしそれが適しているなら、あなたは何度も同じものを楽しむことができる。それはあなたにとって繰り返しではない。もしそれが合っていないなら、面倒な事になる。

それは起こった。

ある木曜日の夜、ムラ・ナスルディンは夕食のため帰って来た。妻は彼にベイクドビーンズを出した。彼は壁に豆の皿を投げつけて叫んだ。「俺はベイクドビーンズが嫌いだ！」

「ムラ、私はあなたがよくわからないわ」と妻は言った。「月曜日の夜、あなたはベイクドビーン

イクドビーンズが好きだった。水曜日の夜、あなたはベイクドビーンズが好きだった。そして今、木曜日の夜、不意にあなたはベイクドビーンズが嫌いだと言う。これは矛盾しているわ!」

普通、毎日同じものを食べることができない。しかしその理由は、それが同じものだからではない。その理由は、それがあなたに合っていないからだ。ある日、あなたは我慢できるが別の日には耐えられなくなる。それならどうやって毎日我慢できるだろうか? それがあなたに合っているなら、問題はない。あなたはそれを常食として全人生を生きることができ、毎日あなたはそれを楽しむことができる。それはすばらしい調和をもたらすからだ。それは単にあなたに合っている。それはあなたに一致している。

あなたは呼吸し続ける。それは同じ呼吸だ。あなたは風呂に入り続ける。それは同じ水だ。あなたは眠り続ける。それは同じ睡眠だ。だがそれが合っているなら、すべてはオーケイだ。それならそれは全く繰り返しではない。

繰り返しはあなたの気持ちだ。もしあなたが自然と完全に調和して生きているなら、過ぎ去った昨日について気にすることはない。あなたはマインドにそれを持ち運ばない。あなたは自分の昨日を今日と比較しないし、自分の明日を予想しない。あなたは単に今とここに生きている。あなたはこの瞬間を楽しむ。

瞬間を楽しむことは、新しいこととは何の関係もない。瞬間を楽しむことは確かに調和と関係がある。あなたは毎日新しいことを変え続けられるが、それらが合わないなら、あなたは常にここからそこへと走るが、決してどんな休息も見つけられないだろう。

しかし、私がしていることは何であれ強要されたものではない。それは自発的だ。そうして私はやがて自分の身体の必要性に気づくようになった。私はいつも私の身体に耳を傾ける。私は身体に私のマインドを押し付けることはない。同じようにしてごらん。するとあなたはより幸せな、より至福に満ちた生を持つだろう。

質問四

優雅さを欠いた心に留める《マインドフルネス》ことについての話にとても多くの恵み《グレイス》があります。ブッダを聴く者も同様に恩恵を受けているのでしょうか。

それは聴く者次第だ。それはブッダや私とは何の関係もない。それは聴く者次第だ。もしあなたが私と共鳴しているなら、あなたは恵みを感じる。あなたがブッダと共鳴しているなら、あなたは恵みを感じる。あなたが共鳴しているなら、それが恩恵の元になる。

あなたは非常に論理的なマインドで私に耳を傾けることができる。それならあなたは思い悩まされることさえあるかもしれない。あなたは自分が蓄積してきた知識で聞くことができる。それならあなたはかき乱されたとさえ感じるかもしれない。あなたの知っていることが何であれ、私がそれに反論するなら、あなたはかき乱されるからだ。または、あなたは論争的な状態で耳を傾けることができる。その時、ここで私は話しているが、そこではあなたもまた自分のマインドの中で話している――反論し、そうだと言い、違うと言い、主張している。それならそこに恵みはないだろう。

もしあなたが単に耳を傾けているなら――知識を脇に置いて、人が楽器やメロディーに耳を傾けるように私に耳を傾けているなら――木々を吹き抜ける風に耳を傾けるように、地面にささやくように落ちる枯れ葉に耳を傾けるように――もし私と共鳴して、私と調和して耳を傾けているなら、恵みが生じるだろう。それは聴く者次第だ。

そして何を聞くかもまた聴く者次第だ。私が何を話すかはそれほど重要ではない。もっと重要なことは、あなたが何を聞いているか、だ。それが同じこととは限らない。私は何か他のことを話しているかもしれない。あなたは何か他のことを聞いているかもしれない。

私は聞いたことがある。

二人の男が繁華街の混雑した歩道を歩いていた。突然一人が叫んだ。「そのコオロギの美しい音を聞け！」。しかしもう一人は聞くことができなかった。彼は、人々や交通の喧騒の中で、どうやってコオロギの音を聴き出すことができたのかを彼の仲間に尋ねた。動物学者だった最初の男は、自然の声に耳を傾けられるよう訓練してきたのだが、彼は説明しなかった。彼は単に自分のポケットからコインを取り出して、歩道の上に落とした。すると十数人の人々が彼らの周りを見始めた。「我々は、」と彼は言った、「我々が耳を傾けるものを聞くものだ」と。

地面に落ちるルピーの音だけに耳を傾ける人々がいる。それが彼らの唯一の音楽だ。貧しい人々だ。彼らは自分たちを金持ちだと思っているが、彼らは、すべての音楽が地面に落ちるルピーの音だけで成り立っている貧しい人々だ。非常に貧しい人々――飢えている。彼らは生が何で成り立っているのかわからない。彼らは無限の可能性を知らない。彼らは自分を取り囲んでいる無限のメロディーを、その多次元的な豊かさを知らない。あなたは自分が耳を傾けるものだけを聞く。

もしあなたが私に共鳴して、私との深い結びつきの中で耳を傾けるなら、その時恵みが起こる。同じ恵みは常に、ブッダ、イエス、クリシュナが地上を歩いていた時はいつでも、これらの人々と共に歩くのに充分な勇気があったそのすべての人たちに起こってきた。あなたが私と共に歩くなら、私に共鳴して坐るなら、あなたは満たされる。私はあなたの中に何かを注いでいるが、もしあなたが自分のハートを開いていないなら、私はあなたを満足させることはできない、私はあなたを満たすことはできない。だがあなたが自分のハートを開くなら、すぐにあなたは満ち溢れるだろう。そしてその溢れ出るものはあなたを泥から蓮にさせる。

蓮は溢れ出るエネルギー以外の何ものでもない。そのため東洋では、私たちは他に何も例えようのない蓮の花を尊重してきたのだ。それは成長の究極の象徴になっている。私たちはあなたの存在の中の最後のセンターを、サハスラーラ――千の花弁のある蓮と呼ぶ。セックスは最も低いセンターだ。サハスラーラは最も高い。セックスによってあなたは自然と結びつくようになる。サハスラーラによってあなたは神と、あるいは全体と調合する。泥から離れてきなさい。泥を超越しなさい。そして蓮が開き、あなたの中で咲くことを望み、祈り、待ちなさい。

それは可能だ。あなたが私と一緒にここにいるこの瞬間は途方もなく重要なものだ。しかしあなたはあなたが耳を傾けるものしか聞くことができない。

第五章 それゆえ心に留めなさい

Be Therefore Mindful

ブッダは言った。
もし多くの不心得なことをした者が、悔いることなく悪の心を清めないなら、
川がより深くより広い海に注ぐのと同じくらい確実に、報いが彼を襲うだろう。
もし不心得なことをした者がそれを認識するなら、自分自身を更正して善良さを実践しなさい。
患者が汗をかく時、病気が徐々に悪い影響力を失うように、
報いの力は徐々に力尽きるだろう。

ブッダは言った。
悪を為す者がやって来て、善良さを実践するあなたを見て、悪意を持ってあなたを侮辱する時、
あなたは辛抱強くそれに耐えるべきで、彼に怒りを感じてはいけない。
なぜなら悪を為す者は、あなたを侮辱しようとすることで彼自身を侮辱しているからだ。

ブッダは言った。
かつてある男が私のところに来て、私が道を順守することと、
大きな慈愛の心を実践していることで私を非難した。

しかし私は沈黙を保って彼に答えなかった。

非難は止んだ。


そこで私は彼に尋ねた。

「あなたが隣人に贈り物を与えても、彼がそれを受け取らないなら、その贈り物はあなたのところに戻るだろうか?」

その男は答えた。「そうなるだろう」

私は言った。「あなたは今私を非難している。しかし私がそれを受け取らない時、あなたは誤った行ないが自分の身に戻ってくることを受け入れなければならない。

それは音に後続する反響のようなものだ。

それは物体の後について来る影のようなものだ。

あなたは決して自分自身の悪い行ないの影響を免れない。

それゆえ留意し、悪を為すことを止めなさい」


人間は群衆、多くの声——関連のあるもの、無関係なもの、一貫しているもの、一貫していないものの群衆だ。それぞれの声がそれなりに引っ張っている。すべての声は人間をばらばらに引き離す。通常の人間は乱雑状態、ほとんどある種の狂気だ。あなたはどうにかしてうまくやっている。

あなたはどうにかして正気に見えるようにうまくやっている。心の底では何層もの狂気があなたの内側で沸騰している。それはどんな瞬間にも噴火し得る。あなたの抑制力はどんな瞬間にも失われる。あなたの抑制力は外側から強制されているからだ。それはあなたの存在の中心から生じた規律ではない。

社会的な理由、経済的な理由、政治的な理由のために、あなたは自分自身に特定の性格を強いてきた。しかしあなたの内側には、多くの生命力がその性格に逆らって存在する。それは絶え間なくあなたの性格を妨害している。だから毎日あなたは多くの誤りを、多くの間違いを犯し続ける。さらに時には、あなたは決してそれをやりたくなかったのだと感じる。思いもかけず知らずにあなたは多くの間違いを犯し続ける――あなたは一人ではなく多数だからだ。

ブッダはこれらの誤りを罪とは呼ばない。なぜならそれらを罪と呼ぶことは、あなたを非難することだからだ。彼は単にそれらを不心得、間違い、誤りと呼ぶ。誤りを犯すのは人間であり、誤りを犯さないのは神だ。そして人間から神への道は留意すること《マインドフルネス》を通って行く。あなたの内側にあるこれらの多くの声は、あなたを苦しめ、引き離し、押し付けるのを止めることができる。あなたが留意するようになると、これらの多くの声は消えることができる。

留意している状態では間違いは犯されない。それは、あなたがそれらを支配するということではなく、留意している状態、油断なく気づいた状態では、多くの声が止むということだ。あなたは単に一つになる。そしてあなたがすることは何でも、あなたの存在のまさに核から来る。それは決して間違っていない。これらの経文に入る前に、これを理解することだ。

現代の人間性回復運動の中に、それを理解するための類例がある。それは交流分析と呼ばれる心理療法がＰＡＣの三角形と呼ぶものだ。Ｐは親(*parent*)を、Ａは大人(*adult*)を、Ｃは子供(*child*)を意味する。これらはあなたの三つの層で、あなたは三階建ての建物のようなものだ。一階は子供の階であり、二階は親の、三階は大人の階だ。その三つはすべて一緒に存在している。

これがあなたの内側の三角形であり、葛藤だ。あなたの子供はあることを言う、あなたの親は何か他のことを言う、あなたの大人は、合理的なマインドは何か他のことを言う。

子供は「楽しむ」と言う。子供にとってこの瞬間は唯一の瞬間だ。彼は他に考えるべきことがない。子供は自発的だが、結果を意識せず過去を意識しない、未来を意識しない。彼はその瞬間に生きる。彼は価値観を持たない。そして留意すること、気づきはない。子供は感じ取られた理解で成り立っている。彼は感覚を通して生きている。彼の全存在は不合理だ。

もちろん彼は他の人と事あるごとに衝突するようになる。彼は自分自身の内側に多くの矛盾を持つようになる。なぜなら一つの感情は彼が一つのことをするのを助けるが、その後突然、彼は別の感情を感じ始めるからだ。子供は何も完了できない。それを完了できる頃までに彼の感情は変化してしまっている。彼は多くのことを始めるが、決してどんな結論にも至らない。子供は結論が出ないままだ。彼は楽しむが、彼の喜びは創造的ではない、創造的ではあり得ない。子供は大いに喜ぶが、人生は大いに喜ぶことだけで生きることはできない。あなたは永遠に子供のままではいられない。あなたは多くのことを学ばなければならないだろう。なぜならあなたはここでは一人ではないからだ。

あなたが一人だったら全く問題はないだろう。あなたは永遠に子どものままでいられた。しかし社会が存在する。数多くの人々がいる。あなたは多くの規則に従わなければならない。あなたは多くの価値観に従わなければならない。そうしないと生が不可能になるほどの多くの衝突があるだろう。子供は訓練されなければならない。そこが、親が関わって来るところだ。

あなたの中の親の声は、社会、文化、文明の声だ。あなた一人ではない世界で、相争う野心を持つ多くの個人たちがいる世界で、生存するための多くの苦闘がある世界で、多くの争いがある世界で、あなたが生きられるようにさせるのがその声だ。あなたは自分の道を開かなければならないし、非常に慎重に動かなければならない。

親の声とは警告の声だ。それはあなたを文明的にする。子供は野生的だ。親の声はあなたが文明的になるのを助ける。「文明」という言葉は良い。それは街で生きられるようになった人を意味する。その人は集団の、社会のメンバーでいられるようになった。

子供は非常に独裁的だ。子供は自分が世界の中心だと考えている。親は、あなたは世界の中心ではない、と教える必要がある。誰もがそう考えている。親は、世界には多くの人々がいて、あなたは一人ではないことに、あなたがますます注意を払うように仕向けなければならない。もし人々に自分自身を思いやってもらいたいなら、彼らを思いやらなければならない。そうしなければ押し潰されるだろう。それが生き残りの、政策の、政治の本当の問題だ。親の声はあなたに何をすべきか、何をすべきでないかという戒律を与える。感情はただ盲目的に進む。親はあなたを慎重にさせる。それは必要なことだ。

それからあなたが大人になり、もはや両親に支配されない時、あなた自身の理性が充分な発達段階に達して自分で考えることができる時、あなたの内側には第三の声、第三の層がある。

子供は感じ取った理解で成り立ち、親は教えられた理解で成り立ち、大人は考え抜いた理解で成り立っている。これら三つの層は絶え間ない争いの中にある。子供は一つのことを言う、親はちょうど反対のことを言う、そして理性は全く異なることを言うかもしれない。

あなたは素敵な食べ物を見る。子供は欲しいだけ食べたいと言う。親の声は、多くのことを考慮しなければならないと言う――あなたは本当に空腹を感じているのか、それともただ食べ物の匂いが、食べ物の味が魅力なだけなのか――。この食べ物は本当に栄養価が高いのか？　それはあなたの身体の栄養になるのか、それとも有害なのか？　待ちなさい、聞きなさい、あわててはいけない。そこには何か他のことを、全く違うことを言うかもしれない合理的なマインド、大人のマインドがある。

あなたの大人のマインドがあなたの両親に同意するだろうという必然性はない。あなたの両親は全知ではない。彼らはすべてを知っていたわけではなかった。彼らはあなたと同じくらい間違いを犯しやすい人間だった。そして何度もあなたは彼らの思考に抜け穴を見つける。何度もあなたは、彼らが非常に独断的で迷信的で、愚かなことや不合理なイデオロギーを信じていることがわかる。あなたの大人はノーと言う、あなたの親はそれをせよと言う、あなたの大人は、それをする価値はないと言う、そしてあなたの子供はどこか別のところへあなたを引っ張り続ける。これがあなたの内側の三角形だ。

もしあなたが子供に耳を傾ければ、あなたの親は腹を立てる。だから一つの部分は気分が良い。食べたいだけたくさんのアイスクリームを食べ続けられる——しかしあなたの親は内側で怒りを感じている。あなたの一部は非難し始める。それからあなたはやましさを感じ始める。あなたが本当に子供だった頃に生じたのと同じ罪悪感が生じる。あなたはもはや子供ではない。しかしその子供は消えていない。それは存在している。それはまさにあなたの第一段階、あなたのまさに基本、あなたの基盤だ。

あなたが子供に従うなら、感情に従うなら、親は怒り、あなたは罪の意識を感じ始める。あなたが親に従うなら、あなたの子供は、自分がしたくない事をするのを強いられていると感じる。その時あなたの子供は、必要以上に干渉されている、必要以上に侵害されていると感じる。あなたが親に耳を傾ける時に自由は失われ、あなたの子供は反抗心を抱き始める。

あなたが親に耳を傾けるなら、あなたの大人のマインドは言う。「なんて馬鹿馬鹿しい！　これらの人々は何も知らなかったのだ。あなたはもっと知っている。あなたは現代の世界にもっと通じている。あなたはより現代的だ。これらのイデオロギーは全く死んだイデオロギーで時代遅れだ。

なぜあなたは気にしているのだ？」

もし自分の理性に耳を傾けるなら、その時もまたあなたは、まるで自分の両親を裏切っているかのように感じる。再び罪悪感が生じる。どうする？　これらの三つの層がすべて合意する何かを見つけることはほとんど不可能だ。

これが人間の不安だ。いいや、これら三つの層のすべてが何らかの点で合意することは決してない。決して合致することはない。


さて、子供を信じる教師たちがいる。彼らは子供をより重視する。例えば老子だ。彼は言う。「合意に至ることはない。この親の声、これらの戒律、これらの旧約聖書を落とすがいい。すべての『すべき』を落として、再び子供になりなさい」イエスはそう言っている。老子とイエス、彼らが強調しているのは、再び子供になりなさい、だ。なぜなら子供でいることでのみ、あなたは自分の自発性を獲得できるから、あなたは再び自然な流れの一部に、タオになるからだ。

彼らのメッセージは美しいが、ほとんど非現実的に思われる。時たま確かにそれは起こっている。ある人は再び子供になっている。しかしそれは非常に稀なことで、人類は再び子供になろうとしている、と考えることはできない。それは星のように美しい――しかしはるかに離れていて、手が届かない。

それから他の教師たち――マハーヴィーラ、モーセ、モハメッド、マヌー――がいる。彼らは親の声に耳を傾けよ、道徳に耳を傾けよ、社会が言うことに、あなたが教えられてきたものを聴くように、と言う。それを聴いて従いなさい。もしあなたが世間でくつろぎたいなら、世間で波風を立てないようにしたいなら、親に耳を傾けなさい。決して親の声に逆らってはいけない。

世界は多かれ少なかれこれを踏襲してきた。だがその時、人は決して自発的に感じない。人は決して自然に感じない。人は常に制限されている、籠の中に閉じ込められていると感じる。そしてあなたが自由を感じない時、あなたは平和に感じるかもしれないが、その平穏さには価値が無い。平和と自由が相伴わない限り、あなたは平和を受け入れられない。平和と至福が相伴わない限り、あなたは平和を受け入れられない。それは便利さ、安楽をもたらすが、あなたの魂は苦しむ。

確かに、親の声を通して達成した、実際に真実に到達した少数の人々もまたいた。しかしそれもまた非常に稀だ。そしてその世界は過ぎ去った。おそらく過去においては、モーセやマヌやモハメッドは役に立ったのだろう。彼らは世界に戒律を与えた。「これをしなさい。あれをしてはいけない」。彼らは物事を単純に、非常に単純にした。彼らはあなたが決めることを何も残していない。彼らはあなたが決められると確信していない。彼らは単にあなたに既製の公式を与える――「これらは従うべき十の戒律だ。単にこれらをすれば、あなたが願うすべてのことが、あなたが望むすべてのことが結果として起こるだろう。あなたはただ従順であればいい」

すべての古い宗教は服従ということを強調し過ぎた。不従順は唯一の罪である――それがキリスト教の言うことだ。アダムとイヴが神の園から追放されたのは、彼らが従わなかったからだ。神は知識の木の果実を食べてはいけないと言っていたが、彼らは従わなかった。それが彼らの唯一の罪だった。しかしあらゆる子供はその罪を犯している。父親が「喫煙するな」と言うと彼はそれをしようとする。父親が「映画に行ってはいけない」と言うと彼は行く。アダムとイヴの物語はすべての子供の物語だ。それから非難、追放が――。

服従はマヌ、モハメッド、モーセのための宗教だ。しかしその世界は過ぎ去った。それを通して多くの人は達成してこなかった。多くの人は平和的で善良な市民に、善い一員、社会の立派な一員になったが、たいしたことではない。

それから三番目に、大人であることの強調がある。孔子、パタンジャリ、あるいは現代の不可知論者――バートランド・ラッセル、世界のすべての人道主義者たち、彼らはみんな強調する。

「あなた自身の理性だけを信じなさい」

それは非常に困難に見える。非常に困難なので、その人の全人生はただ葛藤だけになる。あなたは両親に育てられたので、両親に条件付けられている。もしあなたが理性だけに耳を傾けるなら、自分の存在の中の多くのものを否定しなければならない。実際、あなたのすべてのマインドを拒否しなければならない。それを消すことは容易ではない。

そしてあなた方は理性を持たない子供として生まれた。理性もまた存在する。基本的にあなたは感じる存在だ。理性は非常に遅れて生じる。理性は、実際、起こるべきものがすべて起こった時に生じる。心理学者は、子供は七歳になるまで彼のすべての知識の、ほぼ七十五パーセントを学ぶと言う。彼のすべての知識の七十五パーセントを、彼は七歳になるまでに、五十パーセントは四歳になるまでに学んでいる。そしてあなたが子供の時このすべての学習が行なわれ、それから理性は非常に遅れて生じる。その出現は非常に遅い。それは、実際、起こるべきものがすべて起こった時に生じる。

理性と共に生きることは非常に難しい。人々は試してきた——あちらこちらでバートランド・ラッセルのような人が——しかしそれを通して真理を達成した人はいない。なぜなら理性だけでは充分ではないからだ。

これらのすべての観点《アングル》が選択され、試されたが、全く役に立たなかった。ブッダの立場は全然違う。それは人間の意識に対する彼の最初の貢献だ。彼は何も選ぶべきではないと言う。彼は観点の中心に動きなさいと言う。理性を選んではいけない。親を選んではいけない。子供を選んではいけない。観点のまさに中心にただ動き、沈黙したままで留意するようになりなさい。彼のアプローチは途方もなく重要だ。それからあなたは自分の存在について、はっきりした視点を持てるようになる。そこでその視点と明晰さから応答《レスポンス》が生じるようにさせなさい。

私たちは別の方法でそれを言うことができる。あなたが子供のようにふるまうなら、それは子供っぽい反応だ。何度もあなたは子供のようにふるまう。誰かが何かを言うと、あなたは傷つき不機嫌になり、怒り、そして癇癪を起こす——あなたはすべてを失う。後になってあなたは非常に嫌な気分になる。あなたは自分のイメージを損なったと感じる。誰もがあなたはとても冷静だと思っているが、あなたはとても幼稚だし、危険でもない。

あるいはあなたは自分の親の声に従うが、後になって、あなたはまだ自分が両親に支配されていると考える。あなたはまだ大人になっていない、あなたはまだ自分の手で人生を支配できるほど成熟していない。あるいは、時にはあなたは理性に従うが、理性だけでは不充分だ、感情もまた必要だと考える。そして感じることなしでは、理性的な人間はただ頭だけになる。彼は身体との接触を失う。生との接触を失う。彼はばらばらになり、まとまりがなくなる。彼はただ思考の装置として機能する。しかし、思考があなたを生き生きとさせることはない。思考の中に生の潤《ジュース》いはない。それは全く情感に乏しい。その時あなたは渇望する。あなたは自分のエネルギーを再び流れさせることができる何かを、あなたが元気にあふれ、生き生きとして、若々しくあることができる何かを渇望する。これが続き、そしてあなたは無駄な努力をし続ける。

ブッダは、これらはすべて反応《リアクション》であり、どんな反応も部分的であらざるを得ない——ただ応答《レスポンス》だけが全面的《トータル》であり——そして部分的なものは何であれ間違いだ、と言う。それが彼の誤りの定義だ。部分的なものは何であれ間違いだ。なぜならあなたの他の部分は満たされないままであり、それらは復讐をするだろうからだ。全面的でありなさい。応答は全面的で、反応は部分的だ。

あなたが一つの声に耳を傾け、それに従う時、あなたは面倒な目に陥っている。あなたは決してそれに満足しないだろう。ひとつの部分のみが満足するだけだ。他の二つの部分は非常に不満だろう。だからあなたの存在の三分の二は不満だ。あなたの存在の三分の一は満足するだろうが、あなたは常に混乱したままだ。あなたがすることは何であれ、反応は決してあなたを満足させることはできない。なぜなら反応は部分的だからだ。

応答しなさい。応答は全面的だ。その時あなたは三角形のどの部分からも機能しない。あなたは選ばない。あなたはただ単に無選択の気づきの状態のままでいる。あなたは中心に留まる。それがどんなことであっても、中心に留まっている《センタリング》状態からあなたは行動する。それは子供でも親でも大人でもない。あなたはＰＡＣを越えてしまった。それは今や、子供でも親でも大人でもないあなただ。それがあなただ。それがあなたの存在だ。そのＰＡＣは竜巻のようなもので、あなたの中心は竜巻の中心だ。

だから応答する必要がある時はいつでも、ブッダが言う最初のことは、留意すること、気づくようになることだ。あなたの中心を覚えていなさい。あなたの中心に根差しなさい。あなたが何かをする前に、しばらくの間そこに在りなさい。思考は部分的であるため、それについて考える必要はない。感情は部分的であるため、それについて感じる必要はない。あなたの両親、聖書、コーラン、ギータから手がかりを見つける必要はない。これらはすべてＰだ。その必要はない。あなたはただ穏やかで、沈黙して、単に油断のないままでいればいい。まるであなたが本当にそれの外にいるかのように、超然として、丘の上の見張りのように、その状況を見守ればいい。
あなたが行動したい時はいつでも中心にいること、これが最初の必要条件だ。それから、この中心に留まっている《センタリング》状態から行為を起こしなさい。するとあなたの行為は何であれ高潔なものになるだろう、あなたがすることは何であれ正しいだろう。
ブッダは言う。留意《マインドフルネス》することが、存在する唯一の美徳である、と。留意しないことは、誤りを犯すことだ。無意識に行動することが誤りを犯すことだ。

さて経文だ。

ブッダは言った。
もし多くの不心得なことをした者が、悔いることなく悪の心を清めないなら、
川がより深くより広い海に注ぐのと同じくらい確実に、報いが彼を襲うだろう。
もし多くの不心得なことをした者が、悔いることなく――

悔いることとは過去に遡って気づくことだ。悔いることとは過去を振り返ることを意味する。あなたは何かをした。あなたが気づいていれば何の間違いも起こらないが、あなたがそれをした時点では気づいていなかった。誰かが侮辱した。あなたは怒った。あなたは彼の頭を殴った。自分が何をしていたのか気づかなかった。今、物事は静まった。状況は過ぎ去った。あなたはもう怒っていない。あなたはより簡単に過去を振り返ることができる。あなたはその時点で気づきを逃した。最善のことは、その時点で気づきを持つことだが、あなたはそれを逃した。そして今泣いて、こぼれたミルクに涙を流しても意味がない。だがあなたはすでに起こってしまったことを見ることができ、それに気づきをもたらすことができる。

それをマハーヴィーラはプラティクラマン、振り返ることと呼び、パタンジャリはプラティヤハール、内を見ることと呼び、イエスは悔い改めと呼ぶ。それをブッダはパスチャッタプと呼ぶ。それは心苦しく感じることではない。それについてただ嫌な思いをすることではない。なぜならそれは助けにはならないからだ。それは気づきになることだ。それはその体験を、そうあるべきだったものとして再体験することだ。あなたは再び、その中に入らねばならない。

あなたはその瞬間に気づきを逃していた。あなたは無意識の中に溺れていた。今、物事は落ち着いた。あなたは自分の気づきを、気づきの光を取り戻すだろう。あなたは再びその出来事に入る。あなたは再びそれを、あなたが本当にすべきだったものとして検討する。それは過ぎ去ったが、あなたは自分のマインドの中で遡ってそれをできる。そしてブッダは、これは悪の心を清める、と言う。

この振り返ること、継続的に振り返ることとは、あなたをますます気づくようにさせるだろう。そこには三つの段階がある。

あなたは何かをした。それからあなたは気づくようになる——第一段階だ。

第二段階は、あなたが何かをしている。そして気づくようになる。

そして第三段階、あなたは何かをやろうとしている。そして気づくようになる。第三段階だけがあなたの生を変容させるだろう。しかし最初の二つは三番目のために必要だ。それらは必要な段階だ。

あなたが気づくことができる時はいつでも、気づいていなさい。あなたは怒っていた。すぐに座って瞑想し、何が起こったかに気づきなさい。通常私たちはそれをするが、私たちは間違った理由でそれをする。私たちは自分のイメージを正しい場所に戻すために行なう。あなたはいつも自分が非常に愛情深い人だと、同情心のある人だと思っている。そしてあなたは突然怒る。今やあなたのイメージは自分の目では歪められている。あなたは一種の悔い改めをする。あなたはその人のところに行って「ごめんなさい」と言う。あなたは何をしているのだろう？　あなたは自分のイメージを塗り直しているのだ。

あなたのエゴはイメージを塗り直そうとしている。あなたは自分自身の目から見ると堕ちてしまった、あなたは他人の目から見ると堕ちてしまったからだ。今、あなたは正当化しようとしている。少なくともあなたはこう言いに行くことができる。「ごめんなさい。私はついそれをやってしまいました。私はそれがどうして起こったのかわかりません。どんな悪の力が私を支配したのかわかりません。でも申し訳ありません。私を許してください」

あなたは怒るようになった前と同じレベルに戻ろうとしている。これはエゴの策略だ。これは本当の悔いることではない。再びあなたは同じことをするだろう。

ブッダが言う本当の悔いることとは、それを思い出すこと、起こったことに充分に気づいて細部にわたって調べることだ。時を遡り、追体験することだ。体験を再現することは巻き戻しのようなものだ。それは消去される。そしてそれだけでなく、あなたをもっと気づくことができるようにさせる。気づきが実践されるのはあなたがそれを思い出している時、あなたが過去の出来事に再び気づく時だからだ。あなたは気づくことをもって、留意をもって訓練を積んでいる。次はもう少し早く気づくようになるだろう。

この時あなたは怒っていた。二時間後あなたは冷静になれた。次は一時間後に冷静になるだろう。次は数分後に――。次回は、それが起こっているちょうどその時にあなたは冷静になり、見ることができるだろう。やがてゆっくりとした進歩で、ある日あなたが怒っている間に、あなたはその場で自分自身を捕まえるだろう。そしてそれは――誤りを犯しているその場で自分自身を捕まえることは素晴らしい体験だ。すると突然、全体の質が変わる。なぜなら気づきがあなたを貫く時は、いつでも反応が止まるからだ。

この怒りは子供っぽい反応だ。それはあなたの中の子供だ。それはＣから来ている。それからその後になって、あなたが申し訳なく感じる時、それはＰから、親から来ている。親はあなたに申し訳なく感じて許しを請いに行くことを強いる。あなたは母親や叔父にとって善くなかったので、事態を正さなければならない。

あるいはそれはＡから、あなたの大人のマインドから来ることもあり得る。あなたは怒っていて、その後であなたは、これは手に負えなくなるだろうと認識する。そこには金銭上の損失がある。あなたは上司に怒っていた。今あなたは怖くなる。今あなたは、彼があなたをクビにするかもしれない、または、彼が内に怒りを抱え込むかもしれないと考え始める。あなたの給与は上る予定だった。彼はそれを上げないかもしれない――千と一つの物事が――あなたは事態を正したい。

ブッダが悔いなさいと言う時、ＣやＰやＡから行なうことを言っているのではない。彼は、あなたが気づいた時、座って目を閉じて、すべての事に瞑想しなさい、見守る者になりなさいと言っているのだ。あなたは状況を逃したが、それでも何かをすることはできる。あなたは見守ることができる。それを見守るべき時に見守ることができる。あなたは実習できる。これは練習になり、あなたがすべての状況を見守った頃には、完全に大丈夫だと感じるだろう。

その時あなたが、他に何の理由もなく――親でもなく大人でも子供でもなく、それは間違っていたことを本当に理解し、純粋に瞑想して許しを乞いに行きたいと感じるなら――。これは他の理由で間違っていたのではなかった。それが間違っていたのは、あなたが無意識に振る舞っていたからだ。繰り返して言おう。あなたは他のどんな理由もなく許しを乞いに行く。金銭面な、社会的な、政治的な、文化的な理由ではない、違う。あなたがただ単にそこに行くのは、あなたがそれに瞑想して、あなたは気づかずに行動した、気づかずに誰かを傷つけたという事実を認識し、理解したからだ。

あなたは少なくとも、その人を慰めに行かねばならない。あなたはその人にあなたの無力さをわかってもらうために行かねばならない。あなたが無意識な人であることを、あなたがすべての制限を持った人間であることを、あなたが申し訳なく思っていることを理解してもらうためだ。それはあなたのエゴを取り戻すことではない。それは単に、あなたの瞑想があなたに示した何かをすることだ。それは全く異なった次元だ。

もし多くの不心得なことをした者が、悔いることなく悪の心を清めないなら、川がより深くより広い海に注ぐのと同じくらい確実に、報いが彼を襲うだろう。

普通私たちはどうするだろう？　私たちは自己防衛に走る。もしあなたが自分の妻に、あるいは自分の子供に怒ったなら、あなたは自己防衛に走る。それはそうしなければならなかった、それは必要だった、それは子供自身のために必要だった、とあなたは言う。もし怒らないなら、どうやって子供を躾けるつもりだろうか？　もしあなたが誰かに怒らないなら、人々はあなたにつけ入るだろう。あなたは臆病者ではない。あなたは勇敢な人だ。あなたに対して為すべきではないことを人々にさせることなどできるだろうか？　あなたは反応しなければならない。

あなたは自己防衛に走る。あなたは正当化する。もしあなたが自分の誤りを正当化し続けるなら——すべての誤りは正当化できる。それを覚えていなさい。正当化できない誤りは一つも存在しない。あなたはすべてを正当化できる。しかしブッダは言う、そのような人はますます無意識に、ますますひどく気づかないようにならざるを得ない、と。川がより深くより広い海に注ぐのと同じくらい確実にだ。

あなたが自分自身を守り続けるなら、自分自身を変容できないだろう。あなたはどこかおかしいと認めなければならない。まさしくその認識が変化の役に立つ。

もしあなたが健康であると感じていて病気でないなら、あなたは医者に行こうとしない。たとえ医師があなたのところに来ても、彼に耳を傾けようとしない。あなたは全く大丈夫だ。あなたは「私は完全に健康だ。私が病気だと誰が言うのだ？」と言うだろう。自分が病気だと思わないなら、あなたは自分の病気を守り続けるだろう。それは危険だ。あなたは自殺の道を歩んでいる。

もしそこに怒りがあったら、そこには強欲があったのだ。そこにはあなたが無意識な時にだけ起こる何かがあったのだ。それを認識しなさい。あなたが認めるのが早ければ早いほど良い。それに瞑想しなさい。あなたの中心に移動し、その中心から答えなさい。

もし不心得なことをした者がそれを認識するなら、自分自身を更正して善良さを実践しなさい。患者が汗をかく時、病気が徐々に悪い影響力を失うように、報いの力は徐々に力尽きるだろう。

もしそれを認めるなら、あなたはそれを変えることに向けて、非常に意味深い一歩を踏み出したのだ。今、ブッダはある非常に重要なことを言う。

「もしあなたがそれを認めるようになるなら、それについて知るようになるなら、あなた自身を更正しなさい」

普通、たとえ私たちが時々は「そうだ、何か間違ったことが起こった」と認識しても、私たちは自分自身を更正しようとしない。私たちはただ自分のイメージだけを更正しようとする。私たちはあらゆる人たちに、彼らが私たちを許したと感じてもらいたい。私たちはあらゆる人に、誤っていたのは自分だが、彼らに許しを請うたので事態が正されているのを認識してほしいと思っている。私たちは再び自分の台座の上にいる。落ちたイメージは元通りにして玉座に戻される。私たちは自分自身を更正しない。

あなたは何回も許しを求めてきたが、何度もあなたは同じことをやり続ける。それは単にそれが方策で、政治的で、人々を操作するための策略だったことを示している。しかしあなたは同じままだ。あなたは全く変わっていない。もしあなたが本当に誰かに対して、あなたの怒りやその他の無礼に対する許しを求めたのなら、それは再び起こるべきではない。それだけが、あなたが本当に自分自身を変える途上にあることの証明になる。

ブッダは言う。

もし不心得なことをした者がそれを認識するなら、自分自身を更正して善良さを実践しなさい――

そこで二つのことを彼は言っている。まず何かがうまくいかず、何かが絶え間なくあなたを無意識にさせると感じ、あなたが機械的な方法で振る舞い反応する瞬間、その時あなたは何かをしなければならない。その行為はより以上の気づきにならなければならない。それが自分自身を更正させるための唯一の方法だ。

どれほど多くの事を無意識的にしているのかを見守りなさい。誰かが何かを言うと怒りがある。一瞬の隙間さえない。まるであなたは単なる機械仕掛けに過ぎないかのようだ。誰かがボタンを押すと、あなたは腹を立てる。ちょうどあなたがボタンを押すとファンが動き始めて明かりがつくように。そこには一瞬の間もない。ファンは動くべきか動くべきでないかとは決して考えない。それは単純に動く。

ブッダは、これが無意識だ、これが留意のなさだと言う。誰かが侮辱する。するとあなたは単純に彼の侮辱に支配される。

グルジェフは、小さなことが自分の人生を完全に変えてしまった、とよく言っていた。彼の父は死の間際にあり、父は少年――グルジェフはわずか九歳だった――を呼んだ。そして少年に言った。「お前に与えられるようなたいしたものは何もないが、唯一のアドバイスはわしの父が臨終の床でわしに与えたものだ。それはわしに途方もない恩恵を与えてきた。おそらくそれはお前にとって何かの役に立つだろう。わしはお前が今すぐにそれを理解できるだろうとは思わない。お前は若すぎる。だからただそれを覚えていなさい。お前が理解できる時はいつでも、それは役に立つだろう」

そして彼は言った。「ただ一つのことを覚えていなさい。もしお前が怒りを感じたら、二十四時間待ちなさい。その後、お前がしたいことは何でもしなさい。しかし二十四時間待つのだ。もし誰かがお前を侮辱したら、彼に言いなさい。『私は二十四時間後に来ます。そして必要なことは何でもします。それについて考える時間を少し下さい』と」

もちろん九歳のグルジェフは理解できなかったが、それに従い、やがてその途方もない影響に気づくようになった。彼は完全に変容した。それは彼が二つのことを覚えていなければならなかったからだ。ひとつは、誰かが侮辱している時、彼は怒りの中へ入るのではなく、怒りにならないように、他人に自分自身を操らせないように気づいていなければならなかった。彼は二十四時間待たなければならなかった。だから誰かが彼を侮辱していたか、または彼に反対することを言った時、彼は影響されないためにただただ油断しないままでいた。二十四時間、彼は死んだ父親の約束を守った。彼は冷静さを保った。やがてそれができるようになった。

それから彼は、二十四時間後それは決して必要ではないことを理解した。あなたは二十四時間後に怒ることはできない。二十四分後に怒ることはできない。二十四秒後に怒ることはできない。それは即時であるか、そうでないかのどちらかだ。なぜならあなたが無意識である場合にのみ怒りは機能するからだ。もしあなたがこれだけ――二十四秒待つことができるほど意識しているなら、終わる。その時あなたは怒ることはできない。その時あなたはその瞬間を逃している。その時あなたは列車に乗り損なった。列車はプラットホームから去ってしまった。二十四秒でさえそうさせるだろう。試してごらん。

ブッダは、自分の誤りを認める人は――と言っている。彼は単にそれを認めると言う。彼は「非難する人」と言っているのではない。なぜなら非難することは何もないからだ。それは人間的であり自然なことだ。私たちは無意識の存在だ。ブッダは、神、または普遍的魂、あるいは存在は、鉱物の中では全く気がつかずに眠っている、と言っていた。植物の中での睡眠はそう深くない。夢のいくつかの断片が動き回り始めている。動物の中では神は夢を見ている。人間の中で彼は少し気づくようになっている。ほんの少しだ。その瞬間はきわめて少ない。時々数ヶ月が過ぎても、あなたは一瞬も気づいていないが、人間の中には気づきのわずかな瞬間の可能性がある。ブッダの中では神は完全に気づいている。

あたり一面の存在を見守ってごらん。これらの木の中には、夢のほんの少しの断片があるとブッダは言う。岩においては――ぐっすりと、深く眠っている、夢を見ない――スシュプティだ。動物においては――猫、犬、ライオン、虎、鳥においては、神は夢を見ている、多くの夢を。人間においては、彼はより高いところに来ていて、ほんの少しの、わずかな瞬間の気づきがある。

だから、気づくことのできるどんな機会も見逃してはいけない。そして無意識があなたを深く引き下げる時、それは最高の瞬間だ。もしその瞬間を使うことができるなら、もしその瞬間を挑戦として使うことができるなら、神はあなたの中でますます気づくようになるだろう。ある日、あなたの気づきは絶え間ない炎に、永遠の炎になる。その時神は完全に目を覚まし、眠らず、夢を見ない。これが「ブッダ」という言葉の意味だ。「ブッダ」とは完全に気づくようになった人を意味する。どんな状況でも彼は自分の留意を失わない。彼の留意はちょうど呼吸のように自然になっている。ちょうどあなたが、息を吸ったり吐いたりするのと全く同じように彼は気づきを吸い込み、気づきを吐き出す。彼の中心に定まった状態は永続的になっている。彼は人格から機能しない。子供の、親の、大人の人格から機能しない。違う。彼はすべての人格を超えている地点から機能する。

これこそが彼が「更正《リフォーム》」と呼ぶものだ。その「更正」という言葉は美しい。それは、「再びそれを作ること」という意味だ。――リフォーム、再構築すること、再び創ること。更正とは単なる改善という意味ではない。更正とは単にあちらこちらを修正するという意味ではない。更正とは漆喰が剥がれているところを修理するという意味ではない。色が消えてしまい、蒸発してしまったところを再び塗り直すという意味ではない。更正は小さな修正を意味するのではない。更正は非常に革命的な言葉だ。それは単に、再びそれを形成する、再び生まれる、全く新しく在る、量子的跳躍をする、古い人格から移動する、古い中心核から離れて、新しい中心に達することを意味する。

彼は自分自身を更正して善良さを実践する――

あなたが感じるものは何であれ、それがあなたの基本的な誤りだ。それに慢性的な注意を払ってはいけない。それに取りつかれてはいけない。それも過失だ。そこには多くの人々がいる。彼らは私のところに来てこう言う。「私たちは怒りを抑えられません。絶えずそれを抑制しようとしていますが、私たちは抑制できません。どうしたらいいでしょうか？」

ブッダは、どんなものにも取りつかれてはいけないと言う。それを認めなさい。気づき、そしてちょうど反対のことをしなさい。怒りがあなたの問題だと感じるなら、怒りにあまり注意を払ってはいけない。もっと同情的になりなさい。もっと愛するようになりなさい。というのも、もしあなたがあまりにも怒りに関心を持ったら、怒らなくなった時にその解放されるエネルギーをどこに向けるのだろうか？　そのエネルギーが動くための道を作りなさい。それは同じエネルギーだ。あなたが同情的である時、それは怒りであった時と同じエネルギーだ。今それは肯定的で、その時それは否定的だった。その時それは破壊的だった。今それは創造的だ。しかしそれは同じエネルギーだ。怒りは同情になる。だから怒りを変えようと望む前に、あなたは経路を設けなければならないだろう。あなたは同情に向けて新しい経路を作らなければならない。

そこでブッダは善良さを実践せよ、美徳を実践せよと言う。あなたの主な過失を見つけ出し、あなたの存在の中に新しい道筋を作りなさい。もしあなたがけちなら、それについてただ泣いたり、その話をすることは助けにはならない。その時は分かち合い始めなさい。あなたが分かち合えるものは何でも、分かち合いなさい。突破口になる何かをしなさい。あなたの過去に反する何かをしなさい。あなたが以前にはしたことがない何かをしなさい。怒ることが可能なのは、あなたが同情的である方法を知らないからだ。けちであることが可能なのは、あなたが分かち合う方法を知らないからだ。

ブッダの強調はポジティヴであること、エネルギーが動いて流れ始めるように何かをすることにある。それからやがてエネルギーは怒りから離れるだろう。意識的になりなさい。だが取りつかれてはいけない。

あなたがこれらの二つのことを区別しなければならないのは、人間のマインドは誤解し続けるからだ。ブッダが留意しなさいと言う時、彼は取りつかれなさいとは言っていない。彼は絶えず怒りについて考えなさいとは言っていない。なぜならもし絶えず怒りについて考えるなら、あなたはますます自分自身に対して怒りの状況を作るだろうからだ。意識していなさい。しかし熟慮する必要はない。意識していればいい。しかしあまり多く関心を持つ必要はない。それに注目しなさい。それからあなたのエネルギーのパターンを変える何かをしなさい。それが、彼が善良さを実践せよと言う時に意味していることだ。

——患者が汗をかく時、病気が徐々に悪い影響力を失うように、報いの力は徐々に力尽きるだろう。

ある人がお酒を飲み過ぎていた。どうする？　あなたは彼を熱い風呂に入れたり、サウナ風呂に入れたりすることができる。彼が汗をかくことができれば、アルコールは彼の汗と一緒に無くなるだろう。

ブッダは、美徳を行なうことは発汗のようなものだと言う。あなたの無意識の習慣はそれを通して蒸発する。だから悪をしないことが実際には善をすることなのだ。否定的に興味を持つのではなく、肯定的でありなさい。もしあなたがただ座って、あなたがしてきたすべての誤りについて考え、やがてそれまでのすべての誤りについてあまりにも考え過ぎるようになるなら、あなたはそれらにあまりにも多くの食べ物を与えることになるだろう。注意を払うことは食べ物を与えることだ。注意を払うことはその傷と遊ぶという意味だ。

注意しなさい、留意しなさい、瞑想しなさい、だがその傷と遊んではいけない。そうでなければあなたは何度も、その傷をより活性化させるだろう。それは出血し始めるだろう。だからあなたの些細なことをあまりにも気にしてはいけない。それらは小さなものだ。


私は毎朝、自分自身を打っていた聖人について聞いたことがある。

そして彼は泣いていた。「神よ、私を許してください。私は罪を犯しました」。これは四十年間続いた。何度も彼は尋ねられた――彼は非常に立派な人間になっていた。彼は非常に神聖な男であると思われていた。そして彼は非常に高潔な男だったため、彼が今までに何らかの罪を犯してきたのを誰も知らなかった。そして四十年の間、人々は彼を見守ってきた。彼は常に世間の注目を浴びていた。彼は常に人々に囲まれていた。彼が眠っていた時、その時もまた人々は彼を取り囲んでいた。彼が今まで何か誤りを犯したのを見た人は、誰もいなかった。彼は絶え間なく祈っていた。しかし毎朝彼は自分自身を打ち、血が彼の身体から流れた。

彼はひっきりなしに尋ねられた。「あなたはどんな誤りを犯したのだ？　何の罪を？　我々に知らせてくれ」。しかし彼は言わなかった。ただ彼が死にかけていた時にだけ、彼は言った。

「今私は言わなければならないだろう。なぜなら昨夜、神が私の夢に現れてこう言ったからだ。『お前はそれについてあまりに多くの無用な騒ぎを引き起こしている。四十年はもう充分だ！　そして私はお前にこう告げなければならない。そうでなければ私は天国でお前を許さないだろう。お前は何も誤りを犯していない』と」

ただ彼が若かった時、彼は美しい女性が通り過ぎるのを見て、欲望が彼の中に生じた、この女性を手に入れたいという単なる衝動が生じた。それが彼が犯した唯一の罪だった。単なる思考だ。そして四十年間、彼は自分自身を打っていた。神でさえ彼の夢に現れなければならなかった。

「お願いだ、今——なぜならお前は明日死ぬだろうからだ。もしこれを続けるなら私は天国でお前を許さないだろう。お前は何もたいしたことはしていないのに、それについてあまりにも多くの無用な騒ぎを引き起こしている。騒ぎを起こしてはいけない」

すべての誤りは全くありふれたものだ。あなたはどんな驚くべき罪を犯せるだろうか？　すべての罪は既に犯されてきた。新しい罪を見つけることはできない。それは非常に困難だ。罪に関して独創的であることはほとんど不可能だ。何百万年もの間、人々は犯せるだけのあらゆる罪を犯してきた。新しい何かを見つけられるだろうか？　それは不可能だ。あなたは何を犯すことができるだろう？

バートランド・ラッセルはよくこう言っていた。キリスト教の神はほとんど馬鹿げて見える、なぜならキリスト教の神は、もしあなたが罪を犯すと、永遠に地獄に投げ込まれるだろうと言うからだ、と。さてこれはあんまりだ。人を五年、十年、二十年、五十年間投げ込むことはできる。もしある男が七十年間生きてきたなら、彼を七十年間投げ込むことはできる。それは彼が七十年間、途切れることもなく、休日さえなく絶えず罪を犯したことを意味する。その時もあなたは彼を七十年間投げ込むことができる。

キリスト教徒はたった一つの生を信じている。彼らが一つの生を信じているのは良いことだ。そうでなければ彼らはどうするのだろう？　一度の人生の罪のために、彼らはあなたを永遠に地獄に投げ込むのだ！　ちょっとヒンドゥー教徒のことを考えてごらん。とても多くの生だ。一つの永遠では充分ではないだろう。

ラッセルはよく言っていた。「私は自分の罪を数えた。私が犯したものと、ただ考えただけで犯していないものも――私はどう考えたらいいのかわからない。これらの小さなことのために、私が永遠に地獄に放り投げられようとし、そして永遠に苦しめられるだろうとは。全くもって厳しい判事でさえ、四年以上長く私を刑務所に送ることはできない」。そして彼は正しかった。

どんな誤りをあなたは犯せるだろうか？　どんな誤りをあなたは犯してきたのだろうか？　それらを罪と呼んではいけない。なぜならその言葉そのものが汚されてきたから、その中に非難があるからだ。ブッダはただ単にそれらを「不心得」、優雅さに欠ける行為と呼ぶ。美しさが彼の用語になる。優雅さに欠ける行為、優雅さに欠けるやり方であなたが振る舞ってきた行為。あなたは怒った、あるいは優雅ではない何かを言ったり、優雅ではない何かを、ちょっと不心得なことを行なった。

ブッダは言った。

悪を為す者がやって来て、善良さを実践するあなたを見て、悪意を持ってあなたを侮辱する時、あなたは辛抱強くそれに耐えるべきで、彼に怒りを感じてはいけない。なぜなら悪を為す者は、あなたを侮辱しようとすることで彼自身を侮辱しているからだ。

この経文を理解しようとしてごらん。それは常に起こる。あなたが善良になるなら、多くの人々があなたに怒っているのに気づくだろう。なぜならあなたのまさにその善が、彼らの中に罪悪感を生み出すからだ。彼らはそれほど良くはない。あなたの存在の善さが比較を作り出す。良い人を許すことは人々にとって非常に難しい。彼らは常に悪い人間を許すことができるが、善良な人を許すことは彼らにとって非常に困難だ。そのため何世紀もの間、彼らはブッダに対して、ソクラテスに対して、イエスに対して怒ったままなのだ。なぜそれは起こるのだろう？　生活の中にそれを見ることができる。

私はかつて大学にいた。私はそこの教師だった。そしてすべての職員の中で最も優秀で非常に誠実だった一人の事務員が私に言った。

「私は困っています。すべての職員が私に対立しています。彼らは言います。『なぜあなたはそんなに働くのだ？　我々が働いていない時は、あなたも働かないものだろう。わずか一時間で充分だ。

ちょっと書類をここからそこに置き続ければいい。そんなに働く必要はない――』」。彼の机はいつもきれいで、何の書類も積み上げられていなかった。他のみんなの机は書類で一杯だった。もちろん彼らは怒っていた。この男の存在が比較を作り出したからだ。この男ができるのに、なぜ彼らにはできないのか？

善良な人が決して愛されないのは、彼が比較を作り出すからだ。イエスは磔にされなければならない。なぜなら、もしそのような無垢が可能なら、なぜあなたはそれほど無垢ではないのか？　それはあなたのエゴの深い傷になる。あなたはこの男を揉み消さなければならない。彼を殺すことによってのみ、あなたは満足するだろう。ソクラテスが毒殺されたのは、この男がとても誠実だからだ。なぜあなたはそんなに誠実でいられないのだろうか？　あなたの嘘はこの男の真実によって明らかにされる。この男の真実性、信頼性は、あなたが偽者であることを感じさせる。この男は危険だ。それはまるで盲目の人々が住む谷に目の見える一人の男が来るようなものだ。

H・G・ウェルズは、盲目の人々の谷が南米のどこかにあり、かつて目の見える旅行者が訪れた、という話を知っていた。盲目の人々みんなが集まって、彼らはこの男はどこかおかしいに違いないと思った。それはこれまで起こらなかった。彼らは手術をすることに決めた。もちろん、盲目の人々の谷で、あなたの目が見えるのなら、あなたは何か間違っているのだ。

ムラ・ナスルディンは心気症だ。かつて彼は私のところに来て言った。

「俺の妻はどこかおかしいに違いない」

私は言った。「君の妻のどこがおかしいのだ？　彼女はすこぶる健康そうじゃないか」

彼は言った。「どこかおかしいに違いない。彼女は決して医者に行かないのだ」

彼は毎日、定期的に、きちんと行く。そして町のすべての医師は彼に悩まされている。今、彼は妻を心配している。彼女は決してどんな医者のところにも行かないので、彼女には何か問題があるに違いない。

あなたが不健康な人々と一緒に暮らすなら、健康であることは危険だ。狂人達と一緒に暮らすなら、正気であることは危険だ。あなたが精神病院に住むなら、たとえあなたが狂っていなくても、少なくとも狂っているふりをすることだ。そうしなければ、狂人達はあなたを殺すだろう。

ブッダは言う。

悪を為す者がやって来て、善良さを実践するあなたを見て、悪意を持ってあなたを侮辱する時――

彼らはやって来てあなたを侮辱するだろう。彼らは、あなたが彼らよりも善良であり得る、という考えに我慢できない。誰かが彼らより勝っている、と信じることは彼らにとって不可能だ。それならその勝る者はふりをする人であるに違いない。彼は詐欺師であるに違いない。彼は自分自身についての、自分のエゴについての、あるイメージをただ作ろうとしているに違いない。彼らは落ち着かなくなる。彼らは復讐し始める。

悪を為す者がやって来て、善良さを実践するあなたを見て、悪意を持ってあなたを侮辱する時、あなたは辛抱強くそれに耐えるべきで――

あなたは自分の中心に留まるべきだ。あなたは辛抱強く耐えるべきだ。あなたはそれを、起こっていることをただ見守るべきだ。それについて心を乱すべきではない。もし心を乱すと悪意のある人があなたを打ち負かす。あなたが心を乱すとあなたは征服される。あなたが心を乱すとあなたは彼に協力している。

ブッダは言う。ただ静かにして、それに耐え、忍耐強くあり続けなさい、そして彼に怒りを感じてはいけない、と――悪を為す者は、あなたを侮辱しようとすることで彼自身を侮辱している。彼は彼自身の潜在性を侮辱している。

私たちがイエスを磔にした時、私たちは私たち自身の無垢を磔にしたのだ。私たちがイエスを磔にした時、私たちは私たち自身の未来を磔にした。私たちがイエスを磔にした時、私たちは私たち自身の神性さを殺した。彼は、これはあなたにとってもあり得る、彼に起こったことは何でもあなたにも起こり得る、ということの象徴以外の何者でもなかった。
私たちがソクラテスを毒殺した時、私たちは自分たちの存在全体を毒殺した、私たちは自分たちの歴史全体を毒殺した。彼は来るべき星、未来の先駆者以外の何者でもなかった。彼は言っていた。「これはあなたの潜在性だ。私が何であろうと、私は、あなたもまた私のようになることができる、というメッセージをあなたに与える単なる使者に過ぎない」

ブッダは言う。
悪を為す者は、あなたを侮辱しようとすることで彼自身を侮辱しているからだ。忍耐強くあり続けなさい。それに耐えなさい。怒ってはいけない。

ブッダは言った。
かつてある男が私のところに来て、私が道を順守することと、大きな慈愛の心を実践していることで私を非難した。

それは不合理に見える。なぜ人々は、彼らに何も悪いことをしていない人のところへ行って、彼を非難しなければならないのだろう？　なぜ彼らはブッダを非難しに行かなければならないのだろう？　それは彼が誰にも何も悪いことをしなかったからだ。彼は誰でもないという道にいる。彼はすべての競争を放棄した。彼は世間に関する限りほとんど死んだ人だ。しかしなぜ人々は、彼を非難するためにわざわざ行くのだろう？

彼の存在そのものが彼らを侮辱している。人間がそのように善良であり得るというまさにその可能性が彼らを傷つける。それならなぜ彼らはそんなに善良ではないのか？　それは罪悪感を生み出す。だから何世紀にもわたって人々は、ブッダのような人間は決して存在しなかった、イエスは神話だ、これらは単なる願望充足に過ぎない、と書き続けているのだ。これらの人々は存在しなかった。これらは人間の欲望、ユートピアだ。彼らは実際には存在しなかった。あるいはたとえ存在していたとしても、記述されているようなものではなかった、彼らはただの空想、夢だ、と。なぜだろう？

今日でさえ、人々はブッダに反対して、イエスに反対して書き続けている。今日でも何かが傷つく。この男が歩いた時から二十五世紀が経過したが、それでもこの男に苛立つ人々がいる。もし彼が実際に、歴史的に存在していたら、彼らは非難される。彼らは、この男は決して存在しなかったことを、単なる神話なのだと証明する必要がある。そうすれば彼らは気が休まる。

ブッダやイエス、クリシュナは決して存在しなかったと証明すれば、神は存在しないと証明すれば、彼らは休むことができる。彼らは自分たちが何であれ、そのままであることができる。そこに比較はない。ブッダやイエスの言葉は、存在における最後のものだ。その時彼らは何の変容もなく、そのままの彼らでい続けられる。その時彼らは存続でき、彼らがすることは何でもやり続けられる。その時彼らはつまらないことを続けられるし、くだらないことを話し続けられる。そして彼らはありのままの無意識な酔っぱらいであり続けられる。しかし、もしこれまでにブッダのような男がそのような炎を持ち、そのような輝きを持ち、そうした栄光と共に地上を歩いたら、彼らは傷つく。

かつてある男が私のところに来て、私が道を順守することと、大きな慈愛の心を実践していることで私を非難した。しかし私は沈黙を保って彼に答えなかった。

それが、私がＰＡＣの三角形から出てきなさい、と言う時に意味していることだ。もしあなたが答えるなら、あなたは反応するだろうからだ。静かなままでいなさい。ただあなたの中心に留まりなさい。気を散らしてはいけない。ただ沈黙し、穏やかに落ち着いて、静かなままでいなさい。

しかし私は沈黙を保って彼に答えなかった。

それは理解されるべきだ。そのような人に答えることに、どんな意味があるだろう？　彼はそもそも理解しないだろう。次いで、誤解する可能性がある。

ポンティウス・ピラトは、イエスが磔にされようとしていた最後の瞬間に、彼に尋ねた。「真理とは何だ？」。そしてイエスは黙ったままだった。彼は一言も言わなかった。生涯彼は真理について話していた。彼の全人生は真理の奉仕に捧げられた。それで最後の瞬間になぜ黙るのだろう？　なぜ彼は答えないのだろう？　彼は答えが無駄なのを知っている。それは理解されないだろう。そこには誤解されるというあらゆる可能性がある。

沈黙が彼の答えだ。そして沈黙はより浸透する。もしある弟子が彼に尋ねたら彼は答えただろう。弟子とは理解する準備ができている者だからだ。受容的で、彼に言われたことは何であれ引き受け、それを糧としそれを会得する。その言葉は彼の中で肉になるだろう。

しかしポンティウス・ピラトは弟子ではない。彼は深い謙虚な態度で尋ねていない。彼は学ぶ準備ができていない。おそらく好奇心から、あるいは単なる冗談から、あるいは単にこの男を物笑いの種にしようとして尋ねているだけかもしれない。イエスは静かなままだった。沈黙が彼の答えだった。

そしてブッダは言う。

私は沈黙を保って彼に答えなかった。非難は止んだ。

なぜならその沈黙がその男を驚かせたに違いないからだ。答えたなら問題なかっただろう。彼は理解できただろう。しかし彼は沈黙を全く理解できなかった。彼はショックを受けたに違いない。彼は非難していて、ブッダはただ静かに沈黙している。彼は侮辱しているが、ブッダはかき乱されていない。彼がかき乱されていたなら、彼が邪魔されて取り乱したなら、その男はその言葉を理解できた。その言語なら彼は知っていたが、彼は沈黙の、優美さの、平和の、愛の、慈悲の完全に未知なる言語を知らなかった。

彼はきまりが悪く感じたに違いない。彼は困惑したに違いない。彼は理解できなかった。彼は途方に暮れていた。非難は止んだ。今やそれを続けることに何の意味があるだろう？　この男はほとんど彫像のように見える。彼は答えなかった。反応しなかった。

そこで私は彼に尋ねた。
「あなたが隣人に贈り物を与えても、彼がそれを受け取らないなら、その贈り物はあなたのところに戻るだろうか？」

非難が止まった時に、ブッダは答えるよりもむしろ彼に尋ねた。

「あなたが隣人に贈り物を与えても、彼がそれを受け取らないなら、その贈り物はあなたのところに戻るだろうか？」
その男は答えた。「そうなるだろう」
私は言った。「あなたは今私を非難している。しかし私がそれを受け取らない時、

あなたは誤った行ないが自分の身に戻ってくることを受け入れなければならない。

それは音に後続する反響のようなものだ。

それは物体の後について来る影のようなものだ。

あなたは決して自分自身の悪い行ないの影響を免れない。

それゆえ留意し、悪を為すことを止めなさい」


彼はそれを言わずに何かを示した。彼はその男に尋ねた。

「もしあなたが隣人に贈り物を持ってきて――」

彼はそれを贈り物と呼ぶ。

「――そして彼がそれを受け取らないなら、あなたはどうするだろう?」

もちろんその男は「俺はそれを取り戻すだろう」と言ったに違いない。彼は説き伏せられた。今や彼は引き返すことができない。

ブッダは言った。

「そしてあなたは私に贈り物を持ってきた――おそらく侮辱の、非難の贈り物を――そして私はそれを受け取らない。あなたは持って来ることができる、それはあなたの自由だが、私がそれを受け取るかどうかは私の自由だ。それは私の選択だ」

これは理解すべき素晴らしいことだ。誰かがあなたを侮辱する。あなたが侮辱を受け取らない限り、それはまだ意味を持たない。あなたがすぐに受け取らない限り、それは無意味だ。それは雑音だ。それはあなたとは何の関係もない。だからあなたが受け取らない限り、あなたがそれに協力しない限り、実際には誰もあなたを侮辱できない。

そう、あなたが侮辱された時はいつでも、あなたは侮辱されたと感じていた。それがあなたであり、それはあなたの責任だった。他の誰かがあなたを侮辱したと言ってはいけない。なぜあなたはそれを受け入れたのだ？　誰もあなたにそれを受け入れるように強制はできない。侮辱するのは彼の自由だ。それを受け入れるかどうかはあなたの自由だ。もしあなたが受け入れたら、それはあなたの責任だ。それなら彼があなたを侮辱したと言ってはいけない。単に「私は侮辱を受け入れた」と言いなさい。単に「私は気づかなかった。無自覚で私は単にそれを受け入れ、それから私はかき乱されるようになった」と言いなさい。

ブッダは言う。「あなたに必要なものだけを受け入れなさい。栄養になるものだけを受け入れなさい」　なぜ毒を受け入れるのだ？　ある人がコップ一杯の毒を持ってきて、それを差し出したいと思う。あなたは言う。「ありがとうございます。ですが私はそれが必要ではありません。もしいつか、私が自殺したい時があればそれを求めに来るでしょうが、たった今は私は生きたいのです」

それは必要ない。誰かがあなたに毒を持って来たという理由だけで、それを飲む必要はない。あなたはただ「ありがとう」と言えばいい。それこそがブッダがしたことだ。
彼は言う。「しかし私がそれを受け入れない時、あなたはどうするつもりなのだろうか？　あなたはそれを引き取らなければならないだろう。私はあなたを気の毒に思う。あなたは自分自身でそれを引き取らなければならない。それはあなた自身にふりかかるだろう——ちょうど影が物体の後について来るように、あるいは反響が音の後に続くようにだ。今やそれはいつまでもあなたの後をついて来るだろう。あなたの侮辱はあなたの存在の中で棘のようになるだろう。今それはあなたに絶えずつきまとうだろう。あなたは私に対して何かをしたのではない。自分自身に対して何かをしたのだ」

自分自身に対して誤ったことをしたこの哀れな男の手助けとなることについて、ブッダは申し訳なく感じている。ブッダは同情を感じている。彼は言う。「それゆえ留意しなさい。あなたの後について来て欲しいと思うことだけをしなさい。あなたの後について来ることだけをすれば、あなたは幸せを感じるだろう。歌を歌いなさい。そこでもし反響が生じれば、それはあなたにより多くの歌をもたらすだろう」

マテランの、高所避暑地のすぐ近くで、私は多くのキャンプをしたものだった。最初のキャンプで、私はその場所を、反響する地点を見に行った。数人の友人が私と一緒にいた。一人が犬のように吠え始めると、谷全体がまるで多くの犬が吠えているように反響した。私はその男に言った。
「ここから学びなさい。これは生のすべての状況だ。生は反響地点だ。あなたが犬のように吠えると谷全体は反響し、あなたの後について来てあなたを悩ますだろう。なぜ歌を歌わないのだ？」

彼は要点を理解し、歌を歌った。すると谷全体がその反響を雨のように降り注いだ。

それはあなた次第だ。あなたが他人にすることは何でも、実際は自分にしていることになる。なぜならあらゆるところから物事は千倍になって戻るからだ。もしあなたが他の人に花をたくさん与えるなら、花はあなたのところに来るだろう。もしあなたが他の人の通り道に棘を蒔くなら、その道はあなたのものになるだろう。

私たちはそもそも、自分自身にそうすることなしには、他の誰かに対しても何もできない。他の誰かがそれを受け入れさえすれば、私たちはその彼に何かをすることができるが、誰もが受け入れるわけではない。たぶん彼はブッダかイエスかもしれない。そして彼は単に黙って座る。するとその行ないは私たち自身にふりかかってくる。

ブッダは言う、それゆえ留意しなさい——彼は心から同情して言っていたに違いない——そして悪を為すことを止めなさい——なぜなら不必要に苦しむことになるからだ。

あなたがそれを覚えていられるように、繰り返して言おう。

あなたには三つの層——子供、親、大人がある。そしてあなたはどれでもない。あなたは子供でも親でも大人でもない。それを超えた何かだ。永遠的な何かだ。あなたはこれらの衝突する部分、矛盾する部分のすべてから遠く離れた何かだ。

選んではいけない。ただ留意しなさい。そして留意して行動しなさい。その時あなたは子供のように、それでも子供っぽくなく自発的になるだろう。そして子供のようであることと子供っぽさの違いを覚えていなさい。それらは異なる。

もし留意して行動するなら、あなたは子供のようでありながらも子供っぽくはないだろう。あなたが留意して行動するなら、あなたはすべての戒律に従わずに、そのすべての戒律に従うことになるだろう。あなたが留意して行動するなら、あなたがすることは何であれ道理にかなうだろう。そして道理にかなうことが本当に正気であることだ。

そして覚えておきなさい。道理をわきまえることは合理性とは異なる。道理をわきまえることは全く非常に異なったことだ。なぜなら道理をわきまえることは、生の一部として不合理性もまた受け入れるからだ。理性は単調で、合理性は単調だ。道理をわきまえることは物事の両極端を受け入れることだ。道理をわきまえた人は理性的な人と同じくらい感覚的な人だ。

そこで、もしあなたが自分の最も内側の核から行動するなら、あなたは途方もなく満足するだろう。満足するのはすべての層が満たされるからだ。あなたの子供が満たされるのは、あなたが自発的になるからだ。あなたの親が怒りとやましさを感じないのは、当然全ての善いことが、外側の規律としてではなく内側の気づきとして、あなたによって為されるからだ。

あなたはモーセの十戒に従うだろう。それについて聞いたことさえなくても……。あなたは自然にそれに従うだろう。そのようにしてモーセはそれを得た。彼はそれを山でではなく、内面の山頂で得た。そしてあなたは老子やイエスに従うだろう。あなたは老子やイエスについて聞いたことがないかもしれない。そのようにして彼らは再び彼らの幼年期を得た。そのようにして彼らは生まれた。そしてあなたはとても自然に、マヌやマハーヴィーラやモハメッドに従うだろうが、それでもあなたは非理性的ではない。

あなたのマインドはそれに完全に支えられる。それはあなたの大人の理性に反しない。あなたの大人の理性は完全にそれに納得する。あなたのバートランド・ラッセルはそれに納得する。

その時あなたの相反する三つの部分はすべて一つの全体になる。あなたは統一体になる。あなたは合わさる。その時それらの多くの声は消える。その時、あなたはもはや多数ではない。あなたはひとつだ。この一つがゴールだ。それゆえ心に留めなさい。

第六章

何も不足していない

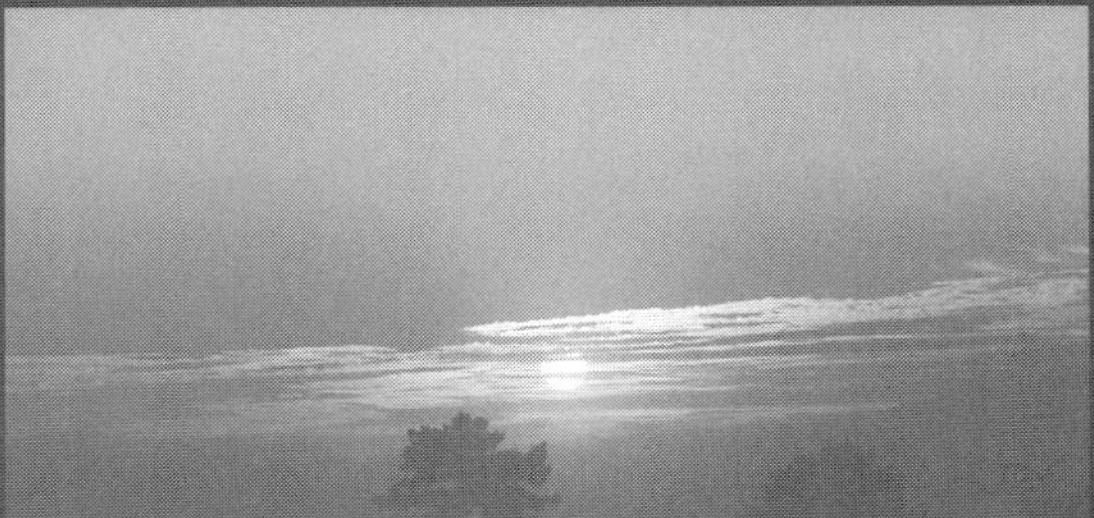

Nothing Is Lacking

質問一

なぜ私たちは、お互いをあるがままにできないのでしょうか？　なぜ私たちは、全くありのままの自分自身と他人を、ただ単に受け入れられないのでしょうか？　なぜ違うものであろうとするような、頑固で他の尻尾を追い求めるゲームがあるのですか？　それは、もっと開き、もっと気づき、それ以上である、ということです。あなたはしばしば、あらゆるものはあるがままで申し分なく、完全だと話してきました。

そろそろ私たちは新しいゲームをし始めてもいい頃なのでしょうか？　私はこの古いゲームによってひどく疲れ果てています。それでも生と愛と恐怖と不安はとても強烈で、全くそのままです。もしかしたら、それ以上のものはあり得るのでしょうか？

最初に理解すべき事は、「それ以上」は既に起こってきたということだ。そしてそれ以上のものは何もあり得ない。しかしそれを受け入れるのが非常に困難なのは、あなたが常に「それ以上」を想像できるからだ。問題は想像から生じる。そうした想像を落とさない限り、それは留まろうとする。

あなたは一万ルピーを持っている。あなたは「それ以上」を想像できる。一千万ルピーを持っている。あなたは「それ以上」を想像できる。想像に終わりはない。「それ以上」は想像する能力から生じる。

木々はそれ以上を何ら渇望していない。動物はどんな成長も何ら渇望していない。彼らはどこにも行こうとしていない。理由は単純だ。彼らには想像力がない。覚者たちもまたどこにも行こうとしていない。彼らもまたこの狂ったゲームの一部ではない。覚者は想像を落としているからだ。

想像することを落とさない限り、あなたは「それ以上」を落とすことはできない。「それ以上」は、単にあなたが想像できることを意味する。あなたは恋をしている。あなたは、それ以上のことが起こり得た、それ以上のことが起こり得る、と想像できる。だから人間は絶え間なく不満なままでいるのだ。それを作っているのは想像だ。

その道は、あなたは愚か者になるか、後退するかのどちらかだ――。愚か者は困らない。あなたは愚か者がいつも幸せな気分でいるのに気づくだろう。彼らは想像ができない。想像する能力がない。そして多くの人は宗教の名の下で愚か者になろうとしてきた。多くの人はあなたを愚か者にしようとしてきた。

あなたが世間から逃げ出し、隠遁的な人生、関係性のない人生、絶対的に孤独な人生を、自分自身と共に単調な生を生きるなら、やがてマインドは鈍くなり、想像力を失い、あなたは不具者になる。多くのやり方でそれができる、あなたは多くの技法《メソッド》を使うことができる。

あなたは何時間もぶっ通しで逆立ちできる。それはマインドの繊細な能力を破壊するだろう。いわゆるヨギたちはそれをしている。血があまりにも多く脳に押し寄せると、それは多くの小さな神経を破壊し、やがて人は鈍く、愚かになる。

あなたが麻薬に頼ると、やがて繊細な能力、感受性を失う。新鮮さを失い、冷淡によそよそしく、無関心になる。あなたは自分自身の中に引きこもり始める。閉鎖的になり、想像力は失われる。

想像力を失うこと、これは人々にとってより簡単に思える。なぜなら坂を降りているからだ。しかしこれは至福を味わう方法ではない。至福はあなたが全く知性的である時にだけ可能だからだ。

何かをもっと多くという渇望は木々にはないが、彼らは至福に満ちているわけでもない。それは木々が気づかないからだ。あなたが気づかない時、どうやって至福が起こり得るだろう？　彼らが私たちにとって至福に満ちているように見えるのは、私たちが見たり見守ったりできるからだ。私たちがそれを観察できるからだ。

花は私たちには美しく見える。子供たちは美しく見える。とても静かで、とても無垢に見える。そう見えるのは私たちが観察できて、気づくことができるからだ。しかし彼ら自身は、単に気づきの境界の下にいる。そこでは何も起こっていない。起こることは、ただ気づくことと共に始まるからだ。

だからあなたは鈍く単調で、陳腐で活気のない存在に堕ちる可能性があり、その時にゲームはもはや存在しなくなる。あるいは、あなたはそれ以上のところに昇り、上方に動き、そこから、その丘の上から谷を見る地点に来ることができる。するとすべてのゲームは無意味に見える。あなたがそれで遊ぶことを止めるということではない。あなたは遊び続ける。それは無意味でも美しいからだ。あなたはゲームの中でどんなゴールも考えることなく遊び続ける。あなたはそれに参加するが、もはや参加者ではない。

それが禅が「世界の中にいなさい。だが世界に属してはいけない」と言う意味だ。世界の中にいなさい。だが世界をあなたの中に入らせてはいけない。川の中を動きなさい。だが水に触れさせてはいけない。水があなたに触れるのを許してはいけない。

あなたがそれはただのゲームに過ぎないと理解すれば、ゲームの中に何も問題はない。その時あなたはそれで遊ぶことができる。ゲームについて非常に深刻になったら問題が生じる。そしてあなたはそうした人々を見ることができる。彼らはトランプで遊んでいても非常に深刻になる。チェスで遊んでいてさえ非常に深刻になり、非常に緊張するようになる。彼らはゲームで遊んでいるのを知っているが、彼らは何度も忘れ続ける。ゲームは深刻になる。

それに参加することは素晴らしい。チェスは素晴らしく、知性をより研ぎ澄ます優れたものだ。しかし深刻になるとそれは不安を引き起こす。それについて非常に深刻になると狂気を引き起こすことになる。

私はエジプトのある皇帝について聞いたことがある。

彼はたいへん深刻なチェス・プレーヤーだったために狂ってしまった。彼の全人生はチェスに関心を持つこと以外の何ものでもなかった。彼が発狂した時、医師たちは非常に心配した。彼らは国中に問い合わせ、どうすべきかを老いた賢者に尋ねた。

あるスーフィー神秘家が提案した。「ある優れたチェス・プレーヤーが彼と対戦する用意があるなら、彼は大丈夫でしょう。しかしあなたは、非常に深刻なプレーヤーで、彼に本当に匹敵する人を見つけなければなりません」

彼らは要求されたものは何であれ支払う準備ができていた。最高のプレーヤーの一人、世界チャンピオンがやって来て申し出を受け入れた。一年間、彼は狂った皇帝と間断無くチェスをした。一年後、皇帝は正気に戻ったが、その相手の者が狂った。


遊びに満ちていることには何も間違いはないが、深刻になってはいけない。その質問はプラバからのものだ。彼女は深刻であるように思われる。その質問を段階的に分析しよう。

まず、「なぜ私たちはお互いをあるがままにさせられないのでしょうか？」と尋ねている。なぜなら私たちは自分自身ではないからだ。ではどうしたら、他人が自分自身であるのを許せるだろう？あなたは、自分自身に許したものだけを他人に許せる。それより多くは許せない。それを覚えておきなさい。もしあなたが自由でないなら、他の誰にも自由を許さないだろう。もしあなたが抑圧されているなら、あなたは他人が表現することを許さないだろう。

何であろうと、あなたは他人にそれを強制しようとし続ける。あなたは誰もがあなたの単なる生き写しであって欲しいと思う。それは非常に利己的な感じを与える。誰もがあなたを模倣している、誰もがあなたとそっくりだ、という感じをだ。誰もがそのようであるということはあなたを安心させる。もし誰かが自由で、あなたが自由を許し、そしてあなた自身が自由でないなら、その比較で非常に落ち込むだろう。そのようにして昔から抑圧が永続してきた。

両親は彼らの両親によって抑圧された。彼らは自分の子供たちを抑圧しており、この子供たちは自分の子供たちを抑圧するだろう。それは連鎖であり、壊すことは非常に困難だ。極めて稀に、とても多くの勇気を奮い起こして、鎖から飛び出すほど個人的になる人がいる。

この連鎖から飛び出すことは世界から飛び出すことだ。その時あなたは、もはや誰にも左右されない。その時あなたは決して誰にも条件を課さない。その時あなたは自由の中に生き、自由を分け与える。

だがあなたは自分が持っているものしか与えられない。在ること——あなたにはそれがない。どうしたらあなたは他人を許せるだろう？　あなたは、どうやって他人の自由を壊すか、どうやって支配するか、どうやって所有するか、どうやって命令するか、どうやって服従を強いるか、その方法と手段を絶えず見つけている。あなたはくつろいでいない。まだ我が家に帰って来ていない。満たされていない。あなたは他の誰かが満たされるのが許せない。あなたは実を結ばない木のようだ。あなたは他の木に果実があるのが許せない。それがあなたを非常に傷つけるからだ。

あなたは尋ねている。

「なぜ私たちはお互いをあるがままにできないのでしょうか?」

なぜならあなたが存在しないからだ。だからまさに始まりそのものから始めなさい。まず、在りなさい! まず自分自身を在らせなさい。その時あなたは他の人をも許せるだろう。

私はあなたに完全な自由を与えることができる。私はここであなたに教えるべき規律を持っていない。私は完全な自由を味わったからだ。そして私は、もしあなたがそれをほんの少しでさえ味わえるなら、あなたの全人生が変貌することを知っている。

あなたは私に規律を与えてもらいたがっている。人々は私のところに来て言う。「私たちに何らかの規律を与えてください。明快な規則を与えてください。私たちは何をすべきか、私たちは何をすべきでないか、という規則を。あなたは私たちに明快な規則を決して与えません。あなたは漠然とした言葉で話します」

それは彼らには漠然としたものに見える。私は自由の観点から話している。それは漠然としたものに見える。彼らは言う。「あなたは曖昧な方法で話します。私たちはあなたが何を意味しているのか決められません。なぜあなたは私たちに明快な規則を与えないのですか? あなたが教えたいことが何であろうと、なぜあなたは単純化できないのですか? なぜそれを十戒のように、いくつかの戒律で述べることができないのですか? それなら私たちが従うのは簡単になりますし、私たちは混乱しないでしょう。なぜあなたは私たちを混乱させるのですか？」

私はあなたを混乱させていない。私は単純にあなたに完全な自由を与えている。そしてもちろん、自由とは混乱させるものだ。混乱するのは、あなたがあらゆる瞬間に決めなければならないからだ。私はあなたに対して決めるつもりはない。あなたに対して決める私とは何様だろう？　あなたに対して決める者は誰でも殺人者だ。あなたは自分の殺人者を探している。誰かにすべての責任を取ってもらいたい。

それが、あなたが求めているもの、明快な規則だ。そうすればあなたは気づく必要がないし、責任を負う必要がないし応答する必要がない。何が起ころうと戒律の本を調べればいいし、その本に従えばいい。やがてあなたは暗記して、記憶することでその本を学ぶことができる。そうしたら記憶を通して機能できる。それならあなたの中心から機能する必要はない。

規則が与えられる場合はいつでも、覚えておきなさい――その人自身は自由を達成しなかったのだと。もし自由を達成したら、彼は知っているだろう、彼は知っているに違いない、自由は最初の段階で始まることを。それは最終的な段階で起こるものではない。それは最初から始まる。あなたは自由の種を蒔かなければならない。その時だけあなたは自由、解放、涅槃《ニルヴァーナ》を収穫できるだろう。

「なぜ私たちはお互いをあるがままにできないのでしょうか？」

なぜならあなたがいないからだ。あなたは非実体だ。あなたはまだ存在していない。あなたはただの夢であり、それも非常に雑多なものの集まりだ。あなたにはまだどんな統合もない。あなたは一つではない。あなたは他の人に飛びかかる。あなたの領域に侵入する者は誰であれ——あなたの子供、あなたの妻、あなたの夫、あなたの母親、あなたの父親、あなたの友人——誰もがあなたには利用できる。あなたは飛びかかって彼または彼女の自由を押し潰す。いったんあなたが自由を押し潰すとあなたは安心する。今や危険はない。

もしあなたが本当に他の人に自由を与えたいなら、あなたはくつろいで始めなければならないだろう。あらゆるものはくつろいで始まる。自由でいなさい、在るがままになりなさい。生があなたに与えるこの途方もない自由を楽しみなさい。どんな規則にも従ってはいけない。ただ一つのことに従いなさい。それはあなたの気づきだ。そしてあなたの気づきに、新鮮なそれぞれの瞬間をどうすべきかを決定させなさい。

記憶を通して、過去の知識や体験を通して機能する必要はない。新鮮さ、汚れなき認識、汚れなき気づきをもってただ機能しなさい。すると、自由であることがどれほど美しいかがわかるだろう。それから自由な人々と共に生きることが、どれほど素晴らしいかがわかるだろう。なぜなら囚人と共に生きることは、自分が囚人になることだからだ。

見守ったことがあるだろうか？　看守は自由な人ではない、自由でいることはできない。看守は囚人以上に監禁されている。あなたがとても多くの人を囚人でいるように強いるなら、どうやってあなたが自由でいられるだろう？　その強制監禁はあなたの存在にも反映される。あなたは囚人自身になる。決してどんな監禁も誰かに強いてはいけない。自由を許しなさい。するとあなたは自由になるだろう。あなたは自由に在り、より多くの自由を許すことができる。それらは一緒に作用する。

「なぜ私たちは、全くありのままの自分自身と他人をただ単に受け入れられないのでしょうか？」

なぜならあなたは拒否するように、受け入れないように条件付けされてきたからだ。あなたは否定するように条件付けされてきた。「ノー」と言うように条件付けされてきた。まだ「イエス」と言う方法を知らない。非難するように条件付けされている。あなたは非難され、その同じことを他人にする。自分自身をも非難し続ける。そしてもちろん同じことを他人にするに違いない。そうするより仕方がない。

あなたの両親はあなたに言っていた。「あなたは間違っている。これは正しくない。決してこれをしてはいけない」。そして千と一回も彼らはそれを繰り返してきた。そこであなたは一つのメッセージを集めてきた。それは、あなたはあるがままでは受け入れられない、あなたの純然な存在は愛されない、ということだ。

あなたが彼らの欲望を満たすと、彼らはあなたを愛する。彼らの愛は取引だ。あなたが影のように彼らに従うと彼らは評価し、承認する。あなたがほんの少し自由になり、個人であろうとするなら、彼らはあなたに反対する。彼らの目、彼らのふるまい、あらゆるものが変わる。そしてすべての子供はとても無力だ。ただ生き残るために、政治的でなければならない。彼は両親が言うことは何でも受け入れなければならない。

それから社会がある。それから教育体制がある。やがてあなたはますます深く混乱状態に入って行く。そして誰もが自分に従うことをあなたに強いる。それから聖職者や政治家、すべての空論的慈善家たちがいる。彼らはみんなあなたを自分たちに従わせたい。彼らはみんなあなたを躾けてきた。あなたのマインドは条件付けられたマインドだ。だからあなたは自分自身を受け入れられないし、他人を受け入れられないのだ。

しかし可能性はある。あなたがこれを、これが単なる条件付けであることを理解すれば、たった今、そこからすっかり脱退《ドロップアウト》できる！　それと一体化してはいけない。それが唯一の方法だ。これがあなただと考えてはいけない。これはあなたを通して話している社会だ、ということをただ覚えていなさい。それをあなたの良心と呼んではいけない。それはあなたの良心ではない。それは社会によって作られた偽りの良心だ。それは策略だ。非常に危険な策略だ。しかし社会はあなたの中に社会独自の考えを入れて、それがあなたの良心として機能する。実際、それはあなたの本当の良心が明るみに出るようにさせない。それはあなた自身の意識が生じて、あなたの人生の世話をするのを許さない。

社会は非常に政治的だ。社会は外側には警察官と治安判事を配置した。内側には良心を配置した。それは内的な警察官、内的な治安判事だ。社会はこの取り決めにさえ満足していない。その上には超-警察官、巡査の頭である神を配置した。そこで彼は見ている。あなたの浴室の中でも、彼はあなたを見ている。誰かが絶え間なくあなたの後をついて来る。あなたは決して自分自身であるために一人に残されることはない。

これを落としなさい。これはあなたの考えだ。あなたはそれにしがみついている。それは他の人によってあなたに与えられてきた。あなたが憶えていないほど早くから与えられてきたが、それは政治的な取り決めだ。それは良心的(宗教的)ではない。

宗教とは条件付けをしないことだ。まさに宗教の工程は、あなたを条件付けないようにすること、すべての条件付けからあなたを解放すること、そして本来のあなたが何であれ、そのあなたを許すこと、あなたの運命を許すことだ。

この条件付けから脱退《ドロップアウト》しなさい。それがあるべき本当のドロップアウトだ。それは単に社会から脱退することではない。それは助けにならない。なぜなら、あなたはどこに行くつもりなのだろう? たとえあなたがヒッピーになって社会からドロップアウトしても、あなたは代りの社会を作る。再びそこには規則がある。そして再び条件付けがある。

あなたが普通の社会の、体制の中で行動するなら、あなたは髪を長くしないことを期待される。

もしあなたがヒッピーの中で行動すると、髪を短くしないことを期待される。だがそれは同じことだ。

あなたが確立した社会の中で行動するなら、毎日風呂に入ることが期待される。もしあなたがヒッピーと共に生活していて毎日風呂に入るなら、彼らはあなたはどうかしていると思うだろう。だがそれは同じことで、ただ逆さまなだけだ。

あなたは社会の外へ移動できない。何度もそれは試みられてきたが、代りの社会が作られるだけで、それが彼ら自身の体制になる。

あなたは非常に微妙な方法でのみ、社会の外へ移動できる。そこには大まかな方法はない。その微妙な方法とは、条件付けの層から出て、内側に落ちることだ。今あなたは充分に成熟していることをただ覚えておきなさい——他の人が言うことを気にする必要はない。あなたは自分自身でなければならない。そして楽しみなさい。この自由を楽しみ始めなさい。そうするとあなたは他の人にも自由を分け与えられるだろう。もしあなたが成長のために自分の自由を求めるなら、あなたの周りに自由な人々を必要とするからだ。それは自由がただ自由な人々と一緒でのみ、うまくやっていけるからだ。

「なぜ違うものであろうとするような、頑固で他の尻尾を追い求めるゲームがあるのですか?

それは、もっと開き、もっと気づき、それ以上である、ということです。あなたはしばしば、あらゆるものはあるがままで申し分なく、完全だと言ってきました」――

私はそれを言ったが、あなたはそれを聞かなかった。私が言うことは、あなたがそれを聞かない限りあなたを変えることはない。そのため私はさまざまな方法で繰り返し続けなければならない。私のメッセージは同じだ。私は毎日新しい真実を話すわけではない。私は非常に多くの形で、非常に多くの表現で同じ真実を話している。

今私が異なる方向からあなたを打たなければならないのは、あなたがとてもぐっすり眠っているのがわかるからだ。私にはあなたのいびきが聞こえる。私はそれを言う、そしてある意味ではあなたもそれを聞く。あなたの耳が聞こえないわけではないから。しかしあなたは、それでも聞いていない。

ひとたびあなたがそれを聞いたなら――それは、一度それが的を突いたなら、それがあなたのハートに達したなら、という意味だ――それならこの質問は生じないだろう。それならなぜかとは尋ねないだろう。その時突然あなたは見ることができ、明晰さが起こるだろう。あなたはすべてのゲームがこれだとわかるだろう。つまりあなたは進歩するよう、それを続行するよう教えられてきた。不満足のままでいるよう教えられてきた。あなたは不満足でない限り決して進歩しないだろう、と教えられてきた。もしあなたが不満足でないなら、単調な生活を送るだろう。不満足でいなさい！　より多くを求めなさい！　そしてより多くを求め続けなさい、もしあなたが求めないなら、誰もあなたに何かを与えようとはしない、と。

「そろそろ私たちは新しいゲームをし始めてもいい頃なのでしょうか？」

だが、もしそこに新しいマインドがないなら、新しいゲームは同じになるだろう。あなたは新しいゲームをすることができる。それがあなたのしていることだ。このオレンジ色とマラは何か？あなたは新しいゲームをしている。新しい名前を用いて、あなたは新しいゲームをしている。だがマインドが変わらなかったなら、あなたの内側で革命がなかったなら、このゲームもまた、遅かれ早かれ古いゲームになる。落ち着いてしまった古いサニヤシンたちがここにいる。今、彼らはこの新しい役割を受け入れた。革命は起こっていない。

あなたの名前を変えることは非常に簡単だ。あなたの服を変えることは非常に簡単だ。あなたの態度を、あなたのビジョンを変えることは非常に難しい。あなたは何をするのだろう、プラバ？たとえあなたが新しいゲームを始めても、あなたは同じだろう。ゲームの名前だけが変わる。他は何も変わらない。もしあなたが同じなら、その結果は新しいゲームでも同じになるだろう。

ゲームを変えても意味がない。要点は、基本的な点は、あなた自身を変えることだ。あなたが好むなら同じゲームをできる。あるいはもしあなたが好むなら新しいゲームができるが、それは妥当ではない。妥当なことはあなたが変わることだ。全く異なるヴィジョンを持ちなさい。

私は何を意味しているのだろう？

世界には二つのタイプのヴィジョンがある。一つは、光明を得ていない人のそれだ。そのヴィジョンは、もっと多く蓄積することだ。それが何であろうと——金銭？　よろしい。瞑想？　よろしい。もっと多く蓄積しなさい。それをもっと多く持ちなさい。

光明を得ていない人は持つことに興味がある。彼は一つの在り方だけを知っている。それは持つことだ——大きな家を持つこと、大きな車を持つこと、もっと多くのお金を持つこと、もっと多くの美徳を持つこと、もっと多くの銀行預金残高を持つこと、この世界で、そして別の世界でも、もっと多くを持つことだ。より多くの女性たち、より多くの男性たち、より多くの恋愛を——もっと多くを持つことだ。在ることについての彼の唯一の考えは、もっと多く持つことだ。

持つことは在ることとは何の関係もない。あなたは全世界を持つことができる。在ることはそのような結果にはならない。あなたは全世界を足元に跪かせることができるが、あなたは空のままだろう。なぜなら持つことを在ることに変える方法はないからだ。

それからもう一つのヴィジョン、光明を得た人の、ブッダのヴィジョンがある。それは向きを変えることだ。それは抜本的《ラディカル》な変化だ。存ることが重要だ。持つことは重要ではない。その時、進歩という問題はない。あなたはすでに在る。あなたはあなたが在るより以上に在ることはできない。あなたはもっと多くを持つことはできるが、それ以上に在ることはできない。

それを繰り返そう。あなたはもっと多くを持てる。あなたはより大きな家を持てる。それについては問題ない。確かにあなたはもっと多くのお金を持てる。たとえあなたがロックフェラーであっても、もっと多くのお金を持てる。たとえあなたが国の大統領であっても、もっと多くの権力を持てる。たとえあなたが偉大な聖人であっても、もっと多くの美徳を持てる。

しかし全体は――持つことの次元は常に不満足の次元だ。あなたは常により多くを持つことができる。想像力は途切れなく働く。想像力を使うことができる。

在ることの次元――あなたは既にあなたが在ることのできるものだ。ゴールには既に到着している。行くべきところはどこにもない。

持つことの次元は外向的次元だ。在ることの次元は内向的次元だ。あなたは自分が誰であるかをただ見るために、自分自身の内側へ行く。まず私たちが誰であるかを、私たちは何であるかを知るようにしよう。私は物を持つことに反対ではない。あなたは持つことができるが、まずあなたの存在を持ちなさい。私は大きな家に住むことに反対ではない。住みなさい。何も間違いはないが、まずあなたの内的な存在に住みなさい。それならあらゆることは問題ない。それならたとえあなたが乞食でも問題ない。たとえあなたが皇帝であっても問題ない。私はあなたに乞食であるようにと主張しているのではない。

私のすべての強調点は、まず在りなさい！だ。それならあらゆることはオーケイだ。だがもしあなたがいないなら、何もオーケイではない。その時あなたは自分が望むだけ多く持てるが、それでもあなたは不満足のまま、満たされないままだろう。
だからゲームを変えてはいけない。あなたの次元を変えなさい。あなたのヴィジョンを変えなさい。抜本的な革命を持ちなさい。「抜本的」という言葉は非常に良い。それは「根の」という意味だ。私が抜本的な変化を持ちなさいと言う時、私はあなたのまさしくその根を変えることを意味している。葉を変えることは助けにならない。枝を剪定することは助けにならない。あなたの根を変えなさい。あなたのまさに土壌を変えなさい。在りなさい！　祝いなさい！　何も不足していない。歌いなさい、踊りなさい、愛しなさい、笑いなさい、泣きなさい。何も不足していない。

「私はこの古いゲームによってひどく疲れ果てています」

あなたは古いゲームで疲れ果てることができ、新しいゲームに変えることができる。再びあなたは新しいものに疲れ果てるだろう。あらゆるものはいつか古くなるからだ。誰が古いゲームに疲れ果てるのだろう？　常に古いものに疲れ果てて常に新しいものを渇望するもの、それがマインドだ。
プラバは質問をしているが、彼女は自分が何を尋ねているのかを理解していない。もしあなたが古いもので疲れ果て、それから新しいものを求めているなら、あなたはそれ以上の何かを再び求めている。古いものにうんざりしてあなたは新しい何かを、新しい興奮、新しいスリルを求める。しかし遅かれ早かれ、新しいものは古くなる。じゃあ何だ？　あらゆる新しいものは古くなる。なぜならどんな古いものも、かつては新しかったからだ。

それを理解しようとしてごらん。ゲームをAからBに、BからCに変えることは助けにならない。あなたは飛び移り続ける。変化はあなたの内側で起こらなければならない。あなたは新しくなる。その時あらゆるものは新しいままだ。その時、決して退屈するようなものは何もない。その時、人は決してうんざりしない。あなたが新しくなるのだ。ゲームが新しくなるのではない。あなたは自分に新しさをもたらす。

そして〝在ること〟が常に新しいのは、それが常に起こっているからだ――常に死につつあり、常に生まれつつある。瞬間ごとにあなたの呼吸は新鮮だ。それが新鮮でなくなる瞬間、それは捨てられる。新しい呼吸が飛び込んで来る。同じように神があなたの中に突入する。瞬間ごとに新鮮でない神は投げ出され、新しい神があなたの中に入る。

あなたの川は流れている。まさにこの意識の内的な川を、常に新鮮なこの意識の流れを、よく知るようになりなさい。

本質的にそれは新鮮だ。それは古くなることはできない。マインドは常に古い。意識は決して古くならない。マインドは常に退屈する。意識は決して退屈しない。

「私はこの古いゲームによってひどく疲れ果てています。それでも生と愛と恐怖と不安はとても強烈で、全くそのままです」

それなら誰があなたを妨げているのだ？　生の中に飛び込みなさい、プラバ。生、愛、恐怖、不安の中に飛び込みなさい。誰があなたを妨げているのだ？　少なくとも私ではない。あなたは誰を待っているのだ？　誰の許可を？　なぜあなたは私にこれを尋ねているのだろう？　再びあなたは誰かの承認を必要としている。それならまたもやあなたは、私に責任を負わせようとしている。その時、もしそれが本当にそうでないなら、あなたが言うほど強烈でないなら、あなたはこう言うことができる。

「OSHO、あなたは私に愛の中に入って行くようにと言いました。で、今――私は地獄のような時間を過していています。あなたは不安定でいるようにと私に言いました。で、今、私は震えています。今、どうしたらいいでしょうか？」

もしそれが、あなたが言うように本当に強烈であれば、あなたが要点を理解しているなら、なぜ質問をすることで時間を無駄にするのだろう？

生の中に飛び込みなさい。それはあっと言う間に過ぎ去ってしまうからだ。時が過ぎ去る前に、飛び跳ねて流れの中に飛び込みなさい。

そして結局、再び質問は同じままだ。

「もしかしたら、それ以上のものはあり得るのでしょうか？」

それ以上のものは何もないことを、どうやって証明できるだろう？　実際、あなたはそれを見つけるために私に耳を傾けに来る。それ以上の何かがあるのかと――。そして私がそれ以上のものは何もないと言う時、あなたは私を信じない。私にはそれがわかる。あなたが私を信じないことを。あなたは「この男はもてあそんでいるのだ」と言う。あなたはそれ以上の何かがあるのを知っている。あなたはそれを逃がしている。しかし逃がしているのは、そこにそれ以上のものがあるにも関わらず、あなたがそこまで成長していないからではない。あなたがそれを逃がしているのは、それ以上のものにあまりにも取りつかれているからだ。それはまさに、ここと今で既に手に入っている。

あなたは逃がしている。それを私は知っている。そしてあなたが逃がしているため、より以上のものは何も存在できないと言う私を信じられない。あなたは私の目を覗き込み、そこにより以上の何かがあるのがわかる。あなたは私を感じ取り、より以上の何かがあるのがわかる。だからあなたはそれを信じられない。

もし私が、より以上の何かがあり、あなたはそれを達成しなければならない、多くの努力が必要だと言うなら、あなたはうなずいて承認するだろう。あなたは「その通りです」と言うだろう。そのようにしてあなたは導師《グル》に捕まる。そうでなければ、どんなグルもあなたを捕まえることはできない。あなたのより以上に対する欲望が、あなたが捕まるための準備を整える。それは餌として機能する。そしてより以上のものがあると大声で叫ぶ誰もが、信奉者を得る。なぜなら誰もが逃していて、この男はより以上のものがあると言っているからだ。おそらく彼は知っているのだろう。だから彼に従えばいい。

私と共にいることが非常に困難なのは、私があなたにより以上のものを何も約束していないからだ。私はあなたにどんなバラ園も約束していない。そして私はあなたが逃しているのを知っている。それは本当だ。しかしあなたが逃しているのは、それが遠く離れているからではない。あなたが逃しているのは、それがとても明白だからだ。

もしあなたが魚に、彼女の人生経験について尋ねれば、彼女は海を除くあらゆることを話すだろう。彼女は、自分の恋愛、子供、夫、家族の問題、自分の精神分析医、自分のグルなど、そのようなことについて語るだろうが、海についてはそれが明白なため何も言わないだろう。魚は、普通は海を思い浮かべることはない。彼女はそこに住んでいるが、彼女はそこで生まれた。それは彼女が入って来る前に既にそこにあった。それについて知ることが非常に困難なほど、それはとても近くにあった。そこに隔たりはない。

神は海のようなものだ。それはまさに、あなたの側に座って手をつないでいる。

あなたが彼を取り逃がしているのは、彼が遠くの星に住んでいるからではない。あなたが彼を取り逃がしているのは、彼がこの地球上のここで、影のようにあなたの後についているからだ。

あなたが彼を取り逃がしているのは、彼はあなたの内側に座っているのに、あなたは外を見ているからだ。

あなたが彼を取り逃がしているのは、彼はあなたになっているのに、あなたはどこか他のところを探しているからだ。彼は探求者の中にいる。探しているものは探求者の中にある。

いつでもそれは起こり得る。いつでもあなたが私を信頼すると決めたら、それは起こり得る。私はあなたに経路を示すためにここにいるのではない。私はあなたにゴールを示すためにだけここにいる。なぜなら経路とは、人は遠くへ旅をしなければならない、ゴールはどこか別の場所に、遠くにある、という意味だからだ。私のすべての努力は、あなたのいわゆる経路からあなたを逸らすことにある。なぜならゴールはここだからだ。あなたはどこへ行っているのだろう？

質問二

この数日の間、あなたは私にとって衝撃的なジョークを言いました。

それはスワミ・アナンド・プラシャンタからだ。けっこうだ、おめでとう。少なくともあなたは衝撃を受けた。何かが起こったのだ。

かつて私は四人にジョークを言ったことがある。一人目は少しも聞かなかった。彼は眠っていた。彼は偉大な教授で、自分の知識の中でぐっすりと眠り込んでいた。二人目は聞いたが、理解できなかった。彼は政治家で愚かだった。三人目は聞き、理解したが、それを誤解した。彼は精神分析医だった。そして四人目については何も言うことができない。なぜなら彼は長年にわたって死んでいたからだ。彼は聖職者だった。

プラシャンタは衝撃を受けた。よろしい、非常によろしい。少なくとも彼は眠っていなかった。少なくとも彼は死んではいない。死んだ人に衝撃を与えることはできないからだ。彼は理解した。もちろん、彼は誤解した。彼は精神分析の仕事をしている。彼はニルグランサの心理療法の助手をしている。

そうだ、それがまさに目的だ。もしあなたが油断なくいるなら、私はあなたにジョークを言うのを止めるだろう。今、私が遠く離れ過ぎていて、あなたが内に入り過ぎていると私が感じる時、私はジョークを言わなければならない。あなたは揺さぶられ、衝撃を受け、震えがあなたの脊柱に入り、もう少し油断なくいるようになり、私に耳を傾けることができるように。そしてもちろん、すべてのジョークは衝撃的だ。そうでなければそれはジョークではない。目的のすべてはあなたに衝撃を与えることだ。

あなたは多くの緩衝材に覆われて生きている。ある種のショック療法が必要だ。そう、多くのジョークは粗野だ。それはあなた次第だ。もし、あなたが本当にぐっすり眠っているのを見たら、私はあなたに非常に無作法なジョークを言わなければならない。他に方法はない。当たり障りのないジョークは、ただあなたの上を通過するだけだ。それはあなたの中にどんな震えも与えることはないだろう。

しかし、少なくとも一人がここで眠っていないのはいいことだ、プラシャンタ。しかし彼は誤解した。解釈は私たち自身のマインドから来るので、それは自然なことだ。彼が誤解したのは、彼がジョークは下品で人種差別的だと思ったからで、私がユダヤ人についてとても多くのジョークを言うからだ。

私はユダヤ人を愛している！　私自身が古いユダヤ人なのだ。だから彼らを忘れることは私には難しい。彼らは地球上で最も美しい人々だ。そのため彼らにまつわるとても多くのジョークがある。そしてジョークが存在するのは、ユダヤ人がとても知性的だからだ。あなたが特定の地域社会についてだけジョークを言うのは、あなたがそれに太刀打ちできないからだ。ジョークは代償だ。

ユダヤ人は本当に知性的で、世界で最も理知的な民族の一つだ。そして誰でも彼らと一緒にいると無能に感じる。そのためあなたは、自分のジョークで復讐をする。ジョークは非常に暗示的だ。彼らはジョークの対象については何も言わない。彼らは単に誰がジョークを作ったのかを言う。彼らはジョークを作った人について何かを言う。ユダヤ人がいるところはどこでも、人々は彼らのジョークを言う。復讐する方法が他にないからだ。実際の生活では、彼らははるかに優れている。それは常に起こる。

だからあなたの解釈はあなたの解釈だ。あなたは私がユダヤ人か何かに反対していると思っているのかね？　私は恋人だ。しかし私は理解できる。プラシャンタは言う、「これらは私が少年だった頃に私が言った話です。そして私が彼らに言った時、それは残酷な意図を持っていました」

だからもちろんあなたは、私にあなた自身の残酷な意図を投影しているに違いない。その物語は同じかもしれないが、話し手は同じではない。それを覚えておきなさい、それを忘れてはいけない。普通覚者《ブッダ》たちはジョークを言ったことがない。ブッダがジョークを言っているのは初めてだ。それは非常に新しいことなので、あなたは少し困惑している。しかし私にとってはあらゆるものが神聖だ。神聖を汚すものは何もない。セックスからサハスラーラまで、私はあらゆるものを受け入れる。私の受け入れは全面的だ。私の受け入れは絶対だ。

だから時にはジョークは下品に見える。それは卑猥に見える。が、私にとっては、何も卑猥ではない。あらゆるものはそのままで全く美しい。卑猥はマインドの解釈だ。

あなたの解釈を落としなさい。衝撃は非常に良い、プラシャンタ。だが解釈は落とさなければならない。そうでなければあなたは私を誤解するだろう。そしてあなたは機会を逃すだろう。

私は聞いたことがある。

十九年の厳しい結婚生活の後、クランシーはようやく最新の本物のリスのジャケットを偶然見つけ、彼の妻マギーにプレゼントした。彼女がそのジャケットを着て、胸を張って台所を行ったり来たりしていた時、彼らの幼い息子テレンスが叫んだ。

「そのかわいそうな動物は、母さんのコートのために本当に苦しんだんだ」

「お黙り!」母親は、まるで彼の口に平手打ちを食らわすかのように怒鳴った。

「決してあなたのお父さんについて、そのように話してはいけません！」

さて母親は、彼女自身のマインドについて何かを言っている。かわいそうな少年は全く違うことを言っていた。

それをどう受け取るかは常にあなたのマインド次第だ。もしあなたが因習的な考えにあまりにも混乱させられているなら――これは卑猥でこれは卑猥ではない、これは非常に洗練されていてこれは非常に粗野である、という考えに――。私にはそうした区別はない。生は私にとっては単に生だ。粗野と洗練の両方だ。粗野な状態はその一部、まさにその生きている状態の一部だ。しかし私たちは、自分自身の方法で解釈する。

それを覚えていなさい。あなたが私を解釈する時はいつでも、それはあなたの投影かもしれないことを覚えていなさい。あなたはそこにはない何かを見ているかもしれない。そこにはない何かを加えているかもしれない。これは自然なことだ。私はそれを理解している。私はそれについて怒っていない。私はそれが理解できる。これは非常に自然なことだ。なぜならそれが、あなたがたった今理解できる唯一の方法だからだ。ある日、あなたはどんな解釈もなしに私に耳を傾けることができるだろう。そうでなければ、あなたのマインドの内側には絶え間ないおしゃべりがある。

それは起こった。

非常に上品な英国の女性が結婚することを決めたが、これまでに女性を知らない男が自分の夫であるべきだと要求した。弁護士たちは広範囲を探し、人生のほとんどをたったひとりで生きていた逞しい若いオーストラリア人が、最終的に候補に上がった。彼をロンドンに連れて来て、ボンド・ストリート・ショップできちんと身支度させ、御令嬢に彼を紹介した。彼女は喜び、すぐに結婚がお膳立てされた。

新婚初夜にはロンドンの高級ホテル『ドーチェスター』に泊まって豪華なスイートに引きこもった。彼らだけになるとすぐに、若い男はすべての家具を部屋の端に押し始めた。

「あなたはいったい何をしているの？」御令嬢は尋ねた。

「俺は女とのセックスについて知らないんだ」と彼は答えた。

「でも、もしそれがカンガルーのようなもんなら、広い空間が必要だろう！」

さて、それが彼の唯一の世界だ。彼はカンガルーだけを知っている。

だから、プラシャンタ、あなたのカンガルーを持ち込んではいけない。ただ私に耳を傾けなさい、私が言っていることにね。

そしてあなたに衝撃を与えることが私の目的だ。だからあなたが衝撃を受ける時、それをできるだけ深く入らせなさい。急いで解釈してはいけない。解釈は障害になるからだ。それなら衝撃はあなたの存在の、まさしくその核には行かないだろう。もしあなたが、私があなたのために必要だと思う衝撃を与えることを私に許すなら、やがてあなたは自分の脊柱の中に鋼を成長させ始めるだろう。あなたは衝撃に耐えられるようになるだろう。

ムラ・ナスルディンはディナーパーティーに嫌気がさし、とてもうんざりしていて、すべてのディナーパーティーから逃れたかった。彼はある方法を思いついた。彼は、自分が決して二度と招待されないことを確実にするシステムを開発した。

まず彼は､自分の右側の女性に彼女が結婚しているかどうかを尋ねる。彼女がイエスと言うなら、彼は彼女に何人か子供がいるのかを尋ねる。もし彼女がいないと言うなら、彼は彼女がそれを避けた方法を尋ねる。

二番目に、彼は自分の左側の淑女に彼女が結婚しているかどうかを尋ねる。彼女がノーと答えたなら、彼は彼女に何人か子供がいるのかを尋ねる。三番目に、彼はテーブルの向こう側の淑女に何人か子供がいるのかを尋ねる。彼女がイエスと言うなら、彼は彼女が結婚しているかどうかを尋ねる。今では、誰も彼を招待しない。

私のすべてのジョークは、あなたに衝撃を与える意図がある。そして非常に弱い、弱虫な人々、彼らは消えてしまった。彼らは私の話を聞きに来ない、彼らは来ることができない。今や勇気ある人々と、これらの衝撃を吸収する用意のできている人々だけが私の近くに来れる。しかしそれは故意に行なわれる。

質問三

あなたは三つの道――美しさ、崇高さ、力について話されました。あなたの道はどれですか？

それとも、それは三つの道すべてですか？

それはどれでもない。私には道はない。私はあなたをどこにも導いていないからだ。私はあなたを、今ここで目覚めさせようとしている。あなたは既に地上のいたるところを彷徨っている。私の努力はあなたを我が家に連れて来ることだ。そしてもちろんあなたの放浪はただの夢に過ぎない。

それはまるであなたがプネーで眠っていて、フィラデルフィアの夢を見ているようなものだ。朝、あなたは再びプネーにいる。だから私が、あなたがフィラデルフィアの夢を見ているのがわかる時、私は何をすべきだろう？ あなたにプネーに戻ってくるための経路を教えるべきだろうか？ あなたがプネーに戻る旅ができるように、チケットを手配すべきだろうか？ 私はあなたに衝撃を与えることしかできない。そうすればあなたはベッドから飛び起きて、ここにあなたはいる。あなたは決してフィラデルフィアにはいなかった。あなたは単に夢を見ていたのだ。

だから東洋では私たちは世界を夢、マーヤ、幻想と呼ぶのだ。それは美しい言葉だ。それは単にあなたは夢を見ていると言う。それは単に、あなたは気づき、目を覚ますことを除いては何もすることはないと言う。

あなたは我が家から離れたことはない。あなたは常にここにいた。それが在るための唯一の道だ。あなたは他のどこにも行くことはできない。それは許されない。物事のまさに本質上、誰もが自分の属するところにいる。しかし誰もが夢を見ていて、夢の中で人は極めて長い間、夢見の多くの生を漂流してきた。そして人は漂流に漂流を重ねてきて、一つのものが別のものにつながり、人は進み続ける。

あなたは、我が家から何百万マイルも離れたところに到達しているかもしれないが、それでもあなたはここにいる。なぜなら物事の本質上、誰も自分の存在より他のどこにも行くことができないからだ。誰も自分の本質、自分の道《タオ》、自分の法《ダンマ》から離れて行くことはできない。あなたが失うことのできないものが、あなたの神だ。あなたがどれほど一生懸命試みても、失われ得ないものがあなたの法則だ。それがあなたのタオだ。だから私から見るとあなたは眠っていて、目覚めなければならない。旅をするための経路はなく、道はない。あなたは他のどんな所へも行ったことがないからだ。

マスターは、目覚めさせるための技法《メソッド》を考案しなければならない。禅の人々には適切な言葉がある。彼らは自分たちの道を「道なき道」、「無門関」と呼ぶ。逆説的だが、真実《リアリティ》を正確に表わしている。あなたが今ここで目を覚ますなら、あなたは美しさに満ち、崇高さに満ち、力に満ち溢れるだろう。これらの三つは目覚めた魂の質だ。

目覚めた魂は美しい。目覚めた魂の中には、どんな醜いものも存在できない。覚醒が、存在する唯一の美しさだ。目覚めた魂は途方もない崇高さ、恵みの中にいる。それは神秘だ。あなたはその中に入ることができるが、決してそれを知覚できない。それは知られるようになるが、それでも未知のままだ。人は単に畏敬の念に打たれ、人は単に驚きの念に打たれる。

そしてあなたが目覚めている時、あなたは途方もなく強力だ。あなたは破壊できるという意味で、強力なのではない。支配できるという意味で強力なのではない。政治家が使う言葉の意味で、あるいは科学者が使う言葉の意味で強力なのではない。

突然、あなたはどんな制限も感じない、あなたにはどんな境界もない、あなたは無限だ、という意味で強力だ。

あなたにはいかなる死もない、あなたは不死である、という意味で強力だ。

あなたの至福は途方もなく、信じられないほどだ、という意味で強力だ。

今、あなたの規律は申し分のない完璧なものであり、あなたはそれを強制する必要がない、それは単に在る、という意味で強力だ。

今やあなたは神であり、それ以下ではないという意味で強力だ。

そして今、世界にはすべての神と女神がいて、あなたはかけ離れた存在ではない、あなたは宇宙と一つ、存在と一つである、という意味で強力だ。

あなたが目覚めている時、これらの三つのことがあなたに起こる。あなたは既にそれだが、あなたは非常に無力だと感じる。あなたが無力に感じるのは、自分が誰なのか知らないからだ。あなたが無力に感じるのは自分の宝物を知らないからだ。あなたはほとんど無知に酔いしれている。

私は聞いたことがある。

ムラ・ナスルディンは帰宅途中、よろめきながら誤って動物園の中へ入り、そしてカバの檻の前に行き着いた。彼は完全に酔っ払っていた。「そんなふうに俺を見ないでくれ」と彼は懇願した。「俺はすべてを説明できる」

彼はそれが自分の妻だと思ったのだ。

あなたが酔っている時、あなたは存在しないものを見る。カバはあなたの妻のように見えるかもしれない。あるいはあなたの妻はカバのように見えるかもしれない。あなたがもう酔っていなくて二日酔いがなくなる朝までには、物事はその本当の姿で現われる。

私たちは無知に酔っ払っている、気づきのなさに酔っ払っている――長年にわたって、何生にもわたって生の道につまづいている酔っ払いだ。あなたがすべき唯一のことは、もう少し油断なくあることだ。この二日酔いから抜け出しなさい。

それが瞑想のすべてだ。あなたに少しの気づきを与えることが――。あなたがわずかの間でさえ気づくようになれるなら、現実《リアリティ》が何であるかを見ることができるだろう。そしてその現実《リアリティ》の体験はあなたを変容させ始める。そんな瞬間は、ますますあなたのところにやって来るだろう、そしてますますあなたは実在するようになるだろう。たった今、あなたは実在していない。だからあなたは自分の周りに実在しない世界を創ってきたのだ。あなたが実在する時、実在の世界があなたのヴィジョンに生じる。

神とは実在する人々の体験だ。世界は、実在しない人々の——気づいていないという理由で実在しない人々の体験だ。あなたがより実在するほど、より気づくようになる。

質問四

あなたは、悪魔は存在せず、ただ神だけが存在すると言いました。西洋では私がそこにいた頃、特に映画「エクソシスト」のせいで、悪魔が憑りつく多くの話がありました。

自分自身が憑りつかれたと信じている人に、何が起こっているのでしょうか？　これはある種の強迫観念なのでしょうか？　それともそれは本当に霊なのですか？　これは危険ですか？　それともすべて想像上のものですか？

悪魔は闇のようなものだ。それはあるが、にも関わらずそれはない。闇は光のない状態で、悪魔は神が存在しないことだ。光をもたらすなら、闇は消える。神をもたらすなら、悪魔は消える。闇と光が出会ったことは決してない。そして悪魔と神が遭遇したことは決してない。

古いヒンドゥー教の物語がある。一度、闇が神のところへ行き訴えて言った。「私は何も間違ったことをしていないのに、あなたの太陽が毎朝私を追いかけ続けるのです。全く何の理由もなしにです。私はあちこち逃げるのに疲れきっていますが、それでも太陽は地球の周りで私を追いかけ続けます！　これは不当です」

神は「太陽を呼んでみよう」と言った。太陽が呼ばれ、神は太陽に尋ねた。「なぜあなたは私の闇に迷惑をかけ続けるのだ？　彼女はあなたに対して何も悪いことをしていない。これは不当だ」

太陽は驚いた。彼は言った。「私はこれまで彼女に出会ったことがありません。あなたは何を話しているのでしょうか？　闇とはどういう意味でしょうか？　私はそのようなものに出会ったことがありません。どうか私の目の前に彼女を呼んでください」

その懸案事項はまだ協議中だ。神は試みてきたが、太陽の前に闇を呼び出すことは不可能だ。闇は現実ではないので必然的に不可能だ。それは存在し、にも関わらずそれは存在しない。それは不在だ。

悪魔も同じだ。そして悪魔が暗く、黒く描かれるのは良いことだ。それはその本質が闇のようであることを表している。コーラン、聖書、ヴェーダで神は「光」と呼ばれている。世界のすべての経典では、神は光と同義だ。意味深くて、重要だ。それは単に、神がいたら悪魔はいられない、ということだ。

質問者は尋ねている。「あなたは、悪魔は存在せず、ただ神だけが存在すると言いました――」そうだ、しかし神はいなくなることができる、神は眠ることができる。その時悪魔がいる。神はぐっすり眠ることができる。その時、悪魔はいかにも存在する。悪魔と戦ってはいけない。それは闇と戦うことになるからだ。本当に闇を破壊したいなら、ただ光をもたらしなさい。闇と戦ってはいけない。それは馬鹿げている。悪魔と戦ってはいけない。ただ光をもたらしなさい。ただ神をもたらしなさい。ただほんのもう少し気づくようになり、そしてあなたの内側の神を少し油断なくさせなさい。すると悪魔はひとりでに消滅する。

「西洋では私がそこにいた頃、悪魔が憑りつく多くの話がありました――」

それは常にそうだった。幾世紀にもわたって、世界中で、人々は悪魔について話してきた。なぜなら実際、人々の体験の中では、悪魔は神よりもより現実的だからだ。神はほんのわずかな人々にしか起こらなかった。どこかでブッダやイエス、ツァラトゥストラ、老子、マハーヴィーラに――

それは非常に稀にしか起こらなかった。

悪魔はあらゆる人の体験なので、あなたが見つけられる人々には、神を信じない無神論者たちがいる。だが無神論者たちでさえ悪魔を信じる。神を信じない人々がいるが、それらの人々でさえ悪魔を信じ続ける。なぜなら悪魔は一般大衆の、大多数のより信頼できる体験だからだ。おそらくブッダは騙されたか、幻覚を見たのか、催眠術をかけられたのだろう。彼は自分自身の臍を見て気違いか何かになったのだ。誰にわかる？　何が証拠だ？　だが何百万人もの人々は悪魔を体験してきた。

そう、それは本当だ。悪魔は神よりも現実的な体験だが、それでも私はあなたに言いたい、悪魔はいない、と。あなたが眠っていて気づいていないので、それはより大きな経験になる。そしてあなたはどんな瞬間にも凶暴になり得る。あなたはそれに憑りつかれることがあり得る。憑りつかれた人間と憑りつかれていない人間の違いは、ただ程度の違いに過ぎない。

ちょっとあなたのマインドを見てごらん。あなたは自分がほとんど常に、間際にいるのをいつも感じることができる。どんな瞬間にも、あなたは悪魔の領域に移動できる。彼はただ塀の上に座ってあなたを見守り、あなたを招待している。ただ座り、扉や窓を閉じて、十五分間あなたのマインドに入ってくるものは、何であれ書き留めてごらん。すると、それがまるで悪魔によって書かれた経典であるかのように見えるだろう。ただ真実でありなさい。誰もそれを見ようとしていない。ただ真実で、正直でいて、起こっているものは何でもただ書いてごらん。ほとんど狂気があなたから滲み出るのを感じだろう。この狂気は、いつでも悪魔のようになることができる。

「――私がそこにいた頃、特に映画『エクソシスト』のせいで――」

映画、物語、事件は、それ特有の雰囲気を醸し出す。マリリン・モンローが一九六二年に自殺した時、アメリカの多くの都市で自殺率が数日間非常に高くなった。それはニューヨークとシカゴとサンフランシスコで五倍以上だった。通常の五倍以上だ。

ただ一人の女性が自殺した。多くの自殺しそうな人々がいる。突然彼らはメッセージを得た。突然、彼らはそれに憑りつかれた。人々は模倣して生きる。そしてモンローが、これほどの美しい女性が自殺することができる時、それならなぜ悩む？　あなたもそうすることができる。

人々は単に模倣によって物事を行ない続ける。日本では一九五〇年に、ある女子高生が火山の噴火口に飛び込んだ。それから二カ月以内に三百人の女子高生たちが同じ噴火口に飛び込んだ。何が起こったのだろう？　何という狂気だろう？　物事は感染症のように広がる。人間はとても気違いじみていて、自分にきっかけを与える何かをただ待っている。

そしてあなたもそうなりがちだ。それを覚えていなさい。どんなものでも、きっかけを与えるポイントになり得る。だから私は強調するのだ。決して模倣してはいけない、決して誰かの真似をしてはいけない、と。自分自身になろうとしなさい。自分自身であろうとしなさい。あなたの個性を守りなさい。そして群衆の中で道に迷ってはいけない、集団的マインドの一部になってはいけない。あなたが個のマインドになるなら、ある日、あなたは宇宙的マインドの一員になる可能性がある。だが集団的マインドに落ちるなら、あなたは悪魔の中に転落している。群衆は悪魔だ。模倣は悪魔に向かう道だ。だから『エクソシスト』のような映画があったなら、多くの人々が悪魔や幽霊や憑依について話し始め、多くの人が憑りつかれ、多くの人が多くの悪夢を経験するだろう。

マインドはとても簡単に大きく影響される。それは危険だ。そうしてあなた方はキリスト教徒、ヒンドゥー教徒、イスラム教徒、ユダヤ教徒になった。それはまさに、あなたが他人に感銘を受けたということだ。そして起こり始めるものは何でも連鎖反応になる。用心しなさい。あなたは自分の意識を守らなければならない。

決してどんな宗派の一部にもなってはいけない。決してどんな組織の一部にもなってはいけない。決してどんな国の一部にもなってはいけない。私は実際上の困難があるのを知っている。あなたはパスポートを保管しなければならない。私はそれを川に投げ捨てろと言っているのではない。しかしこれは、単なる便利な道具に過ぎないことを覚えていなさい。インドやアメリカやフランスなど、どんな国の一部にもなってはいけない。境界の観点から決して考えてはいけない。あなたはキリスト教徒、あるいはヒンドゥー教徒、あるいはイスラム教徒であると考えてはいけない。実用的な便宜性のためにはあらゆるものは問題ないが、心の底ではあなたは関与しないまま、あるいは、あなた自身の存在に関与したままであることを覚えていなさい。

これは絶対必要なことで、覚えておくべき最も基本的なことの一つだ。そうでなければ人類は非常に苦しんできた。物事は疫病のように広がり、物事は伝染病のように広がる。そしていったんそれらが広がるなら、それらは火のように広がり、手に負えなくなる。あなたはそうなりがちだ。あなたのマインドは模倣する傾向がある。だから用心しなさい。個であることを養いなさい。あなた自身の気づきを養いなさい。そうするとあなたは、悪魔に支配されることがますます少なくなるだろう。悪魔とは集団的マインドを意味し、悪魔とは集団的眠気を、集団的に酔った状態を意味する。

質問五

あなたのサニヤシンの一人、アヌブッダ・バルティは、シカゴで私たちと同居しています。彼の全人生はあなたに変容されました。彼はあなたがすぐに彼のもとを去ることを、心配しています。私が戻った時、私は彼にどう言ったらいいでしょうか？

彼に言いなさい。たとえ私が身体を去っても、私は私のサニヤシンから去るつもりはないことを。私はたった今、私がいるのと同じように在るだろう。しかし唯一覚えておくべきことは、あなたは私にとって存在するだろうか？

私はあなたにとって存在する。そして私は永遠に存在するように残るつもりだ。もしあなたが私にとって存在するのなら、恐れる必要はない。それなら絆は在る。

そして私のサニヤシンと私は個人的に繋がっている。それはあなたが組織に属するという問題ではない。それは全く組織ではない。それは私的な関係だ。それは恋愛だ。

もしあなたが私に開いているなら、たとえこの身体が消えても、それはどんな違いも生じない。私はあなたにとって存在するだろう。

彼に恐れる必要はないと言いなさい。彼は信頼の中に、そして愛の中に留まることができる。

第七章

法《ダンマ》を生きる

Living The Dhamma

ブッダは言った。

賢者を非難する邪悪を為す者は、空に向かって唾を吐く者に似ている。

唾は決して空には達せず、彼自身に落ちる。

邪悪を為す者はまた一方で、風に逆らって埃を舞い上げる人間にも似ている。

その埃は彼に害を与えずに上がることは決してない。

かくの如く賢者は決して傷つかずとも、悪態は必ず邪悪を為す者自身を破壊する。


ブッダは言った。

あなたが多くの学習を通して道を受け入れようと努めるなら、道は理解されないだろう。

あなたが素朴な心で道を遵守するなら、この道は本当に優れている。


ブッダは言った。

道を遵守する他の人たちを見て喜ぶ人は、大きな祝福を得るだろう。

シュラマナはブッダに尋ねた。「この祝福は消滅することがあるのでしょうか?」

ブッダは言った。

それは灯された松明のようなもので、人々が持ってくるとても多くの他の松明にも、炎を分け与えられる。そこで彼らは、最初の松明自体がこれまでと同じように燃えている間に料理をし、そして闇を追い払う。道の至福についてもまた然り。

最初の経文。

ブッダは言った。

賢者を非難する邪悪を為す者は、空に向かって唾を吐く者に似ている。

最初に理解すべき事は、なぜ邪悪な人に、空に向けて唾を吐くという欲望そのものが生じるのか、なぜそもそも邪悪な人は賢者を非難したいのか、ということだ。邪悪な人は、誰かが賢明であることを自分自身が受け入れるのを容認できない。まさにその考えが彼を傷つける。非常に深く傷つける。なぜならすべての悪は、利己的な態度から生じるからだ。これはエゴをまさに打ち砕く。「私は賢明ではなく、他の誰かは賢明だ。私は善良ではなく、他の誰かは善良だ。私はまだ暗闇の中にいるが、誰かは光に達した」。これを容認するのは不可能だ。

二つの道が開いている。一つは「私は賢明になろうとしなければならない」だ。それは非常に困難で骨が折れる。より単純でより安っぽい道は、賢者を、彼は賢明ではないと非難することだ。あなたが挑戦に直面している時はいつでも、常にこの二つの選択肢があなたの前に提示される。そしてより安っぽいものを選ぶなら、あなたは悪の中に留まるだろう。

決して安っぽいものを選んではいけない。決して近道を選んではいけない。なぜなら生はただ厳しい道においてのみ学ばれるからだ。その道は骨が折れ、その仕事は長く、上り坂だ。なぜなら学ぶことは容易に起こり得ないからだ——学ぶことはただ知識を集めることではなく、単なる情報収集ではないからだ。学ぶことはあなたを変えなければならない。それはスピリチュアルな手術であり、多くのものが破壊され、捨てられなければならない。

多くのものがあなたの中で腐っているので、放棄されなければならない。その多くは、まるであなたの首の周りで岩のように存在している。それはあなたが浮かぶのを許さない。あなたを溺れさせる。あなたは多くの物事、多くの態度、多くの偏見との関係を切り離さなければならない。自分自身の荷を降ろさなければならない。

学ぶこと、真に学ぶこと、知恵、それらはただ、あなたが変容される時にだけ生じる。これは付加的なプロセスではない——あなたは自分に知識をちょっと加えたり、加え続けることはできない。あなたは変容を通過しなければならない——それは難しい。より安易な道は非難することだ。あなたが挑戦に直面する時はいつでも——誰かが賢者になったら——すぐにその近道は言う。

「違う、それは不可能だ。そもそも知恵など決して存在しない。第二に、たとえ知恵が存在するとしても、それがこの男の中に存在することなどあり得ない。私は彼をよく知っている。私は彼の欠点を知っている」

そしてあなたは彼の欠点を誇張し始め、彼を非難し始める。

ソクラテスが毒殺されること、イエスが磔にされること、マンスールが殺害されることは単なる偶然ではない。すべての目覚めた者《ブッダ》たちが非難されること、すべての征服者《ジャイナ》たちが非難されることは単なる偶然ではない。彼らが地上を歩く時、彼らは絶え間ない危険な状態の中を歩く。なぜならそこには、自分たちのエゴが傷つけられていると感じるとても多くの人々がいるからだ。

誰かが光明を得たと考えることは困難だ。こう言って非難するほうが簡単だ。

「違う、そもそも光明など不可能だ。それは決して起こらない。ただの幻想だ。神は存在しない。サマーディ？　それは自己催眠以外の何ものでもない。この男は惑わされている。彼は光明を得ていない。私たちは彼をよく知っている。私たちは彼のまさに子供の頃から彼を知っている。どうやって、彼が突然光明を得た人になれるだろうか？　彼はちょうど我々のようなもので、光明を得たふりをしているのだ。彼は似非者、詐欺師だ」

これが、安っぽい方法を選択する私たちのエゴだ。それに気をつけなさい。非難したい、否定したいという欲望はあらゆる人に生じる。だからブッダのような人が生きている時はいつでも、私たちは彼を非難する。そして彼が死ぬ時、私たちは罪の意識から崇拝する。すべての崇拝は罪の意識のために生じる。まずあなたはその人を非難する。あなたは何かが起こったことをよく知っているが、それを容認できない。あなた自身の本心では、その人が変貌したこと、彼が輝きを持っているのがわかる。あなたは本当にそれを否定することはできない。あなたの存在の深い核では、光線が入ったことを感じている。しかし意識的に、意図的に、あなたはそれを容認できない。それはあなたの失敗を受け入れることになるだろう。疑う、あなたは確かに深い内側で疑っている。あなたが何をしようとも、あなたがどんな非難をしようとも、あなたはそれを疑っている。それでもやはりあなたは疑い続ける。

それからある日、その人はいなくなる。その後ただ香りだけが、記憶だけが残る。そしてその人が死んであなたが彼の真実《リアリティ》を受け入れてこなかった時、罪悪感が生じる。あなたはこう感じる。

「私は罪を犯していた。私は良くなかった。私は機会を逃した」

それからあなたは良心の呵責を感じ始める。さてどうしたらいい？　罪悪感を償うために、あなたは崇拝する。

だから死んだマスターが崇拝されるのだ。生きているマスターを崇拝する人々は非常に稀だ。なぜならあなたが生きているマスターを崇拝する時、それは罪悪感からではないからだ。それは理解からだ。あなたが死んだマスターを崇拝する時、それは罪悪感から生じる。

例えば、あなたの父親が生きていた時、あなたは彼を尊敬しなかった、あなたは彼を愛さなかった。ほとんど彼に反対してきた。多くの面で彼に屈辱を与えてきた。多くの面であなたは彼を拒絶してきた。そしてある日彼は死ぬ。あなたは泣いて涙を流し始める。それから毎年、あなたはヒンドゥー教の先祖供養シュラッダを行なう。毎年一日、あなたは友人やバラモンに御馳走を与える。これは罪悪感からだ。それから自分の家にあなたの父親の肖像画を掛け、花を添えるだろう。

あなたは彼が生きていた時には決してそれをしなかった。決して彼の足下に花を持ってやって来なかった。今彼はいなくなり、あなたは罪の意識を感じている。その老人に対して善良でなかった。あなたはすべきことをしなかった。愛と義務を果たさなかった。機会を逃した今、その男はもはやそこにいてあなたを許すことはない。その人は死んで存在しない。あなたは泣き、嘆き悲しみ、彼の足下に伏して、こう言うことができない。

「私はあなたに悪いことをした。私を許してください」

今あなたは、ある意味で深い罪悪感を抱いている。良心の呵責が生じる。あなたは花を供える。思い出を大切にする。その人を決して大切にしなかった――今あなたはその思い出を大切にする。

覚えておきなさい。もしあなたが本当にその人を愛していたなら、本当にその人を大切にしていたなら、何の良心の呵責もなかっただろうし、罪悪感もなかっただろう。そうしたらあなたは罪悪感を持たずに、彼を思い出すことができただろう。その記憶には美しさがある。その記憶は全く異なっている。それには全く異なる質がある。その違いは途方もない。実際にあなたはやり尽くしたと感じるだろう。

あなたが泣くのは死のためではない。それは常に罪悪感だ。あなたが女性を愛したなら、本当に女性を愛して、彼女を決して裏切らなかったなら、彼女を決して騙さなかったなら、彼女が死んだ時にもちろんあなたは悲しみを感じるが、その悲しみには美しさがある。あなたは彼女を恋しく思うが、罪悪感はない。あなたは彼女を思い出す。常に思い出すだろう。それは常に大切な記憶のままだ。しかしあなたはことさら泣いて嘆き悲しんだり、それを大いに誇示することはしない。あなたはそれを見せびらかさない。自己顕示性はない。自分の心の奥に深く、その記憶を大切にする。あなたは自分の札入れに写真を入れない。その女性について話さない。

昔、私はあるカップルを知っていた。その夫は妻に対して酷かった。それは恋愛結婚で、非常に裕福な家族だったが、夫は一種の女たらしだった。そして彼は考えられる限りのあらゆる方法で妻を裏切っていた。それから彼女は自殺した。彼女が自殺したのは彼のせいだった。

私は彼らの町を通り過ぎた時、そこへ見に行った。というのも、その夫が非常に不幸でいると誰かが言ったからだ。妻が死んで以来、彼の人生は変化してしまった。私にはそれが信じられなかった。私は、彼は幸せでいるはずだと思っていた。それはいつも悲惨な関係で、絶えず争いがあった。私は彼に会いに行った。彼は妻の多くの写真に囲まれて応接間に座っていた――至る所に写真があった――まるで妻が女神になったかのようにだ。そして彼は泣き出した。私は言った。

「この馬鹿げたことを止めなさい！　あなたがこの女性と一緒で幸せではなかったため、彼女があなたと一緒で幸せではなかったため、だから彼女は自殺したのだ。それはあなたが常に望んだことだ。実際あなたは私に、もしこの女が死ぬなら自分は自由になるだろう、と何回も言っていた。今、彼女はそうしたのだ」

彼は言った。「しかし、今私は気が咎めている。まるで私が彼女の死の原因であったかのように、まるで私が彼女を殺したかのように……。今、私は全く結婚するつもりはない」

これは罪悪感だ。それは醜い。

ブッダが死んだ時、多くの人々が彼を崇拝した。彼が生きていた時に彼らはそこにいたが、彼のところに来たことはなかった。マハーヴィーラが死んだ時、何世紀にもわたって人々は礼拝し続けた。マハーヴィーラが生きていた時、これらの人々はそこにいたが、今彼らは罪悪感を感じている。

見てごらん。イエスは磔にされた。最後の瞬間、彼自身の弟子たちでさえ彼を見捨てた。「私は彼の信奉者だ」と言う者は誰もいなかった。最後の弟子でさえ――イエスが捕えられた時、イエスは彼に言った。

「あなたはもはや今、私に従うことができないので、私について来てはならない」

彼は言った。「私は従います、師よ。彼らがあなたをどこへ連れて行こうと、私は行きます」

イエスは言った。「太陽が昇る前に、あなたは少なくとも三度私を否定するだろう。それをしてはいけない、私から去りなさい」

それでも彼は主張した。

イエスは捕えられた。敵は彼を連れて行った。そしてその弟子は群衆と共について行った。群衆は誰かが見知らぬ人のようであることに気づき、彼らは彼に尋ねた。

「お前は誰だ？　お前はイエスの弟子か？」

彼は言った。「このイエスとは誰ですか？　私は名前も聞いたことがありません」

そして三度、まさに三度、太陽が昇る前に、彼は否定した。そして彼が三度目に否定した時、イエスは振り返って言った。「まだ太陽は地平線に昇っていない」

他の誰も理解しなかったに違いないが、その弟子は自分がキリストを否定したことに、本心では泣いていたに違いない——自分はこの男を知らない、自分はその町ではよそ者で、自分は単に好奇心から来ている、と言ったことに——。土壇場では、弟子たちでさえ姿を消した。それからイエスは磔にされ、それから弟子たちが集まった。そして多くの弟子たちが集まった。それからますます多く集まった。現在、人類のほぼ三分の一はキリスト教徒だ。

これは途方もない罪悪感のようだ。ちょっと考えてごらん。もしイエスが磔にされていなかったなら——十字架に掛けられていなかったなら——全くキリスト教は存在しなかっただろう。キリスト教を作ったのはイエスではない。それは十字架だ。だから十字架はキリスト教の象徴になったのだ。私はキリスト教 (*Christianity*) を十字架教 (*Cross-ianity*) と呼ぶ、キリスト教ではなく、だ。事実、罪悪感を作ったもの、それは十字架だ、それは死だ。それは強烈な罪悪感を作ったので——罪悪感が生じた時、どうする？　あなたはただ、崇拝によってのみ償うことができる。

マスターが生きている時にあなたが彼を愛するなら、あなたの崇拝の中には愛がある。そしてあなたの崇拝の中には誇示がない。それはあなたのハートの自然な流れだ。しかしマスターが死んであなたが常に彼を否定していた時、あなたは彼を崇拝する。あなたの崇拝の中には狂信がある、その中に誇示がある。あなたは何かを証明したい。誰に対して？　あなた自身の態度に対してだ。


私は聞いたことがある。

「お前は全く憂鬱そうだな」。ある仲間がムラ・ナスルディンに言った。「何を悩んでいるんだ？」

「ああ、」とムラは言った。

「お前は死んだばかりの俺の叔母を覚えているだろう？　俺は彼女の人生の最後の五年間、彼女を精神病院に閉じ込めていたんだ。彼女が死んだ時、俺に自分のお金をすべて残してくれた。今俺は、彼女が六週間前に自分の意志でそうした時の精神が健全だったことを証明しなければならないんだ」


それが起こることだ。まずあなたは賢者を否定する、彼が賢明であることを否定する。彼が光明を得たことを否定する。彼が善良であることを否定する。それから彼が死ぬ時、彼はすべての遺産をあなたのために残す。彼はあなたの名義で彼のすべてのお金を残す。彼はあなたの遺産になる。

今や突然、物事が変わる。物事は百八十度向きを変える。あなたがこの男を否定していたのは、彼があなたのエゴを傷つけていたからだ。今突然、あなたが彼を崇拝し始めるのは、今や彼はエゴを満たすものになっているからだ。あなたが非難しようが崇拝しようが、その根拠は同じままだ。

インドでヒンドゥー教徒は仏教を完全に破壊したが、彼らはブッダを自分たちの十番目のアヴァタ－ラとして受け入れた。なぜだろう？　なぜなら今、仏教を否定することはかまわないが、どうしてブッダの遺産を否定できるだろう？　彼は史上最も偉大なインド人だった。もしあなたが彼を否定しても、あなたのエゴは満たされないだろう。今、ブッダによってあなたのエゴは星のように、北極星のように輝く。あなたはブッダを否定できない。

今やあなたは彼について主張し続ける――彼は最も賢明な人間だった、史上最も偉大な人間だった、と。今やあなた自身のエゴはブッダの名前によって支えられる。今やアジアの様相を変えた人はあなたのブッダであったこと――今あなたはあなたのブッダと呼ぶ――を望んでいる。彼は世界の光だ。もちろんあなたは仏教徒を殺した。あなたは仏教の経典を破壊した。すべてを否定した。しかしあなたは、ブッダの名前を持ち運ぶ。

ちょっと考えてごらん。インドが独立して、彼らが国旗の象徴を選択しなければならなかった時、彼らは仏教の象徴を選んだ。ヒンドゥー教は、象徴に関しては何かが不足しているのだろうか？ヒンドゥー教には数多くの美しい象徴がある。しかしなぜ彼らは、仏教の法輪を国旗のために選択したのだろう？　今やブッダは彼らの遺産だ。今彼らはブッダがこの国で、この宗教的な国で生まれたこと、彼は自分たちのものであることを主張したいと思っている。彼が生きていた頃、あなたは彼に石を投げていた。今あなたは、彼があなたのものであることを主張している。

ブッダが生きていた時、すべての町で彼は非難された。彼が通るところはどこでも彼は非難された。現在すべての町は彼がここにいたことを、彼がここで生まれたことを、彼がここで死んだことを、彼がこの家に滞在したことを、四十年間連続して彼がここに来たことを、二十回も彼がここに来たことを主張している。ビハール州のあらゆる町が主張している。

ビハール州全体が彼を非難した。現在の「ビハール」という名前は彼のために付けられた。それは彼がそこを歩いたからだ。ビハールとは「ブッダが歩くところ」という意味だ。現在すべての場所がビハールと呼ばれている。今、私たちは主張し続ける。ネルーは彼の骨を取り戻した。インドに彼の骨を持ち帰った。ネルーは全く宗教的な人ではなかった。全然そうではなかった。なぜだろう？　今、インド人のエゴは非常に満足感を覚えることができる。ブッダは連れて帰らなければならない。同じエゴは彼を非難していた。今、同じエゴは彼を崇拝し続ける。それを覚えていなさい。あなたのエゴは常に拒否する。それを見守りなさい。

これらの経文はあなたのためのものだ。覚えておきなさい。それらは現実離れしたものではない。それらは理論ではない。それらは非常に経験的で、実際的だ。ブッダは非常に実際的な男だった。

つい先日それは起こった。ムラ・ナスルディンは、昨日の朝の話の後、私に会いに来た。彼は私と握手をして言った。「素晴らしい、素晴らしい説教だ。あなたが言ったすべてのことは、俺が知っている誰かしらに適合する」

これらの経文はあなたが知っている誰かしらにではなく、あなたに適合する。もし誰かが「X」が光明を得たと言うなら、あなたの最初の反応は何だろう？　それをよく見てごらん。あなたはこう言う。「Xが？　あの馬鹿が？　彼が光明を得ただと？　あり得ない！」ちょっとあなたの最初の印象を見てごらん。あなたのマインドに何が起こるかに注意深くしていなさい。するとすぐにあなたは、自分が知っているすべての欠陥や誤りについて話し始めるだろう。そしてあなたは誇張もしていることを見守るがいい。

時々こういうことが起こる。もし誰かがあなたに、ある人が光明を得た、彼はまさに賢者になったと言うなら、あなたはこう言うだろう。

「あの男が？　私は彼のまさに子供時代から彼をよく知っている。私は彼を見てきた。私は彼を見守ってきた。光明は一日では起こらない。それは一連の過程だ。それはあり得ない」

あるいはあなたは的外れなことを見つける。

ブッダがよく言っていたことがある。かつて町である男が彼の友人に言った。

「君は俺たちの隣人の話を聞いたことがあるかい？　彼はたいへん徳の高い男だ」
その相手は言った。「どうしてそう言えるのだ？　それはあり得ない。それは不可能だ。俺は彼の傍に住んでいる、俺たちは一緒に住んでいる。君が知る前に俺が知らずして、どうやってそれが起こるだろう？　俺たちは隣人で、俺はすべてを、内も外も知っている。それは単なる見せかけだ。彼はふりをしている。でも彼は、自分が誰かを馬鹿にできると思っているのだろうか？」

誰かが賢明なのを容認することが非常に困難なのは、誰かを賢明であると容認することで、あなたは自分が無知なのを受け入れてるからだ。それが問題だ。問題は他人が賢明だということではない。問題はあなたに関連している。誰かを美しい人と容認する時、あなたは非常に嫌々ながら容認する。

女性に対して別の美しい女性について話すと、彼女は気がのらなくなり、すぐに非難し始める。なぜなら別の女性が美しいと容認することは、あなたがそれほど美しくないことを容認することだからだ。比較が直ちに生じる。エゴは比較を通して存在する。

禅の話に、一人の男が素晴らしい笛吹きだったというものがある。誰かが茶屋で彼のことを素晴らしい笛吹きだと賞賛していた。すぐに別の人が非難し始めた。彼は言った。「彼は嘘つきだ。彼は泥棒だ――どうやって素晴らしい笛を奏でられるだろう？」

さて、何も矛盾はない。あなたは嘘をついて、素晴らしい笛を奏でることができるし、素晴らしい笛吹きでいられる。あなたは泥棒でいるにも関わらず、笛を素晴らしく奏でることができる。矛盾はない。しかしその相手は単に言った。

「彼にはできない。彼は泥棒であり、彼は嘘つきだ――」

そしてあれやこれやを――。「私は彼を知っている、彼は演奏できない」

そして人々があまりにも非難し、叫ぶようになり過ぎる時、彼らのまさに叫びが重みをもたらす。笛吹きについて話していた人は沈黙した。

彼は次の日、誰か他の人に話していて、彼は「その男は泥棒だ」と言った。相手は言った。「なぜ彼が泥棒になれるのだ？　彼はとても素晴らしく笛を奏でるのだ」

今、再び矛盾はない。だがこの二番目の男には、全く異なるヴィジョンがある。この二番目の男には成長の可能性がある。彼はこう言う。「なぜ彼が泥棒になれるのだ？　私は彼がとても素晴らしく笛を奏でるのを知っている。そういう美的感覚のある人は泥棒などなれない。不可能だ！　私には信じられない」

その人が泥棒であるかないかは問題ではない。だがこの二つの反応は、この二人に多くのことを決定するだろう。

誰かが「善良な人がいる」と言う時、見守りなさい。非難し始めてはいけない。なぜならあなたが善性を非難する時、あなたは自分自身の未来を非難するからだ。もしあなたが善性と知恵を非難し続けるなら、あなたは決して善良になることはなく、また決して賢明になることもない。なぜなら何であれ、あなたが非難していることはあなたには起こり得ないからだ。あなたは閉ざされるだろう。

たとえその人が善良でなくても、賢明でなくても、否定するのはよくない。それを容認しなさい。あなたはそれで何を失っているのだろう？　あの人が善良で、賢明であり得るのを受け入れるまさにそのことが、あなたが善良で賢明になるのに役立つ。あなたの扉は開く。あなたは二度と閉じない。そしてもしその人が善良で賢明になれるなら、なぜあなたにはなれないのだろう？　あなたがその人は普通だと思うのなら、彼を非難してはいけない。率直に喜びなさい。それを朗報として受け入れなさい——「あの普通の人は賢明になった。それなら私も普通だから私も賢明になれるのだ」と。なぜそれを否定的な点と見なすのだ？

だからブッダは言う。

賢者を非難する邪悪を為す者は、空に向かって唾を吐く者に似ている。

あなたは自分自身の顔に唾を吐いている。あなたが空に向かって唾を吐く時、空はあなたに汚されることはない。あなたが自分自身の唾によって汚されるだろう。唾はあなたに落ちることになる。

あなたのすべての努力は馬鹿げている。空は空のままだ。

賢者は空のようなものだ。それもまた非常に象徴的だ。空は純粋な空間を意味する。

なぜ空に向かって唾を吐くというこの言い回しが、馬鹿げているのだろう？　なぜだろう？——それは空が存在しないからだ。もし空が在るなら、あなたの唾はそれを汚すかもしれない。壁に対して唾を吐いてごらん——それはあなたに戻って来ない。屋根に対して唾を吐いてごらん——あなたが熟練者なら戻ってこないかもしれない。あなたはそれを練習できる。それが戻ってくる必要はない。なぜなら屋根は存在するからだ。それは汚される。在るものは汚され得る。ないものは汚されない。

賢者はいない。彼のエゴは消えてしまった。彼は実体ではない。彼はただの純粋な空間だ。あなたは彼を通過することができる。あなたは彼を通して唾を吐くことができる。そこに障害物はない。唾は彼を通り過ぎるだろう。彼はそれを掴むことはないだろう。

あなたが賢者を侮辱しても、あなたの侮辱を彼は受け取らない。それはまるで、空っぽの部屋であなたが侮辱しているようなものだ。そう、あなたは音をたてる。それで終わりだ。音が消えた時、部屋は再び同じだ。部屋はあなたの侮辱を運ばない。部屋は空っぽだ。

賢者は空のように空っぽだ。その格言が仏教のものであるに違いないのは、ブッダが賢者とは無自己、無我を意味する、と言うからだ。賢者とは非実存を意味する。彼は存在しない。彼は純粋な現存だ。彼の中に実体はない。あなたは彼を通過できる。どんな邪魔物も彼の中には見つからない。

どんな障害物も彼の中には見つからない。

賢者を非難する邪悪を為す者は、空に向けて唾を吐く者に似ている。
唾は決して空には達せず——

空が非常に遠く離れているということではない。違う、空は非常に近くにある。あなたは空の中にいる。しかし空に達することができないのは、空がとても純粋な存在だからだ。それは単なる空間に他ならない。すべてのものが来ては去って行くが、空は無垢なままだ。

どれだけ多くの戦争が地球上で起こってきたことだろう？——しかしあなたは空にどんな血の痕跡も見つけられない。どれだけ多くの人々が地球上で生きてきたことだろう？　どれだけ多くの悪行が、殺人が、自殺が犯されてきたことだろう？——しかし空は全くその記録を持ち運ばない。痕跡さえ持ち運ばない。過去は全く存在しない。雲は往来するが空は同じままだ。それを汚すものは何もない。

賢者はとても広大になるので、何も彼を汚さなくなる。

あなたは自分が彼を侮辱していることしか信じられない。あなたの侮辱はあなたに戻ってくるだろう。賢者は谷のようなものだ。あなたの侮辱は再び反響される。それはあなたを襲うだろう。

唾は決して空には達せず、彼自身に落ちる。

それも理解しなければならない。賢者はあなたよりも高い。賢者は頂上のような、ヒマラヤの頂上のようなものだ。あなたは暗闇の中に、谷の中に、無知の中に立っている。

あなたがより高いものに向かって唾を吐くなら、その唾はあなたのところに戻るだろう。それは自然に反している。重力に反している。だからもし誰かがあなたの悪口で侮辱されたら、あなたは彼があなたよりも低いことを確信できる。もし誰かがあなたの悪口で侮辱されなければ、彼はあなたよりも高いことが、あなたの侮辱は彼に達し得ないことが確かだ。なぜなら侮辱は重力に従うからだ。それらはより低い深みへ行く。

だからあなたが怒ると、あなたより劣る人しか怒らせることができない。高次の人は単にあなたを超えて留まっている。あなたはより弱い人だけを怒らせることができる。より強い人はあなたの影響を受けないままだ。あなたが侮辱することで、ただ低次の人間だけを操作できる。高次の人間は、はるかに超えている。

邪悪を為す者はまた一方、風に逆らって埃を舞い上げる人間にも似ている。
その埃は決して彼に害を与えずに上がることはない。
かくの如く賢者は決して傷つかずとも、悪態は必ず邪悪を為す者自身を破壊する。

それを覚えておきなさい。私たちは自分に反することをやり続ける。私たちは自殺的なことをやり続ける。自分たちの未来を破壊することをやり続ける。あなたがしているそれぞれの行為は、何らかの方法であなたの未来を限定している。

用心しなさい――あなたを傷つけるようなことは何もしてはいけない。そしてあなたが誰かを傷つけようとする時はいつでも、あなたは自分自身を傷つけようとしているのだ。あなたが何らかの痛手を負わせようとする時はいつでも、あなたが苦痛を与えたい時はいつでも、あなたは自分自身に対してカルマを作っている。あなたはそれによって傷つくだろう。

それは起こった。

かつてある男がブッダに唾を吐きに来た――実際に、だ。

ブッダは顔を拭いてその男に尋ねた。

「貴殿、あなたは他に何か言うことがあるだろうか?」

その男は途方に暮れ、困惑した。彼はこのような反応を期待していなかった。彼はブッダが怒るだろうと考えていた。彼は自分の目が信じられなかった。彼はものが言えず、呆然としていた。

ブッダの弟子アーナンダは彼の側に座っていた。彼は非常に怒り狂っていて、ブッダに言った。

「これはどういうことですか? もしあなたが人々をこのようにさせたなら、生きていけないでしょう。あなたがただ私に言ってくだされば、私は彼の誤りを正しましょう」

彼は、このアーナンダは強い男だった。彼は戦士だった。彼はブッダにとって従兄弟だった。彼自身が王子だった。彼は非常に怒っていた。

彼は言った。「何という馬鹿げたことか。ちょっとヒントを与えてくだされば、私が彼の誤りを正しましょう」

ブッダは笑い、そして言った。「彼には驚かなかったが、あなたには驚かされる。なぜあなたはそれに飛び込んでいるのだ？　彼はあなたに何もしなかった。彼が私に唾を吐くことについて言えば、私はいくつかの過去生で私が彼を侮辱したのを知っている。貸し借りは今日精算されるのだ。私は嬉しい」

「どうもありがとう」、ブッダはその男に言った。

「清算しなければならないため、私はあなたを待っていたのだ。私はどこかであなたを侮辱してきた。あなたは覚えていないかもしれないが、私は覚えている。あなたは知らないかもしれないが、私は知っている。あなたは全く気づいていないので忘れてしまったかもしれないが、私は忘れていない。今日あなたが来てすべての物事を終えたので私は嬉しい。今私たちは互いから解放される」

「これは私自身がしたことだ」とブッダはアーナンダに言った。

「それが私に戻って来たのだ」

もちろんあなたが空に向かって唾を吐くと、戻ってくるには少し時間がかかる。それは即座にはやって来ない。それは多くのものに依存する――しかしあらゆるものは戻ってくる。あなたがすることは何であれ種蒔きだ。いつかあなたは収穫しなければならないだろう。いつかあなたはそれを刈り取らなければならないだろう。

あなたが今日惨めなら、これは開花した種子だ。これらの種子をあなたは自分の過去のどこかで蒔いてきたのかもしれない――この生か別の生か、どこかで。今日のあなたが何であろうとも、それはあなたの過去の蓄積以外の何ものでもない。あなたのすべての過去があなたの現在だ。あなたが明日になろうとしているものは何であれ、あなたが今日していることだろう。

過去については何もできないが、未来については多くのことが可能だ。そして未来を変えるためには、すべてを変えることだ。あなたが自分の生き方を、自分の気づき方を変え始めるなら、あなたが生の法則を理解し始めるなら――これが基本的な法則の一つ、カルマの法則だ。あなたがすることが何であれ、あなたは刈り取らなければならないだろう。

一瞬たりとも決してそれを忘れてはいけない。それを忘れることがあなたにとても多くの惨めさを作ってきたからだ。それを覚えていなさい。何度も古いサンスカーラが、古い傾向が、まさに習慣が古いことをするようにあなたを強いるだろう。覚えていなさい――そして古い習慣から脱け出しなさい。機械的な反応から脱け出しなさい。より意識的になりなさい。小さな気づきで大きな変化が起こり始める。

私は聞いたことがある。

それは日本で起こった。一度ある母親が大学に自分の息子を訪ねて、彼の部屋の壁に飾ってある露骨な写真を見て心を痛めた。彼女は何も言わなかったが、他の写真の間にブッダの絵を掛けた。彼女が再び少年に会いに来た時、他の写真はなくなっていて、ただブッダのものだけが残されていた。少年は言った。

「どういうわけか僕は、ブッダを飾っておきながら、他の写真も飾ったままにしておけなかった。だから彼女たちは去らなければならなかったんだ」

ほんの小さなもの、ほんの小さなブッダの絵、それらの猥褻なポルノ写真はすべて取り去らねばならなかった。何が起こったのだろう？　少年は不安を感じ始めたのだ。どうやってブッダをこれらのすべての写真と一緒に置いたらいいだろう？　やがてブッダの存在が感じられた。彼がますます気づくようになればなるほど、それらの写真は消えてしまった。ほんの小さな光線が、すべての闇を追い払うのに充分だ。ただ最初の光線を許しなさい！

もしあなたが小さな方法で気づくようになり始めるなら——心配することは何もない——やがてあなたは他の写真はすべてなくなり、ただ気づくこと (*awareness*) だけが残っているのを見るだろう。ブッダとは覚醒 (*awareness*) を意味する。「ブッダ」という言葉そのものが覚醒という意味だ。

あなたが本当に幸せで、喜びに満ちていたいなら、永遠に喜びに満ちていたいなら、もしあなたが生き抜いてきたすべての惨めさにうんざりしているなら、あなたの反応に覚醒をもたらしなさい。そしてその良さを信頼し始めなさい。

英語には「良すぎて信じられない *too good to be true*（本当であるにしては良すぎる）」という表現がある。この表現は非常に危険だ。良すぎて信じられない？　何かが良すぎるなら、あなたは単にそれを信じない。それは本当であるはずがないのだろうか？　それを変えなさい。それをこのようにしなさい。本当でないにしては良すぎる(*too good to be untrue*)、と。

善良さを信じなさい。光を信じなさい。より高い現実《リアリティ》を信じなさい——あなたが信じるものは何であれ、あなたを開くことになるからだ。もしあなたが、あなたよりも高い存在が可能であることを信じないなら、それなら終わりだ。すべての成長は停止する。

ブッダやマハーヴィーラ、イエス、ツァラトゥストラを信頼することは、自分自身を開くこと以外の何ものでもない——あなたよりも高い人間たちが存在していた、歩いていた、生きていたという——高次の人間というまさにその考えは可能だ。ブッダであること、まさにその観念は不可能ではない。すると一条の光があなたの実存に入る。その光はあなたを変容し始める。あなたのまさに化学的性質が変化する。

そのためすべての宗教は信頼、シュラッダ、信仰を主張するのだ。それは迷信とは何の関係もない。神学的信仰とは何の関係もない。ただハートを開くことだ。あなたが信じないなら、あなたがバラは存在しないと主張するなら、たとえいつかあなたがバラの木に出くわしても、あなたは信じないだろう。あなたはこう言うだろう。「これは何かの幻影に違いない。誰かがトリックを使っているのだ。あるいは私は蜃気楼の中にいるのだ。または夢を見ているのだ。なぜならバラは存在できないからだ」そもそも、あなたがバラの存在を、まさにその可能性を信じないなら、私たちは可能であると信じるものだけを見るために、それらに出くわしてもあなたは見ないだろう。私たちは無関心に通過し続ける。あなたが信じるものは何であれ有効になる。

私は聞いたことがある。

それは病院で起こった。看護婦は男性患者のベッドの周りに仕切りを立て、検尿の瓶を渡して「私はあなたの検尿を取りに十分後に戻ってきます」と言った。その後、別の看護婦が来てその男にオレンジジュースのコップを与えた。機知に富んだその男は、検尿の瓶にオレンジジュースを注いだ。最初の看護婦が戻って来た時、彼女は見て言った。「この尿は少し濁り過ぎていますね」「そうだな」と患者は同意した。「それを再び身体に通して、それをきれいにできるかどうか見てみよう」。そして彼が瓶を唇につけた時、看護婦は気絶した。

単なるあなたの信念、単なるまさにその考え――この男は何をしているのだろう？　彼はただオレンジジュースを飲んでいただけだ。しかしあなたがあることを信じていたら、それは有効になる。今看護婦は、彼が尿を飲んでいると思っている。それはただ彼女の考えに過ぎない──しかし考えは大きな現実になる。それはあなたの見解を変える。

もしあなたが美を探しているなら、あなたは美を見つけるだろう。美は存在しないと信じるなら、それに出くわしても、あなたはそれを見ないだろう。あなたは、あなたが探しているものだけを見る。

信仰、信頼は、単純にこれだけのことを──私たちは最上ではない、私たちは存在の最高地点ではない、ということを意味する。より高い現実は可能だ。イエスやブッダを信じることは、単にあなた自身の未来を信じること、あなたは成長できると信じることだ。ブッダを信じることは成長を信じること、あなたに起こり得る何かがまだあることを信じることだ。

だから過去の世紀において、人々は今日ほど退屈していなかったのだ。なぜなら現在はどうにもならない状況にあるからだ。あなた方は全く型にはまり込んでいる。人々は物質的になればなるほど退屈する。アメリカ人よりも退屈した人たちを見つけることはできない。今彼らは、何世紀にもわたって人類が切望してきたすべてを持っている。そして彼らは死ぬほど退屈している。彼らには未来がないからだ。未来がない時、そこに意味はない。

あなたは美しい車を持っている、美しい家を持っている、素晴らしい仕事を持っている。だから何なのだ？「だから何なのだ？」という疑問が生じる。しかしあなたは、どこへ行こうとしているのか？ 型にはまり込んで、何度も何度も何度も同じ車輪の中を動いている。同じ朝、同じ夜、同じ仕事、流れ込む同じお金――さてどうする？　それから人々は単に暇を潰すために小さなゲームをしているが、何も起こりそうにないことを知っている。それは退屈を作り出す。

人間の歴史上、今世紀ほど人が退屈したことはなかった。常にそこには可能性があったから、常に空への開通口があったからだ。あなたはブッダになることができた。イエスやクリシュナになることができた。あなたは常に成長していた。車輪の中にはいなかった。そこには成長があった。突然、この世紀であなたは車輪の中にいる。そこに神はいない。


ニーチェは言う、「神は死んだ。そして人間は自由である」と。何のための自由か？　退屈するためだ。成長のための自由ではない。腐敗するための自由だ。ただどうにかして単調な生活を送って死ぬための自由だ。

自由は、それが成長をもたらす時にだけ意味がある。自由とは成長する可能性があることだけを、より良い花があなたの中で可能であるということだけを意味する。あなたの潜在性はまだ運命を持っている。それは意味をもたらす。それは熱意をもたらす。それはスリルをもたらす。あなたの生は意味を持って鼓動し始める。

あなたが自分の惨めさの原因であることを、自分の至福の原因になれることを、よりいっそう覚えておくことだ。これはあなたが地獄で生きている原因だ。あなたは天国を作ることもできる。あなた一人に責任があり、他の誰にもない。

決して誰にも害を与えようとしてはいけない。すべてはあなたのところに戻るからだ。もしあなたが何か良いことができるのなら、やりなさい。あなたが誰かを助けられるなら、助けなさい。あなたがいくつかの思いやり、愛を持てるのなら、それを流れさせなさい。それは戻ってくるだろうからだ。必要な瞬間に、あなたは頼りにすべき何かを、起こるべき何かを持つだろう。できるだけ多く愛し、助けなさい。その助けがたった今、報いがあるかどうかを気にすることはない。それは報われる。それは途方もなく報われる。あなたは時間や場所を気にしなくていい。それは報われる。いつか、あなたが必要とする時はいつでも、報いはあなたに殺到する。それは蓄積し続ける。


ムラ・ナスルディンは、有名なピアニストに演奏を頼み続けた。

「ええ、いいですよ。たってのお望みですから」と彼は言った。「何を演奏しましょうか？」

「お好きなものなら何でもいいですよ」とナスルディンは言った。

「ただ近所の人を困らせるためですから」


人々はそうしたことをやり続ける。彼らは全然それを楽しんではいないかもしれないが、近所の人を困らせることができれば、それは充分な楽しみだ。これは病的だが、これが人々のありさまだ。人々は苦しめることを楽しむ。そして苦しめられる時、彼らは泣いて、人生は非常に不公平で、神は公正ではない！と言う。

ブッダは、神はいない、と言う。彼は神の可能性を簡単に落とす。あなたが他の誰かに責任を負わせることができなくなるように、彼は、法則はあるが神はない、法則はそれ自身の方向に進むと言う。あなたが法則に従うなら幸せになるだろう。法則に従わないなら不幸になるだろう。

彼はただあなたを助けるために、神という考えを落とす。なぜなら神によって私たちは何か間違いを犯し、泣きながら、「私は馬鹿でした。でも、今あなたは私を救ってくれます」と言って祈れる可能性が残るからだ。

法則の前ではあなたは祈ることができない。法則の前ではあなたは「私は馬鹿でした」と言うことができない。あなたが馬鹿だったら苦しまなければならない。なぜなら法則は人ではないからだ。それは絶対的に無関心だ。それは単にそれ自身の方向に進む。

もしあなたが地面に落ちて骨が折れ、多数の骨折をしても、万有引力の法則にこう言いに行くことはない。「そんなにひどく私に当たらないでくれ。あなたは少なくとも私に警告できたはずだ。どうしてあなたはそんなに怒ったのだ？」

いや、あなたは決して万有引力の法則について話すことはない。あなたがそれに正しく従えば、それは保護することを知っているからだ。万有引力の法則がなければ、あなたは地球上のここにいないだろう。あなたは空に浮かぶだろう。地球上に立つことはできない。万有引力の法則はあなたを地球上に保つ。そこはまさにあなたの根元だ。それなしではあなたはここにはいないだろう。それはあなたが歩くのを可能にする。それはあなたが在るようにさせる。しかしあなたが何か間違ったことをしたら、その時は罰がある。

しかし法則はあなたを罰しない。それは報酬を与えない。法則は個人的にあなたとは何の関係もない。あなたは自分自身を罰する。自分自身に報酬を与える。法則に従えば、あなたは自分自身に報酬を与える。法則に従わず、法則にそむくなら、あなたは被害者だ。あなたは苦しむ。

ブッダは法則をダンマと呼ぶ。それが彼の神だ。彼はそれから人格を取り出す。なぜなら人格によって、人間はあまりにも多くの面倒事を作ってきたからだ。それからユダヤ人は神に選ばれた人々だ、だから神は彼らに少し寛大になる、と考える。これは馬鹿げている。

キリスト教徒が、彼らは神に選ばれた人々だと考えるのは、神が彼らを救うために「神の唯一の息子」を送ったからだ。だからイエスに従う者は誰でも救われるだろう。しかしそれは縁故主義のように見える。なぜならあなたはイエスの親類で、彼は神の息子だからだ。これはインドの政府関係者、政治家のように見える。あなたは親類だ。これは馬鹿げている。

私は聞いたことがある。日本が敗北した時、日本軍の司令官はイギリス軍の司令官と話していて、日本軍の司令官はこう言った。

「我々は、なぜ自分たちが敗北したのか、どのようにして敗北したのか理解できない」

イギリスの軍司令官は言った。「あなたはわかっていない。我々は神を信じているのだ。我々は祈る。我々が戦い始める都度、我々はまず祈るのだ」

しかし日本人の男は言った。「我々もそうする。我々も神を信じている。我々も祈る」

イギリス人の男は笑った。彼は言った。「しかしあなたは、今までそれについて考えたことがあるだろうか？　神は日本語を理解していないのだよ」

ブッダは神からすべての人格を取り出す。それなら彼が日本語、英語、ヘブライ語、サンスクリット語を理解する必要はない。ヒンドゥー教徒は、サンスクリット語は彼の真実の言語――デヴァヴァニ、神の言語である、と言う。他のすべての言語は全く人間的で、サンスクリット語は神聖だ。しかしこの愚かさは世界中に存在する。ブッダはまさにその基部を取り出す。彼は、神は人ではない、それは法則だ、と言う。それに沿いなさい、それに従いなさい。するとあなたは自分自身に報酬を与える。それに沿わないならあなたは苦しむ。

かくの如く賢者は決して傷つかずとも、悪態は必ず邪悪を為す者自身を破壊する。

だから、あなたが他の人に対してすることは何であれ、実は自分自身に対してしているということを、基本的な法則としてそれを覚えていなさい。何であれ、言わば、あなたが他の人にすることをあなたは自分自身にしているのだ。だから気をつけなさい。

ブッダは言った。

あなたが多くの学習を通して道を受け入れようと努めるなら、道は理解されないだろう。

あなたが素朴な心で道を遵守するなら、この道は本当に優れている。

この道、このダンマ、この法、生のこの究極の法則は、学習によって、知識によって、経典を読んだり哲学を暗記することでは理解できない。それを知るためには、あなたはそれを生きなければならない。知るための唯一の方法は、それを生きることだ。知るための唯一の方法は実存的なものだ。知的なものではない。

私は非常に有名な逸話を聞いたことがある。

数年前、ポーランドのタルムード大学の若い学者に関する噂が学会を通じて広まった。彼は、その優れた学識と研究への専念のために賞賛されていた。訪問者たちがその若者に深く感銘を受けてやって来た。

ある日、傑出したタルムードの権威者が大学の学長を呼んで、その若者について尋ねた。

「この若者は本当にそんなに博識なのですか?」

「本当に、」老いたラビは笑顔で答えた。「私はわかりません。その若者は非常に勉強しているので、どうやって知るための時間を見つけられるのか、私には理解できません」

自分の知性にあまりにもこだわっていると、自分の全存在に関わるための時間を見つけられないだろう。あまりにも頭の中にいすぎると、手に入る多くのものを見逃すだろう。その道は、あなたが存在に深く参加する場合にのみ知ることができる。それは外側からは理解できない。参加者にならねばならない。

ほんの数日前に、心理学の教授がここにいた。彼はシカゴで教鞭に立っている。彼はインド人で、アメリカに住んでいる。彼はやって来た――彼はほぼ二年間、私に「今行きます、すぐに行きます」と手紙を書いていた。それから彼は来て、瞑想について知りたがった。十日か十二日間、彼はここにいて他の人の瞑想を見て、そして「私は見ています」と言った。

しかし、どうやって瞑想を見ることができるだろう？　あなたは瞑想することができる。それが瞑想について知る唯一の方法だ。外側から瞑想者を見ることはできる――彼が踊っているのを、あるいは彼が沈黙して立っているのを、あるいはそう、彼が座っているのを――しかし、あなたはそれについて何を知るつもりなのだろう？

瞑想とは座ることではない。瞑想とは踊ることではない、瞑想とは静かに立つことではない。瞑想とは彼のまさしくその存在で、深い内側で起こっている何かだ。あなたはそれを観察できない。それについてのどんな客観的な知識もあり得ない。

私は彼に言った。「もしあなたが本当に見たいのなら、踊りなさい」

彼は言った。「まず私は見なければならない。まず、それが何であるのかを自分に納得させなければならない。その時にだけ、私はそうするつもりだ」

それで私は言った。「あなたが自分の条件に固執するなら、あなたは決してそうしないだろう。知るための唯一の方法とは、それをすることだからだ。そしてあなたは、それを知った時にだけするつもりだ、と言う。それは不可能だ。あなたは、それが決して起こらないような不可能な条件を押し付けている」

それはまるで、誰かがこう言うようなものだ。

「私は愛とは何かを知った時にだけ愛するつもりだ」

しかし、どうやって愛することなしに愛を知るのだろう？　あなたは二人の恋人がお互いの手をつないでいるのを見ることができるが、それは愛ではない。二人の敵でさえ手をつなぐことができる。二人が手をつないでいる間でさえ、彼らは愛の中にいないかもしれない。彼らはただふりをしているだけなのかもしれない。たとえあなたが、お互いに愛を交わしている二人を見ても、愛は全くないかもしれない。それは何か他のものかもしれない。それは単なるセックスで、愛ではないかもしれない。外側から愛を知る方法はない。あなたが当事者になる時にだけ、あなたに明らかにされるものがある。

ブッダは言う。

あなたが多くの学習を通して道を受け入れようと努めるなら、道は理解されないだろう。

学習によって理解できるものがある。それらは外側のもの、客観的なものだ。それが科学と宗教の違いだ。科学は主観的な経験を必要としない。あなたは外側に留まって見ることができる。それは真実への客観的なアプローチだ。

宗教は主観的なアプローチだ。あなたは内側に入らなければならない。それは内省的だ。あなたは自分自身の実存の内側へ、深く潜らなければならない。ただその時だけあなたは知る。あなた自身の中心からのみ、道とは何か、ダンマとは何か——あるいはそれを、神とは何かと呼んでもいい——を理解できるだろう。だがあなたは参加しなければならない。

あなたはただ神になることでのみ、神を知ることができる。他に方法はない。あなたはただ愛する人になることでのみ、愛を知ることができる。そしてもしあなたが、知ることなしではそれは非常に危険だ——そして愛に入ることは危険だ——と考えるなら、その時あなたは愛のないままだ。あなたは砂漠のままだ。

確かに、生は危険だ。そして人は危険を冒すことができるほど勇敢でなければならない。人は常に打算的でいるべきではない。もし自分の全人生を計算し続けるだけなら、あなたはすべてを取り逃すだろう。危険を冒しなさい。勇敢でありなさい。

生きる方法は唯一つ、それは危険に生きることだ。そしてこれは危険だ——知ることなしに動かなければならない、未知の中で動かなければならない、ということは。そのため、信頼が必要となる。

ブッダは言う。

あなたが多くの学習を通して道を受け入れようと努めるなら、道は理解されないだろう。

あなたにはそれがわかる。学者を、偉大な学者を見てみればいい。するとどういうわけか、彼らが取り逃しているのがわかるだろう。彼らはヴェーダ、聖書、コーランについて多くを知っているかもしれない、彼らは暗唱することができる、だが彼らの目に輝きがないのがわかる。確かに、彼らには経典から集めてきた多くの埃が、知識を通して集めてきた多くの煙がある。彼らは物知りだ——しかしほとんど死物だ。彼らはどういうわけか生を取り逃してきた。彼らは、生とは何かを知るための時間を見つけられなかった。

私は聞いたことがある。

偉大な学者で聖職者であり、パンディットでもある人がペットショップに立ち寄り、オウムの値段を尋ねた。店主は彼にそのオウムは売れないと言った。そのオウムが口汚いことばかり言うからだった。「しかし、」と店主は言った。「私は南米からやって来た別のオウムを持っています。私がそれを躾けたら、あなたに買って頂くために電話をしましょう」

数ヶ月後、そのパンディット、偉大な学者は、店に立ち寄って店主が彼のために用意していたオウムを見るようにと言われた。店主は奥の部屋にパンディットを案内した。そこにはオウムがそれぞれの足に紐を付けられて止まり木に止まっていた。店主が右足の紐を引っ張ると、その鳥は「主の祈り」を最初から最後まで暗唱した。

「これは素晴らしく、そして啓発的だ！」とその説教者、パンディットは叫んだ——それは彼自身がその全人生でしてきたことだ。それから彼が左足の紐を引っ張ると、オウムは「主よ、御許に近づかん」と賛美歌を歌い出した。「これは素晴らしい！」、伝道師は叫んだ。

「さあ言いたまえ、同時に両方の紐を引っ張ると、何が起こるのだ？」

店主が返答する前にオウムが言った。「このバカめ！　尻もちをつくじゃないか！」

それは単純だ。オウムでさえそれを知っているが、パンディットは——彼はオウムよりも悪い。彼は全く思考の中に生きている。彼は論理の中に生きている、彼は言葉の生を生きている。彼は本物のバラを忘れてしまった。彼はただ「バラ」という単語を熟知しているに過ぎない。彼は現実の生を忘れてしまった。彼は「生」という単語を知っているだけだ。覚えておきなさい。「生」という言葉は生ではない。「愛」という言葉は愛ではない。「神」という言葉は神ではない。本物の生はひとつの存在であり、ひとつの体験だ。

それは起こった。

農業学校の新規卒業生が、農家の土地と家畜に関する政府の調査をしていた。彼は、農家が赤字から脱却するのを政府が援助するように自分は申請する、と彼らに言った。そこで彼はすべてを詳しく調べ、彼の小奇麗な手帳に慎重に書きとめた。すべての一覧を作成できたと思った時、彼は納屋の側の周りに頭をくくり付けられている動物を見た。

「それは何ですか？　何のためのものですか？」と若者は尋ねた。

それは老いたヤギだったが、農民は全く賢明な若い調査員を助けるつもりはなかった。

「あんたは専門家だ」と農民は言った。「あんたが俺に教えてくれ」

さてそれは非常に困難だった。彼はそのようなものを見たことがなかった。彼は大学で学んできて、農業についてのすべてを知っていたが、何もしたことがなかった。彼には経験がなく、ヤギのような動物に出会ったことがなかった。だから若者はそれをつきとめるために「禿げ頭を持つ長く痩せた物体、あご髭、空っぽの痩せた腹、長くて悲しげな顔、そして死人のような目」という内容の電報をニュー・デリーへ送って彼らに問い合せた。翌日、彼は農務省の長官から返答を得た。

「君は底抜けの馬鹿だ！　それは農民だ！」

覚えておきなさい。頭は非常に非関連的であり得る。それはあなたを生から切り離すことができる。頭を使いなさい。だが限定されてはいけない。存在にアプローチするために、あなたの知性を使いなさい。それで障壁を作ってはいけない。

あなたが多くの学習を通して道を受け入れようと努めるなら、道は理解されないだろう。あなたが素朴な心で道を遵守するなら、この道は本当に優れている。

素朴な心で——生は単純なハートでのみ知ることができる。頭は非常に複雑で、生は非常に単純だ。単純な生を複雑な頭で理解することは難しい。生は全く単純だ。あなたもまた単純でなければならない。

子供はより理解している。彼は生と親密に関わっている。詩人はより理解している。彼は親密に関わっている。神秘家はより理解している——彼の理解が途方もなく深くて深遠なのは、彼が自分の頭を完全に脇に置いているからだ。彼は子供の目を通して見る。彼は驚き、畏敬の念をもってアプローチする。

彼はすべての段階で驚く。彼には観念が、投影すべき固定観念がない。彼には偏見がない。彼はヒンドゥー教徒でも、イスラム教徒でも、キリスト教徒でもない。彼はただ単に在る。彼にはわくわくするハート、愛するハートがある。それは生とは何かを知るのに充分な必要条件だ。

それならこの道は本当に優れている――それが知られる――ハートを通して知られる。それを感じられると呼ぶ方が良い――ハートを通して感じられる。

生は非常に単純だ。ただ時々は、あなたの頭を脇に置いておきなさい。時には自分の首を切り落としなさい。時には曇りのない目で見なさい――ただ見なさい。

時には木のそばに座りなさい――ただ感じなさい。滝のそばで――耳を傾けなさい。浜辺に横たわり、海の轟く音に耳を傾けなさい。その砂を、その冷たさを感じなさい。あるいは星を見て、その沈黙をあなたに浸透させなさい。あるいは暗い夜を見て、そのビロードのような闇があなたを取り囲み、あなたを包み、あなたを溶かすようにさせなさい。これが単純なハートの道だ。

この単純さを通して生にアプローチすれば、あなたは賢明になるだろう。あなたはヴェーダを知らないかもしれない、聖書を知らないかもしれない、ギータを知らないかもしれない。だがあなたは生の本当の歌を知るようになるだろう――そこには本当のギータがあり、本当の歌がある。あなたはヴェーダを知らないかもしれないが、あなたは本当のヴェーダを――それが神自身によって書かれたものだ、と知るようになるだろう。

この生が彼の本だ。この生が彼の聖書だ。この生が彼のコーランだ。それを朗唱しなさい！この生を朗唱しなさい。それを歌いなさい。それを踊りなさい。それに恋しなさい――するとやがてあなたは、道とは何かを知るだろう。やがてあなたは、ますます幸せになるだろうからだ。あなたが幸せになればなるほど、あなたは道を、正しい道を熟知する。そして歩みが進路から外れる時はいつでも、すぐにあなたは痛みを感じる。

痛みはあなたが法則を外れたしるしであり、幸福はあなたが調和の中にあるしるしだ。幸福は副産物だ。法則に従って進めばあなたは幸せだ。不幸は事故だ。それはあなたが法則から遠く離れて行ったことを単に示している。

幸福と不幸をあなたの基準にしなさい。だから私は自分を快楽主義者だと言い続けているのだ。実のところ、ブッダは快楽主義者だ。マハーヴィーラは快楽主義者だ。クリシュナは快楽主義者だ。モハメッドは快楽主義者だ。彼らはみんなあなたに途方もなく幸せになってほしいからだ。そして彼らはあなたにその道を示す。

その道は――単純になること、もっと信頼すること、より少なく疑うことだ。あなたが本当に疑いたいなら、疑いを疑いなさい。それがすべてだ。疑いを疑いなさい。信頼を信頼しなさい。するとあなたは決して取り逃さないだろう。

道を遵守する他の人たちを見て喜ぶ人は、大きな祝福を得るだろう。

そしてブッダは、道に従う人々が恩恵を受けるだけでなく、道に従う他の人たちを見て喜ぶ人たちさえも途方もなく恵みを受けている、と言う。

確かにその通りだ。なぜならそれを喜ぶことによって、とても多くの人は瞑想に向かって動いているからだ――「素晴らしい――私はまだ動いていない。私はまだ勇気を出していないが、とても多くの人々は動いている――いいことだ」――これでさえあなたを幸せにさせるのは、これがあなたの扉を開くからだ。

あなたは彼らを非難していない。あなたは、瞑想は不可能だとは言っていない。あなたは言う。「それは可能だ。私にはまだ充分な勇気はないが、あなたはその道を進んでいる――首尾よく進んでほしい！　おめでとう、よろしく！　ある日、私もあなたの後について行きたいと思っている」

ブッダは言う。あなたがサニヤシンを歓迎するなら、あなたは自分の未来を歓迎したのだ、と。あなたが、誰かがその道を進んでいるのを見て、幸せに、途方もなく幸せに感じるなら――自分がその道に従っていないことを、あなたにはまだその準備ができていないことをよく知りつつも、あなたはその人を非難しない、実際あなたは喜ぶ、あなたは彼が道を進むのを助ける――あなたは道に従い始めている。

それが、私があなたに最初に言ったことだ。生の中で誰かがサニヤシンになったのを聞く時はいつでも、彼を非難し始めてはいけない――喜びなさい。誰かが瞑想を始めた時、彼は狂ってしまったか、どうかしてしまったと、彼を非難してはいけない――喜びなさい。あなたが喜ぶことで、自分自身の瞑想的な可能性に一歩近づいている。喜ぶことによって、あなたはより深い方法でサニヤスを受けている。内側でそれは起こった。外側でそれはやって来るだろう。それはどちらもそれほど重要ではない。

ブッダは言った。

道を遵守する他の人たちを見て喜ぶ人は、大きな祝福を得るだろう。

だからこの国では、サニヤシンが常に途方もなく尊敬されてきたのだ。時たま、ただオレンジ色のローブを着ているが全くサニヤシンではない者でさえ――彼でさえ尊敬される。なぜなら彼が真のサニヤシンであるかどうかを決定する私たちとは何様なのだろう？

ブッダは言う、「喜びなさい！」と。

私は古い話を聞いたことがある。

大変な盗賊だった男が王の宮殿で強盗をしたが、彼が逃げる頃までに発覚したため、警備員たちが彼の後を追った。彼は途方もない危険にさらされていた。彼は川の岸辺に来て、兵士の馬たちが後を追っていた。そして彼には接近する音が聞こえていた。それに川は大きくて橋は一つもなかった。彼は恐れていた。それは寒い夜だった——さてどうする？

見るものは何もなく、逃げられる可能性もない。彼は木の下に座っている出家僧《サニヤシン》を見た。彼は服を脱ぎ捨て裸になり、目を閉じて瞑想を始めた。もちろん、そのふりをしていた。なぜなら彼はこれまで瞑想とは何かを知らなかったからだ。しかしあなたはふりをすることができる。目を閉じることができる。あなたはパドマアーサナ、蓮華座で座ることができる。彼は目を閉じた。

警備員たちがやって来て、警察が到着した。そこには誰もいなくて、ただ二人の出家僧だけがいた。彼らはその出家僧の足に触れた。その男は内側で非常に罪悪感を抱き始めた。「これは良くない」と彼は思った。「俺は泥棒、強盗だ。それなのにこの人たちは俺の足に触れている。そして俺はただの似非出家僧だ。それほど多くの尊敬が偽りの出家僧に与えられるなら、もし俺が本当に出家僧になったら、何が起こるのだろうか？」

一筋の光が彼の生に入った。彼は自分の古いやり方を落として、出家僧になった。

彼の名声は広がった。ある日、王さえも彼の足に触れるために来た。そして王は彼に尋ねた。

「どのようにしてそれはあなたに起こったのですか？　どのようにしてあなたは世界を放棄したのですか？　私もまた願い、夢見ています、ある日多くの祝福が私に降り注ぐことを、神が私にすべてを放棄する勇気を与えてくれることを。どのようにしてあなたは放棄したのですか？　師よ。私にあなたの話を聞かせてください。それは私に勇気を与えるでしょう」

元強盗は笑い始めた。彼は言った。

「話しましょう。あなたの兵士たちが私を追っている、それは私を大いに助けてくれました」

王は「どういう意味ですか？」と言った。それから彼は一部始終を話した。彼は言った。

「そして私が、自分のような偽りの出家僧——強盗、殺人者が尊敬され得るのを見た時、自分の古い道に戻ることは、私にとって突然不可能になりました。彼らが私の足に触れた時、私はとても素晴らしく感じました。それまでそれを感じたことはありませんでした。それほど素晴らしい瞬間でした。それ以来、私は瞑想しています。それ以来、私は本当に世界を放棄しています。私は途方もなく幸せです。私は我が家に到着しました」

ブッダは、法則を遵守する他の人たちを見て喜ぶ人さえ——と言う。

決して非難してはいけない——たとえ時にはそれが可能であっても。それは常にあり得る。本物の硬貨がある時、そこには必ず偽造硬貨もある。とても多くの尊敬が出家僧《サニヤシン》に与えられる時、そこには当然欺いている人々がいる。しかしそれは問題ではない。彼らは何を欺くことができるだろう？　彼らは何をごまかせるだろう？　あなたは何か困ったことになったのだろうか？

それよりも祝いなさい。

シュラマナはブッダに尋ねた。「この祝福は消滅することがあるのでしょうか？」

私たちが瞑想の中にいる他の人を祝っても、それは単に一時的なものなのだろうか？　シュラマナは聞いたことがある。彼は知っている、瞑想するなら永遠の至福に達することを。しかし、単に他の人が到達していることを喜ぶだけで——この祝福は消滅することがあるのだろうか？

ブッダは言った。
それは灯された松明のようなもので、人々が持ってくるとても多くの他の松明にも、炎を分け与えられる。そこで彼らは、最初の松明自体がこれまでと同じように燃えている間に料理をし、そして闇を追い払う。道の至福についてもまた然り。

ブッダは言う。道に従う人々、彼らは幸せになるが、とても多くの人々が道に従っているのを見てただ喜ぶ人も、彼らもまた幸せになる、と。そしてただ一時的なだけでなく、瞬間的なだけでなく——彼らの至福も永遠だ。実際、彼らがまさに喜ぶことによって、彼らは旅の仲間になっている。心の奥底で彼らは旅に行っている。外側では後に続くだろう。それは基本的な要点ではない。

しかしあなたが、道に従う人々を非難する時、瞑想している人たちや祈る人たちを非難する時、暗闇の中で道をどうにかして手探りで感じようとしている人たちを非難する時、あなたは自分自身を非難している。自分自身を罵っている。あなたの扉は閉じられるだろう。あなたの可能性は可能性のままで、実現されることはないだろう。

あなたは種のようなものだ。そしてもし誰かが開花したなら、喜びなさい。まさにその喜びの中であなたは発芽し始めるだろう。それらがあなたに起こってこなかったという理由で、全く花はないと言ってはいけない。もしあなたが、それらがあなたに起こってこなかったという理由で、全く花はないと言うなら、ではどうやってそれらが他の誰かに起こり得るのだろう——。

フリードリヒ・ニーチェは同じことを言う。

彼は言う。「神など存在し得るものだろうか？　神がいるなら私は神だ。私が神でないなら、どんな神も存在しない。どうしたら私は他の誰かが神であるという考えを容認できるだろうか？　不可能だ。私はこの考えを認めることはできない」

彼は言う。「神は死んだ。神は存在しない」

だが、それなら人間は中途半端な状態で残される。それなら上に進む方法はない。その時あなたは年を取り続けても決して成長しない。あなたは決して大人にはならない。それを覚えておきなさい！　年を取ることは成長することではない。成長とは、正確にはこうだ——上方に成長すること、上向きに成長することを意味する。年を取ることは水平で、成長することは垂直だ。

成長とは木のように成長することを意味する。年を取ることは川のようなものだ——それは水平のままだ。それはレベルを変えない。それは水準を変えない。

他の誰かが成長しているなら、喜びなさい、祝いなさい。少なくとも一人の人間がブッダになったのだ。良いことだ——彼は道を示した。実際、彼においてはすべての人間が本質的にはブッダになった。なぜなら一人の人間に起こり得ることは何でも、他のすべての人間に起こり得るからだ。私たちは一緒に生きている間にブッダにはならないかもしれないが、それは問題ではない。一人の人間がブッダになった。彼は可能性を示した。おそらく私たちは長く待たなければならないだろうが、朝が近づいているので私たちは待つことができる。それは来るに違いない。それはある人にやって来た。それは私たちにもやって来るだろう。それは暗く、夜は非常に長いが、今や希望がある。ブッダと共に喜ぶことは、あなた自身のための希望を作ることだ。その時あなたの生はもはや絶望的ではない。絶望的な生は退屈な生だ。そして希望に満ちた生、まさにその可能性は——おそらくそれは非常に多くの生の後に起こるだろう。それは問題ではない。人は待つことができる——それでも人は希望を持って待つことができる。

それは灯された松明のようなもので、人々が持ってくるとても多くの他の松明にも、炎を分け与えられる。そこで彼らは、最初の松明自体がこれまでと同じように燃えている間に料理をし、そして闇を追い払う。道の至福についてもまた然り。

第八章

探求における誠実さ

Sincerity In The Search

質問一

あなたは私たちに、他の人々が誠実な探求者になるのを見る時はいつでも喜びなさい、と言いました。そして新しい人がサニヤシンになって瞑想を始めるのを見ることは、全く感動的な体験です。しかし本当に素晴らしくて誠実な若い人々が、破壊的で偽りのいわゆる救世主たち――彼ら自身の物質的および政治的利益のために、これらの信奉者たちをただ利用しているに過ぎない者たち――に従うために、すべてをあきらめているのを見る時、私たちはどう感じたらいいのでしょうか？

私は毎日ますます多くの敵を作っています。彼らは彼とその技法を非常に激しく批判します。しかし西洋でますます支持者を獲得しているムーンと呼ばれる男のことを考えています。彼はまた、盲目的でかわいそうな彼の弟子たちは、この迫害を彼が新しいイエスであることの証拠として利用しています。

それは非常に複雑な現象であり、あなたはそれについて非常に鋭敏でいなければならないだろう。なによりもまず――それはあなたの知ったことではない。もし誰かがムーンやムクタナンダに従っても、それはあなたの知ったことではない。あなたはそれにどんな態度も持つべきではない。なぜなら決めるあなたとは何様なのだ？　ムーンが正しいのか間違っているのかを、あなたはどうやって決められるのだろう？　そして、なぜあなたが決めなければならないのか？　あなたは彼に従っていない。あなたはそこから離れたままでいるべきだ。それは外側からは決めようがないからだ。同じことがイエスに対しても実際に言われた。そしてイエスに反対していた人々、彼らもまた人々に同じことを言っていた。「なぜあなたはこの男と一緒に行くのだ？　彼は偽救世主だ」

それが、ユダヤ人がイエスに対して言っていたことだ。彼らはいまでも言う――彼らは何世紀にもわたって沈黙することを強いられ、押し潰されてきたため、大声では言わないかもしれない。だが彼らは今でも言う。誰が決めようとしているのだ？　そしてどうやって？

同じ人々が私に対して言っている。あなたは私に従っている、と。人々はあなたが危険な男の手に落ちていると言うだろう。彼はあなたを洗脳した、彼はあなたを破壊した、あなたは催眠にかけられている、等々。

だから何よりもまず、決してこれらの事に関心を持たないことだ。あなたの時間を浪費してはいけない。もし誰かがムーンと共にいることが良いと感じるなら、そう決めるのは彼の問題だ。そしてあなたは「誠実な、素晴らしい人々――」と言う。彼らが本当に誠実なら、遅かれ早かれこの救世主が偽者であると理解するだろう。もし彼らの誠実さが、自分たちの救世主の虚偽を明らかにできないなら、誰が明らかにするのだろう？　だから心から思って彼らに行かせなさい。もし彼らが間違った人と共に動いているなら、遅かれ早かれ彼らはわかるだろう。そしてもし彼らがわからないなら、その時もまた選択するのは彼らだ。

実際、あなたがムーンと他の人たちを批判すればするほど、あなたはその弟子たちが自分自身を見ることを不可能にしている。あなたが批判すればするほど、彼らは自己防衛に走る。

そして論理は両刃の剣だ。あなたがあまりにも反対し始めるなら、その時ムーンは言う。

「見なさい。人々に反対されるということは、常に偉大な預言者に起こってきた」

彼に反対することで、あなたは彼が重要なのだと証明している、あなたは彼にあまりにも多くの重要性をもたらしている。

もしユダヤ人がイエスのことを気にしなかったら、キリスト教はなかったかもしれない。私はイエスが間違っていたとか正しかったと言うのではない。単にキリスト教はなかっただろうと言うだけだ。しかし、あまりにも多くの彼への反対が、彼の信奉者たちの中に防御の姿勢を作った。彼らは戦い、論じ始めた。

無関心でいなさい。あなたが喜ぶことができないなら、少なくとも一つのことをしなさい――無関心でいることだ。あなたが喜べるなら、それは良い。

少なくともムーンに従っている人は求めている――おそらく間違った方向に求めている、おそらく――だがそれでも求めている。求めていない人々よりましだ。喜ぶがいい。間違った人と共に動いているが、動いている。暗闇の中を模索している、扉からは遠く離れている、が、模索している。暗闇の中に座っていて、全く模索していない人よりも優れている。ただ黙って座っているキリスト教徒、ヒンドゥー教徒、イスラム教徒、ジャイナ教徒、仏教徒よりましだ。彼らの模索は止ってしまった。彼らは発見したと思っている。

ただ誕生するだけで、あなたはキリスト教徒になる。キリスト教はあなたの選択ではない。誕生による単なる偶然の出来事だ。ただ誕生するだけであなたはヒンドゥー教徒になる。少なくとも誰かが自分で動こうとしているほうがいい。そこに危険はあるが、すべての生は危険なものだ。

死んだキリストの信奉者であるよりも、生きているムーンの信奉者になるほうがいい。そして私は彼が正しいとか間違っていると言うのではない――彼は間違っているかもしれない――しかし少なくともその人には従い、選択する勇気がある。もし彼が間違っているなら、遅かれ早かれ彼自身の体験がそれを、彼が間違っていると証明するだろう。しかし単に暗闇の中に座っているこれらの人たち、彼らは決して自分たちが間違っているか、正しいかどうかを知るようにはならないだろう。本当に問題なのはこれらの人たちの方だ。

あなたは、自分がキリスト教徒であるのを当然のように受け取っている。どうしたらあなたはキリスト教徒であり得るのだろう？　生きているイエスに従ったほんの少数のキリスト教徒がいた。彼らは自分たちの生を危険に曝した。最大の危険はこれだった。彼らは正しい人に従っているのか、それとも間違った人に従っているのかを決定する方法がなかった――それが彼らの最大の危険だった。彼らが古い教会のもとにいたなら、彼らがユダヤ教徒のままでいたなら、何の危険もなかった。物事は伝統によって確立していた。何世紀にもわたって、すべてが確立されていた。あらゆる教義が確立されていた。

これらの人々は自分自身を探し始めた。彼らは自分たちの目を開こうとしていた。私はイエスが正しかったのか間違っていたのかどうか心配していないが、これらの人々はより生きている人々だと言える。

そう、ムクタナンダと共にでさえ動くことは良い。あなたが誠実な探求者であれば、どれくらい長くムクタナンダやムーンがあなたを欺くことができるだろうか？　どれだけ長く？　あなたの誠実さはあなたの唯一の保護であり、それ以外の何ものでもない。続けなさい——人は長い間模索しなければならない。人は正しい扉に来る前に、多くの扉を叩かなければならない。他に方法はない。だから批判してはいけない。その必要はない。それはあなたの関わることではない。もしあなたがムーンに従いたいなら、それについて考えなければならない。他の人たちは従っている——彼らに考えさせなさい。なぜあなたが彼らの責任を負わなければならないのだ？　なぜあなたが他の人を支配しなければならない？　もし誰かが馬鹿に従うことを決めたのなら、それは彼の決定だ。そして彼には馬鹿に追従する自由がある。強制は——たとえあなたが世界で最も偉大な賢者、ブッダに従っていても——その時でさえそれは醜い。それはあなたの自由を殺すからだ。あなた自身の選択によってあなたが馬鹿に従うのなら、それは素晴らしいことだ。

私の強調はあなたの自由にある。ムーンに反対している人々、彼らはなぜムーンに反対しているのだろう？　人々がイエスに反対したのと同じ理由だ——もしムーンの影響力が大きくなると、ますますキリスト教徒は消えるからだ。彼らは「ムーン教徒」になるだろう。

これらの人々はハレ・クリシュナ運動のリーダー、バクティヴェーダーンタに反対している。なぜならますます多くの人々がヒンドゥー教徒になっているからだ。キリスト教徒は消えている。これらの人々がマハリシ・マヘッシ・ヨーギに反対しているのは、ますます多くの人々が彼らのキリスト教の祈りを止めて、TM(超越瞑想)を始めているからだ。同じことはあらゆるところで起こる。

ここで人々が私に反対しているのは、あなたが私について来るなら、やがてあなたはパルシー教徒でなくなり、ヒンドゥー教徒でなくなり、キリスト教徒でなくなるだろうからだ。あなたはどんな形容詞も持たない純粋な人間に、単純な人間になるだろう。

では形容詞と共に生きるこれらの人々は、彼らはどうやってそれを見ることができるだろう？

彼らは恐れている。彼らの体制は損なわれている。彼らはあらゆる方法で試みるだろう。しかし私は彼らに提言する。もし彼らが本当に誰も私のところに来るべきではないと望むなら、彼らは無関心のままでいるべきだ。

彼らが私に反対すればするほど、彼らは私を重要人物にさせる。彼らのまさに反対することが、多くの人々が私に興味を持つようになることの助けになる。彼らにとって最善の方法は、私を気にしないこと、無関心であることだ。人々を来させて、人々に見つけさせなさい。もし彼らが、自分たちの古い教会で、彼らの寺院で、彼らのモスクで見つけていたものよりも多くの糧を私と共にいて見つけるなら、選択するのは彼らだ。彼らが私と共にいてどんな糧も見つけないなら、彼らは立ち去り、彼らは探し続ける。

だが人々が私に反対するなら、あなたは自己防衛的になり始める。その時、あなたの目は独断的になる。あなたは論議する気分になる。あなたは自分のマスターが正しいことを、そして彼は世界で唯一の真のマスターであることを、どうにかして証明しなければならない。そうすると、たとえ時にはあなたが私の中に欠点、誤り、間違いを見ても、あなたはそれらを無視する。どうしたらあなたのマスターが、その生の中に何らかの間違いを、欠点を持てるだろう？――あり得ない。そこであなたは隠し続ける。やがてあなたは、私に反対している人々にほとんど制限されるようになる。彼らは私に反対して話す。あなたは私に賛成して話さなければならない。彼らはある意味で私を助けている。

これは私の提案だ。心配する必要はない。世界は広大だ。誰にでも選択する自由があり、自由に選択すべきだ。誰かが、彼はムーンと共にいて何かを達成していると感じるなら――そしてムーンは間違っているかもしれない。私が知る限りでは彼は間違っている――しかしそれでも誰かが彼に従うなら、私はその人の気をそらすつもりはない。これは私の態度だ――彼が間違っているというのは。たとえ彼が間違っていても、誰かが彼によって恩恵を受けるかもしれない。生は非常に神秘的だ。あなたは自分の誤りによってでも学ぶ。

私は多くの人々を知っている。ムクタナンダのような、与えるべきものを何も持たない人々を。

ムクタナンダもグルになれるというのは奇跡だ。しかしそれでも、もし誰かがムクタナンダに従っているなら、私は彼に従うなと言うつもりはない。私はまっしぐらに行きなさいと言うだろう。なぜならそれが見破る、それを理解する唯一の方法だからだ。私はこう言うつもりだ。

「目を開いてまっしぐらに行きなさい。おそらくこれが、あなたの生が成長しようとしている方法だ」

そこに何も間違ったものはない。なぜそんなに恐れるのか？ 人は賢明な人々からと同じくらい、愚か者たちから学ぶ。そして人は、本物のグルからと同じくらい偽者のグルから学ぶ。彼らは一つの現象の一部だ。実のところ、あなたは自分にふさわしいものを得る。今、ムクタナンダにふさわしい少数の人々がいる。どうする？ 彼らは自分たちの生を通してムクタナンダを得てきた。多くの生のカルマで彼らはムクタナンダを得てきた。さて、彼らの邪魔をする私とは何様だろう？ またはあなたは何様だ？ どうして？ 彼らはそれにふさわしい。それが彼らの成長だ。彼らはそれを通過しなければならない。

ある日ムラ・ナスルディンは私のところに来て、非常に心配して言った。

「俺はグルになりたいのだ」

私は興味をそそられた。私は「それは良い機会だ。いいじゃないか。やってみるがいい」と言った。

彼は言った。「そうだ、それがまさに俺の思っていることなんだ。もしガネーシュプーリのムクタナンダがグルになれるのなら、なぜ俺にはなれないのだ?」

それから彼は言った。

「OSHO、ひとつ要望がある。あなたが俺の最初の弟子を用意してくれないか」

劣等感に苦しんでいる男が側に座っていた。彼は精神分析家たち——フロイト派、ユング派、アドラー派に診てもらって来た。そして彼は彼ら全員を打ち負かした。彼は劣等感に苦しみ続けている。実際、彼はそれによりいっそう熟練していた。彼が精神分析を受ければ受けるほど、彼はそれについて巧みになった。実際、彼はそれを楽しんでいる。

そこで私はナスルディンに言った。

「この男を連れて行けばいい。やってごらん。この男は劣等感に苦しんでいる」

ナスルディンは彼を連れて帰り、彼と一緒に座って彼の目を覗き込み、少し瞑想し、彼の目を閉ざして、最後に彼に言った。

「あんたに良い知らせがある。あんたには何の劣等感もない。あんたは本当に劣っているのだ」

さて、本当に劣っている人々がいる。彼らはムクタナンダやムーンに、そしてそのタイプの人々にふさわしい。愚かな人々がいる。どうする? 愚かなグルもまた必要だ。愚かなグルは、愚かな人々が消えない限り、世界から消えることはできない。それは微妙な経済上の法則だ。あなたの需要は満たされなければならない。どこかから誰かが、あなたが必要とする商品を供給しなければならない。

人々は、まるでムーンやそんな人々だけが搾取しているかのように考える。違う、あなたは搾取されることを望んでいる。あなたは搾取されない限り、休むことができない。人々は、信奉者は無垢だと考える。これは馬鹿げている！　無垢な人を搾取することはできない。彼らは狡猾だ。信奉者たちは狡猾だ。彼らはより狡猾な人々に搾取される。無垢な人が狡猾な人に搾取されないのは、無垢がとても純粋だからだ。その純粋さで、彼はすぐにすべての物事が馬鹿げているのがわかる。無垢な人を搾取することはできない。搾取できるのは狡猾な人だけだ。


私はある町に滞在していた。ムラ・ナスルディンが誰かを騙した。彼は単なる手品で、ルピーを二倍にできると言った。そして彼はそのトリックを示した。彼は百ルピー紙幣を二倍にした。それはただのトリックだったが、その人は感動した。そこでその人はすべてを持ってきた。彼が持っていたものは何でも、だ。彼はそんなに裕福ではなかったが、持っていたものは何でも――装飾品、金、宝石、お金――持っていたものは何でもナスルディンの前に置いた。それから彼はゲームをして、その全部を失った。

さて、その男は私のところに来て言った。

「なぜあなたは、このような狡猾な人々を許すのですか？」

私は言った。「あなたが狡猾なのだ。だから彼はあなたを搾取できたのだ。あなたは何の努力もせずに、自分のお金を倍にすることを望んでいた。だから彼はあなたを搾取できたのだ。もしあなたが無垢だったら、どうやって搾取され得るだろう？　あなたの論理と彼の論理に差はなかった。あなたは彼から何を期待していたのだ？　彼はあなたの強欲を利用したのだ。彼が搾取したのは、あなたに搾取される準備ができていたからだ。あなたはそのナンセンスのすべてを見ることができないのか？」

私は彼に言った。「もしそれが私の掌中にあるなら、私はあなた方両方を刑務所に送るだろう。なぜならあなたは参加者だからだ。彼一人だけに責任があるのではない。それどころか、彼の責任はあなたに次いであるものだ。あなたに準備ができていないなら、どうやって彼はあなたを搾取できるだろうか？」

だから狡猾な人々に搾取されているそれらの人々を、誠実とか無垢と言ってはいけない。いや、彼らは自分自身の中に狡猾さがあるに違いない。彼らはニルヴァーナのための近道を探しているに違いない。それなら誰でもあなたを搾取できる。

誰かが来てこう言う。「これでいい。ただマントラだけ――あなたはそれを朝に二十分、夕方に二十分繰り返さなければならない。するとあなたは完璧な至福を達成するだろう」

今、彼はとても安っぽいものを提供している――あなたはそれを超越瞑想とか何とかと呼ぶ。何であれあなたが望むように——彼が百ドルの料金を要求するなら、それの何が間違っているだろう？　そしてあなたは、この男は搾取していると言う。彼はあなたの無垢を搾取していない。無垢は搾取され得ない。無垢な人は理解するだろう——「どうすればそれは可能なのだ？　朝と夕方に二十分『ラーマ、ラーマ、ラーマ』とただ唱えることで光明を得るとは？」

道理をわきまえていなさい。もしあなたが道理をわきまえず、彼が百ドルの料金を要求するなら、彼は単にあなたの論理に合う何かを求めているのだ。そしてあなたは百ドルの料金を支払い、それから、彼があなたを搾取している！と考える。

あなたに搾取される準備ができていない限り、誰もあなたを搾取できない。あなたに騙される準備ができていない限り、誰もあなたを騙すことはできない。その責任はあなたにある。だから油断なくありなさい。道理をわきまえていなさい。愚かであってはいけない。そうでなければ誰かが必ず——誰かが必ずあなたのグルになる。それから搾取されてきたために叫び、泣き続けてはいけないし、それについて騒ぎを起こし続けてはいけない。あなたは非常に安くニルヴァーナに行きたかったのだ。

常に覚えていなさい——あなたが束縛に嵌《はま》るのは、あなたが奴隷になりたいからだ。あなたは自由のままでいられない。だからあなたはある種の束縛に嵌るのだ。しかしそれはあなただ。そうでなければ、誰もあなたを監禁できない。あなたは自由を恐れている。あなたは成長することを恐れている。あなたはあるがままの生に直面することを恐れている。

だからどこか他のところから、時には韓国から――ムーンは韓国から来ている。時にはインドから――ムクタナンダはインドから来ている。時には日本から――そしてもちろん、これらの人々が東洋から来るに違いないのは、東洋は宗教的で、霊的であることへの評判が高いからだ。

全く同じように、もしエンジニアがドイツから来るなら、彼はインドではより信望がある。医師がイギリスから来るなら、彼はインドではより信望がある。インド人の医師はイギリス人の医師と同じくらい教育を受けているかもしれないが、イギリス人の医師には信望がある――彼は科学の世界から来ている。彼には一種の雰囲気がある。それはちょうど、あなたが時計を、インド製の時計、HMTの時計を――それは普通の時計、インド製だ――持っているようなものだ。あなたがスイス製の時計を持つなら、それには輸入されたという一種の雰囲気がある。

同じことが宗教について起こっている。アメリカには外来のグルが必要で、インドには輸出するものが他に何もない。だから私たちは大量に派遣している。彼らは一種の雰囲気をもたらす。

彼らにとってここで弟子を見つけるのは難しい。しかし彼らは東洋から、日出ずる世界から来る。彼らは伝説的な東洋から、ブッダ、マハーヴィーラ、クリシュナの地から来る。彼らは一種の雰囲気をもたらす。才能もなく素質もなく、知性もないごく普通の人々だが、彼らはただそこに座ることができ、事が起こり始める。それからあなたは彼らが何かをしていると考える。

あなたは、何かがあなたに起こらなければならない、と切望しているが、何も起こっていない。

西洋は非常に退屈している。何かが起こらなければならない。現在あなたは常に必要としていて、望んでいたすべてを持っている。物質的なものはすべてある。今、初めて西洋は精神的《スピリチュアル》な何かが必要だと気づいている。スピリチュアルな必要性を感じつつある。

それは常に起こる——社会が非常に裕福で豊かになる時はいつでも、その時にだけ宗教的な必要性が感じられる。貧しい国はどんなに宗教的なふりをしても、宗教的になれない。これまでそのようなことはなかった。それはあり得ない。

私は、貧しい人は宗教的になれない、と言うのではない。カビールやナナクのような個人は例外であり得るが、貧しい社会は宗教的ではあり得ない。彼らの基本的な必要性が満たされていない。宗教は非常に高次の必要性だ。

それはあなたが空腹でいるようなものだ。誰がその瞬間に、美しい音楽を聴くことを考えるだろうか？　空腹の時にはパンが必要で、音楽は必要ではない。あなたが空腹の時、ベートーヴェンは役に立たない、モーツァルトは無意味だ。あなたが空腹で飢えて裸でいる時、シェイクスピア、ゲーテ、カリダスで何をしたらいい？　それは意味をなさない。

あなたの基本的な必要性が満たされる時——あなたの身体は健康で、住むための衛生的な世界、良い家、良い服、栄養のある良い食事があるなら——突然あなたは何か美の世界——音楽、芸術、詩が必要だと感じる。あなたはピカソやゴッホに興味を持つようになり、パブロ・ネルーダ（チリの詩人）に興味を持つようになる——そして千の扉が開く。

あなたの美的な必要性も満たされる時、あなたがベートーヴェンにもモーツァルトにも退屈している時、突然別の扉が――ブッダ、クリシュナ、キリストの扉が開く。それは最も高い必要性だ。あらゆる低次の必要性が満たされる時、霊性《スピリチュアリティ》が生じる。

西洋はその低次の必要性を満たした。究極のものへの熱情が、西洋のすべてにわたって感じられつつある。今、突然欲望が究極のものに取り付かれている。特に新しい世代に――未知への震え、憧れが――。それは非常に際どい瞬間だ。

この瞬間に、この必要性を悪用する多くの人々が存在するだろう。なぜなら西洋は子供のようだからだ。霊的な世界では子供だ。彼らは何が何だかわからない。彼らにはただ必要性だけがある。それが彼らの知っているすべてだ。そして誰であれ「私はあなたの必要性を満たすことができる」と言いに来ると、少なくともそのふりをするのに充分賢いなら、誰であろうと彼に従うだろう。しかしこれは自然なことだ。

遅かれ早かれ、あなたはムーンたちやムクタナンダたちと関係を断つだろう。なぜなら遅かれ早かれあなたは、彼らは約束しているが決して果たさないことがわかるからだ。どれだけ長くこれを続けられるだろう？　その時にだけ、あなたは真のマスター――クリシュナムルティやグルジェフ、またはラマナに興味を持つようになるだろう。その時から興味を持つようになり始める。

しかしこれは自然なことだ。最初の内はそうであるだろう。あなたは何が本物のバラかを知らない。それで紙のバラやプラスチックのバラを持ってくる人々を――あなたは何が本物のバラかを知らず、どんな比較するものも持っていないので——単純に彼らを求める。だが、どれだけ長くそれを続けられるだろう？

だから私は西洋に行かないことに決めたのだ。まさに今、それはスーパーマーケットだ。そこには演台用のから箱の上に立って、取るに足らないことを叫び、販売し、宣伝している多くの人々がいる。私がむしろここで待つことに決めたのは、ムーンやムクタナンダやそんな類の人と共にいて、それから関係を断ち、これらの人からは与えられるべきものが何もないことを知るようになった人々は、探求のために東洋の方へ来ざるを得ないからだ。私はそこに行かずに、ここで彼らを待つことに決めた。探求者がとても遠く旅をして来る時、彼の欲求は全く本物だからだ。その時彼は多くを危険にさらしている。彼は全人生を危険にさらしている。

そして彼はスーパーマーケットを経験すべきであり、そうしたほうがより良い。そうすることで知るようになる。時々誰かが直接私のところに来ても、私は彼にあまり興味を持たない。彼が適切な道——ムクタナンダやムーンなどを経験するほうが良いことがわかるからだ。彼がそれらのすべてを経験して、それから私のところに来る時、そこには突然の触れ合い、直接の触れ合いがある。だからある意味において彼らは助けている。ここには、西洋であらゆる種類の運動の中にいた多くの人々がいる。これは良い、良い練習だ。あなたにはいくつかの経歴がある。あなたには判断するための特定の形態《ゲシュタルト》がある。

だから第一に――あなたは私たちに、他の人々が誠実な探求者たちになるのを見る時はいつでも喜びなさい、と言いました。新しい人がサニヤシンになって瞑想を始めるのを見ることは、全く感動的な体験です。しかし本当に素晴らしくて誠実な若い人々が、破壊的で、偽りの、いわゆる救世主たち――彼ら自身の物質的および政治的利益のために、これらの信奉者たちをただ利用しているに過ぎない者たち――に従うために、すべてをあきらめているのを私たちが見る時、私たちはどのように感じたらいいのでしょうか？

彼らを行かせなさい。彼らがそこに行くのを助けなさい。最後まで行くように彼らに言いなさい。誠実さ、彼らの探求――それが本物なら、彼らは離脱するだろう。そして彼らはより成熟して、子供っぽさがより少なくなって離脱するだろう。彼らはより多くの経験を積んで離脱するだろう。何も心配することはない。

誰かが本当にどこかに行こうとしていても、決して彼の邪魔をしてはいけない。彼を行かせなさい。学ぶための道は一つしかなく、それは経験を通してだ。他に方法はない。そしてあなたが、彼は道に迷うかもしれない、と思うなら、それなら彼は迷うのに値するのだ。それがたった今、彼に必要なことだ。

あなたがそれに値することなしには何も起こらない。起こることは何であれ、あなたはそれに値する。あなたに搾取される必要がない限り、誰もあなたを搾取できない。あなたに奴隷になる準備ができていない限り、あなたが自由を恐れていない限り、誰もあなたを奴隷にすることはできない。意識的であれ無意識であれ、あなたが切望していなかったもの、あなたが欲していなかったものは、何もあなたに起こらない。だからそれはあなたの生であり、それはあなたの自由だ。

それはある夜に起こった。電話が午前四時に鳴った。

「何がしたいのだ？」私は受話器に叫んだ。

「何もない」が返事だった。

「それなら、なぜあなたは夜中に私に電話をしたのだ？」

「料金が安いからだ」

だからそれ以来、私は自分の部屋に電話を置くのを止めた。なぜなら馬鹿げた人がいるからだ。料金が安いので——それが、彼らが夜中に電話をする唯一の理由かもしれない。

あなたがムーンと同行するのは、料金が非常に安いからだ。あなたがムクタナンダと同行するのは、料金が非常に安いからだ。私は何を言っているのだろうか？　私が言いたいのは、彼らはあなたに何かを約束するが、彼らは変容することをあなたに要求していない、ということだ。料金は非常に安い。彼らは、あなたの側での何の変化もなしに、神はあなたに起こり得ると言う。ただ二十分間このマントラを唱えるだけで。

あなたが私のところに来る時、それは二十分の問題ではない、それはあなたの全人生の問題だ。あなたはまさにその根から変わらなければならない。私は徹底的な変化を求める。あなたは自分の古い価値を、古い道徳を、古い概念を、古い世界観を落とさなければならない。

あなたは自分の過去と共に、ほとんど死ななければならない。その時にだけ、あなたの未来は発芽し始める。私はあなたが復活できるように、磔にされることをあなたに求める。私は死のようなものだ。それがサニヤスの意味するところだ。——あなたは私の中で死ぬ。そして全く新しい人が生まれる。

私はあなたの人生が楽になるとは言っていない。いや、それはより困難になるかもしれない。私はあなたにバラの園を約束していない。一つのことだけ私は約束できる。それは、もしあなたに危険を冒す準備ができているなら、そこにはもっと多くの困難があるかもしれないが、あなたは成長し始めるだろうということだ。私はただ成長を約束できるだけだ。成長は常に辛く、痛みを伴う。あなたは自分の中で多くのものを破壊し、解体しなければならない。あなたは存在の新しい道を、生の新しいスタイルを学ばなければならない。それは痛む。

私はあなたが金持ちになるだろうとは言わない。マハリシ・マヘッシ・ヨギが「瞑想するなら、あなたは成功するだろう、あなたは金持ちになるだろう」と言うようなことは——。私はそういうことは言わない。それどころか、私と同行するなら、あなたはさらに失敗するかもしれない。そして私と同行するなら、決して金持ちにはならないかもしれない。なぜなら私と同行するなら、ますます野心的でなくなるだろうからだ。私と同行するなら、ますます攻撃的でなくなるだろう、ますます暴力的でなくなるだろう。

野心は暴力だ。世界で成功するための努力そのものが暴力的だ。あなたは外側の世界に関する限り敗者であるかもしれない。私はそれについては何も言えない。あなたは単なる乞食であることが判明するかもしれない。しかし一つのことを私は言うことができる。あなたはその中で成長するだろう。あなたは内側で豊かになるだろう。あなたはもっと喜びに満ちるようになるだろう。私はもっと成功するとは言わない。私はもっと喜びに満ちると言う。あなたはもっと安らかになるだろう。あなたはもっとくつろぐだろう。しかし私は、あなたがお金や成功やそのような物を持つだろうとは言わない。

私と一緒にいれば、あなたは多くを失わなければならないだろう。そして私と一緒にいれば、あなたが得るものはあなただけが知っていて、他の誰も知らないほど内的なものだろう。だからあなたはそれを示すことはできない。あなたは誰にもそれを見せることはできない。あなたが得るものは非常に内的で、非常に微妙なものになり、あなたが失うものは非常に粗野で、非常に外的なものになるだろう。誰もがあなたが失っているのを知るだろう。

つい先日の夜、一人のインド人サニヤシンが来て言った。

「私のすべての野心はなくなり、すべての成功に無関心になってきています。私はもはや奮闘したいとさえ感じません。私は深い手放しの中にいたいのです」

私は言った。「完全に良い。それがあるべき在り方だ」

彼は一つのことについて心を乱されていた。彼は言った。

「しかし何かが起こっています。それは私がもはや瞑想にさえ興味がないことです。私は幸せを、沈黙を感じます。でも、もはや瞑想には興味がないのです」

私は言った。「それは人が最終的に期待すべきものだ。それも落としなさい」

これについて彼は少し困惑した。瞑想を落とすべきかどうか――なぜなら瞑想を通してのみ、彼は我が家にいると感じているこの地点まで来たからだ――彼のすべての望みが消えるほどの地点に。彼は瞑想に固執したかった。私が「それも落としなさい」と言った時、彼の最後の障壁が壊れた。

さて、あなたがこの人を見れば、何が起こっているかを見るのは難しいだろう。実際、彼はたった今見るよりも前のほうが、あなたにとってはもっと晴れやかに見えたかもしれない。なぜなら今彼はとても静かで、彼の全エネルギーがとても静かだからだ。あなたは彼が笑っていないのがわかるだろう。せいぜい彼は微笑むことができる。実際、それもまた努力が必要だろう。彼が不幸だからではない。彼は単に幸せなのだ。

あなたは不幸だから笑う。二十四時間の不幸、あなたは不幸を集める。あなたはそれから抜け出すために何かをしなければならない――あなたは笑う。だが、もしも人が本当に幸せになると、まさに笑いの必要性が消える。

彼の内側に何かが起こったのを、外側から判断するのは難しいだろう。そして大きな変容が彼の内側で起こっている。これこそがサニヤスというものだ。彼は世界から消えている。

この変容に対して、非常に少数の人々は準備ができている。そして準備ができていない人は、彼らにもまた行くべきところが、求めるべきところが必要になる。彼らにもまたグル、マスターが必要だ。よろしい、それは何も悪くないが、あなたに値するものだけをあなたは得る、という格言を覚えていなさい。彼らは誰かを見つけるだろう。

一人の政治家が私のところによく来ていて、私は彼に尋ねた。

「なぜあなたは私のところに来るのだ?」

彼は言った。「ただあなたの祝福のためにだ。私は一生懸命試みてきたが、十二年間私は大臣のままであり、州知事になることに成功できなかった。今、すべての大臣は自分のグルを持っている。そして私はあなただけを知っているので、それであなたのところに来たのだ」

私は言った。「あなたは間違ったグルを選んでいる。サティヤ・サイ・ババのところへ行きなさい。あなたは間違ったグルを選んでいる。あなたがあまりにしばしばここに来ると、大臣のままでさえいられないだろうというあらゆる可能性があるからだ。私が言うことに耳を傾けてはいけない。そして私の近くに来てはいけない。それは危険だ」

それ以来、彼は姿を消してしまった。彼は要点を得たに違いない。

私と一緒にいれば、あなたは世間では失敗するだろう。もちろん非常に少数の人々は、世間で失敗する準備ができている。私と一緒にいれば、あなたは内面で成功できる。しかし非常に少数の人々は、それを望むことに対してさえ充分に成熟している。だからとても多くの成長の階級と、とても多くのタイプの人々と、とても多くの世紀が一緒に生きている。

今、サイ・ババのところに行く人と私のところに来る人は同世代ではない。あり得ない。サティヤ・サイ・ババのところに行く人は、奇跡が起こっているため、二千年前のどこかで、これらがスピリチュアルだと考えられていた頃に生きていたに違いない。これらは普通の手品的トリックだ。ブッダがそうしたとは知られていない。もしそうしていたら愚かなことだ。

二千年が過ぎた。少数の人々は、その原始的なマインドの状態にとどまっている。彼らはそこに行く。彼らは単純なことを見ることができない。それを議論する必要はない。街角のどんな普通の手品師にもできる。しかし手品師がそれをすると、あなたは彼が単なる手品師だと考える。宗教的な人がそれをすると、あなたは奇跡だと考える。それらは同じだ。

現在、バンガロール大学は十二人の小さな委員会を設けている。彼らはサティヤ・サイ・ババに裏付けを求めてきた。そこに何らかの科学的妥当性があるかどうかを見られるように、委員会の前で奇跡が行なわれるのを彼らは見たがっている。彼は答えなかった。副学長によって三通の手紙が書かれた――彼は答えなかった。

副学長が報道機関に彼の手紙を発表した時、サイババは非常に怒っていた。それから彼は公開の会談で答えた。その答えは、信じられないほど馬鹿げた非霊《スピリチュアル》的なものだった。

彼は言った。「これらの人々は私を推測しようとしている。まるで蟻が海を推測しようとするかのようだ。これらの人々は私を引きずり下ろそうとしている。まるで、犬が吠えると星が落ちるだろうと考えるようなものだ」

さて、これは非常に非宗教的な言葉で、世俗的であり紳士的でさえない。そしてもし本当に奇跡を行なっているなら、なぜ恐れるのか？　彼らに来させなさい。それはあなた（サイババ）を証明するための良い機会になるだろう。なぜ委員会に許可しないのだ？　彼らはあなたの信奉者になるだろう。彼らはあなたが本当に成就《シッダ》した人で、奇跡を行なう人であることを、あなたのために世界中に宣伝するだろう。なぜ彼らに許可しないのか？　なぜあなたは恐れているのだ？　彼らは単に見たいだけだ。

私がバンガロール大学の副学長に提言すべきただひとつのことは、彼らの委員会が適切な人々から成り立っていないということだ。彼らの委員会には哲学や心理学、科学――物理学、化学の教授がいる。これらの人々は手品師を判断できない。予備知識がない。物理学と何の関係があるというのだろう？　これらの人々は単純で、非常に無垢だ。彼らは数学的に生きている。

委員会にはゴギア・パシャやK・ラルが必要だ。ただその時だけ、これらの人々を地上に降ろすことができる。手品師ゴギア・パシャが委員会に必要なのは、彼はサティヤ・サイ・ババが何をしているのかわかっているからだ。すべての手品師は彼が何をしているのか知っている。教授たちは何の助けにもならないだろう。教授たちは非常に哀れな人々だ。彼らに何ができるだろう？　彼らには手品についての何の概念もない。

もしあなたが手品師の真実を突きとめるつもりなら、手品師を連れて来ることだ。彼らだけが知っている。それは非常に巧妙な世界、手品の世界だ。非常に優れた技量が必要とされる。欺くことはそう簡単ではない。それは芸術、偉大な芸術だ。

しかし人々がいる。たとえあなたがサティヤ・サイ・ババを暴露しても、それは重要ではない。これらの人々が必要としているので、別のババが現われるだろう。

彼らは言うだろう。「そうだ、そのババは偽者だったが、このババは本物だ」

あなたは暴露し続けるが、それは何の違いも生じない。なぜならあなたは、人々の中に基本的な必要性があることを理解していないからだ。人々が自分たちの意識において高みに上がらない限り、サティヤ・サイ・ババは続くだろう。あなたは一人のサティヤ・サイ・ババを暴露できるが、別の者が生まれてくるだろう。あなたは一人を暴露できるが、もう一人が生まれてくるだろう。なぜなら人々が本当に必要としているからだ。彼らはそれよりも高い宗教を知らない。

すべての人が同世代というわけではない。私のところに来る人々は全く異なるタイプの人々だ。実のところ、彼らは自分たちの時代より少し先にいる。彼らは理解されないだろう。だからあなたがプネーに入る時、人々はあなたが何なのか、あなたは何をしているのか理解できない。彼らはそれを把握できない。あなたはこの世紀に属していないからだ。あなたはあなたの時代より少し早く来ている。

彼らはどうやってサニヤシンが女の子と一緒に、手に手を取って行動できるのか信じられない、不可能だ。私はあなたに二十一世紀においてのみ可能な何かを与えている——それには百年以上が必要な何かを。その時、宗教は生に反対ではない、その時宗教は生を肯定する。その時宗教は愛に反対ではない、その時宗教は愛の途方もない解放になる。その時宗教は反セックスでない——なぜなら反セックスであることは、生に反対することだからだ。その時宗教は、生が与えるすべての、生が利用できるすべての祝福の完全な受容になる。

その時、宗教はまさに神への深い感謝となるだろう。何であれ神が与えてきたものなら、人はその中に動いて行き、それを愛し、それを体験し、それを超越しなければならない——どんな反抗する態度も持たずに——。

だからあなたがプネーの町に入る時、人々はあなたがサニヤシンであることが信じられない。彼らは過去に関する固有の概念を持っている。サニヤシンは生に反対でなければならないが、あなたはそうではない。今、私の古いサニヤシンの一人、パリトーシュは競馬場に行く。どうする？　そしてそれだけではない。彼はそこで勝っている。だがかまわない！　私はそれを承認する。私はあなたの人生、あなたの楽しみ、あなたの喜びを壊すためにここにいるのではない。私はそれらを強めるためにここにいる。私はあなたが、もっと流れるようになるのを助けるためにここにいる。私にとってサニヤスは、生をあまり深刻に受け止めず、それを遊びに満ちて受け取る。競馬場もまた生の一部だ。あなたが楽しむなら、それは完全に良い。それは何も間違っていない。

だから人が従っているものは何であれ、覚えていなさい、それは彼にとって必要なのかもしれない。彼に行かせなさい、彼を助けなさい。少なくとも彼は何かを見つけようとしている。私たちは、いつか彼が平伏でき、明け渡すことができ、それでも彼が搾取されない場所を見つけるのを期待できる。

そしてもちろん、もしあなたが主張し始めるなら、人々は防御的になる。マスターを守ることは弟子のエゴのまさに一部だ。誰かが私に反対する何かを言うなら、あなたは単純に、それはあなたに反対していると感じる。それは自然なことだ。あなたは私に属しているから、私はあなたに属しているからだ。もし誰かが私に反対する何かを言うなら、あなたは痛みを感じる。あなたは弁護し始める。もし彼がその批判を誇張するなら、あなたは自分の弁護を誇張する、そして両方は偽りになる。

私は聞いたことがある。

プエルトリコのカップルは、妻が健康な女の赤ちゃんを出産したのは結婚してたった三ヶ月のことだった。お高くとまっている祖母はある日、通りで隣人の一人に呼びかけられた。

「ねえ、私はあなたのロジータが、わずか三ヶ月後に赤ちゃんを産んだのを知ってるわよ」と隣人はにやにや笑った。

「驚いた？」と成り立ての祖母は尋ねた。「私のロジータはそれほど無垢なのよ。彼女はどれだけ長く赤ちゃんを身篭るべきなのか知らないのよ」

決して説き伏せてはいけない。それは役に立たない。その時あなたは相手を防御的にする。そして、極端に走る。

多くの人々は、単に好奇心からあちらこちらへ行っている。それも良い。好奇心がないことは、生きていることではない。それも良い。しかし好奇心は霊的な成長にとって充分なものではない。

東洋には三つの言葉がある。好奇心を私たちはクタヘル *kutahel* と呼ぶ。それは子供っぽい。あなたは何も問いつめない。あなたは、木はなぜ緑なのか、とただ尋ねる。それからあなたはそれを忘れる。誰もそれに答えないなら、あなたはそれについて考え続けない。誰が世界を創造したのか？

あなたは本当に興味があるわけではない。単なるマインドの中に浮かんだ考えだ。あなたはこの質問のために、自分の人生を注ぐ準備ができているわけではない。あなたは答えを見つけなければならないわけではない。それはどうでもいいことだ。

それから、問いを私たちはジギャーサ *jigyasa* と呼ぶ。問いとは、今あなたの好奇心は単なる好奇心ではないことを意味する。それはあなたの中に深く根を張っている。それはあなたの生の一部になっている。あなたは尋ねるという目的のために尋ねているのではない。あなたは本当にその中に入って行きたい。

それから、三番目の言葉、ムムクシャ *mumuksha* がある。それに対する英語の言葉は存在しない。好奇心は単なる気晴らしで、問いはより科学的になり、ムムクシャは文字通りには欲求を、真実を知りたいという情熱的な欲求を意味する。

好奇心はあなたを他のどこかへ連れて行くことはない。あなたは新聞の読者のままだろう。それがすべてだ。毎日あなたは新聞を読むが、それは単なる好奇心だ。それからあなたはそれを投げ捨てる。

問いはあなたを科学的な研究者、哲学者、論理家にさせるが、それでもそれはあなたを宗教的な人、霊的な存在にはしない。

あなたの問いがとても情熱的になる時——情熱的と言う時、私はそれが生と死の問題になった時を意味する——あなたが真実を知らない限り、安心して休むことができない時、あなたがそれのために、あなたの問いのために死ぬ準備ができている時、その時にだけあなたは真のマスターを見つけることができる。

だから三種類のマスターたちがいる。あなたの好奇心を満たす人々、あなたの問いを満たす人々、そしてあなたのムムクシャを、真実を知りたいというあなたの情熱的な欲求を満たす人々。それはあなた次第だ。好奇心屋はムクタナンダやムーンのところに行くことができる。そうするほうがいいだろう。彼らは決して関わる準備はできていない。彼らはただの見物人に過ぎない。そしてもちろん彼らは多くの問題に巻き込まれる。

私は聞いたことがある。

あるユダヤ人がマンホールの蓋の上に立って、ぴょんぴょん飛び跳ねて叫んでいた。

「六十九、六十九、六十九！」

あるドイツ人がそばに来て尋ねた。「何をしているのだ？」

ユダヤ人は飛び降りて、ドイツ人の腕を引いて連れて来た。

「ここで、」と彼は言った。「しばらくの間それを試してくれ」

ドイツ人はマンホールの蓋に乗って、彼が飛び始めた時、ユダヤ人は離れてその蓋を掴み取った。するとドイツ人は下水道に落ちた。ユダヤ人は蓋を元のところに置きながら「あらら！」と叫び、そして再び飛び始めた。「七十！　七十！　七十！」

好奇心はちょうどそうしたものだ。誰かが「六十九、六十九、六十九！」と叫んでいる。そしてあなたのマインドにある考えが生じる。「彼は何を言っているのだ？　六十九とは何だ？」。さてあなたはもはや——あなたはそれとは何の関係もない。あなたが本当に少し注意深いなら、無視するだろう。彼に「六十九！　六十九！」と言わせておきなさい。彼に叫ばせなさい。なぜあなたがそれに関わらなければならないのだ？

しかし人間は猿だ。誰かが叫んでいるなら、突然あなたは好奇心を持つ。何事だ？と。そのようにして物事は起こる。ムクタナンダのような人は叫び続ける。「クンダリーニ！　クンダリーニ！　クンダリーニ！」。クンダリーニとは何だ？　六十九は七十になる。

そこでまずあなたは捕まり、脱出は非常に困難になる。なぜならその時、それはエゴと関わり合うようになるからだ。

七歳の子が、少女にダンスを申し込む適切な方法を教わっていた。

三十分後に、彼は先生に尋ねた。「さて、どうやって彼女を追い払えばいいですか？」

少女にあなたと踊るように頼むことは非常に簡単だ。本当の問題は、彼女を追い払うことだ。恋に落ちるのは非常に簡単だ。問題はあなたがそれから抜け出したい時に生じる。あなたはすべての関わり合いについて、本当に考えたことはなかった。

あなたが誰かのところに行く時、単なる好奇心からなのかもしれない。ある友人がそこに行く、あなたの隣人がそこに行く、そして彼らは言う、「ババは驚くべき人物だ！」。だからあなたは行かなければならない――六十九だ！　その時あなたには野心がある。あなたは病気にかかっている。あなたは法廷で、あなたに反対する係争中の訴訟を持っている。あなたは千と一つの問題を抱えている。そしてあなたがババのところに行って、彼は奇跡だ、彼は無から物を作ることができる、と言う人々がいる時、あなたの欲求は燃え立つようになる。「もし彼が無から物を作ることができるのなら、多分私の訴訟事件の助けになるかもしれない。または私の病気を治すための助けになるかもしれない。または私の野心のための、私の人生の成功のための助けになるかもしれない」

その時あなたは捕まる。それから他の人たちは、あなたが誤った救世主のところに行っていると言い始める。その時あなたは防御する。それはあなたのエゴの問題になる。あなたが？ なぜあなたが偽りの救世主のところに行けるのか？ あなたがそこに行く時、救世主は本物でなければならない。あなたは行くはずがない。あなたはとても知的な人で、実に知性的だ。どうやって誤った救世主に捕まるというのだ？ あり得ない。その時あなたは、彼がいんちきではないことを証明しようとする。

今、あなたは自分で罠にはまっている。そしてある日、脱出が非常に困難になる。なぜならその時、あなたが言い張った自分の主張に囚われるからだ。あなたは彼が最も偉大なマスターだと言ってきた。それからある日あなたは去りたくなる。さて、どうやって去ろう？ それはあなた自身の主張に反する。エゴが関与する。

一つのことだけを私は言いたい。あなたが行きたいところはどこでも行きなさい。自己本位的に関与してはいけない。油断なく、用心深いままでいなさい。もし何かを学ぶことができれば、学びなさい。もし何も学ぶものはないことがわかれば、去る準備をしなさい。

恨みを持って去る必要はない。あなたが彼に反対し始める時にだけ去る必要はない。敵である必要はない。単純に去りなさい。なぜなら愛着しすぎることは悪だからだ。そしてあまりにも憎しみでいっぱいになるのも悪だ。

あなたはある人のところに行く。学べるものは何でもあなたは学ぶ。あなたがこれは我が家だと感じるなら、あなたは到着した。それならうまくやった。あなたがこれは違うと感じるなら、その時は去りなさい。そして彼があなたのためにしたことは、何であれ彼に感謝しなさい。おそらく彼は何もしなかっただろうが、少なくとも彼はあなたに、与えるべきものが何もない誰かの犠牲者にあなたがなり得ることを、気づかせてくれたのだ。次回は、あなたはそう簡単に犠牲者にはならないだろう。そのために彼に感謝しなさい。

三人の論理学者が一つの傘の下に立っていた。

「これは素晴らしい」、彼らの一人が言った。「我々の誰も濡れていないではないか」

「それは雨が降っていないからだよ」と一人の傍観者は言った。

ババのおかげで幸せだ、それはババの祝福が彼らを幸せにしているからだ、と思う多くの人々がいる。彼らはババが傘のようだと思っている。しかし、まず雨が降っているかどうかを見なさい。

これは私の体験だ。もし百人がババのところに来るなら、五十人は取り巻きになるだろう。五十人は去るだろう。なぜならその五十人はどんな充足も感じないだろうが、これらの五十人はある種の充足を感じるからだ。それはババのせいではない。それは単純な統計だ。もし百人の病気の人が来るなら、ほぼ五十パーセントは助かるだろう。ババのせいではない。もし彼らが来なかったとしても、その時もまた彼らは健康になっていただろう。彼らが健康になるのは、単に雨が降っていないからだ。

あなたはどんなものでも配り続ける――ただの水を――。あなたはそれを試す。あなたはただ行って木の下に坐り、そして人々へ水を配り始めることができる。一週間以内には、多くの人々があなたの周りを取り巻いているのを見るだろう。何が起こったのだろうか？　多くの人は、あなたは奇跡だと言い始めるだろう。「私は長年頭痛持ちだった。それは消えた」。誰かは、胃の痛みがあったが消えたと言う。するとあなたは驚くが、やがてあなたは物事が作用しているのを見て、もっと確信するようになるだろう。

あなたがもっと確信するようになる時、物事はもっと作用するだろう。そしてこれらの人々は、自分が助けられているためあなたの周りを取り巻き、あなたの周りに一つの雰囲気を生み出すだろう。新しい人が来るたびに、彼らは言うだろう。「確かにそれは起ころうとしている。絶対にそれは起ころうとしている。見てくれ。我々みんなにそれは起こっている。この男には頭痛があって、この男には胃の痛みがあった、この男はこれに苦しんでいたし、その男はあれに苦しんでいた。我々はみんな助けられたのだ」

これはある種の深い被暗示性を作る。とても多くの人々が助けられてきた時、なぜあなたが助けられないのだ？　あなたは期待するようになり、信仰が生じる。その時その水は作用する。これらの作用は単純な自己暗示だ。そして物事は大きくなり続ける。

それはちょうど雪の上を転がる雪玉のようなものだ。ただ転がすことで、より多くの雪がその周りに集まる――それはより大きく、ますます大きくなり続ける。

人間の愚かさは途方もない。人間は大昔からずっとそのような無知で愚かな方法で、非知性的な方法で生きてきた。それは自然なように見える。どのように物事が作用するのか、誰も理解していない。いまだに科学はどのように物事が作用するのか、必ずしも知ることはできていないが、基本的なことは知られている。物事はどう作用するのだろう？　それらは信仰を通して作用する。誰も働きかけていない。誰も何もしていない。ただあなた自身の信仰だけだ。

イエスは真実だ。彼は何度も言う――人々は彼のところに来る――彼らは癒され、彼らは彼に感謝したいと思う。すると彼は言う。「私に感謝しないように。あなたの信仰があなたを癒したのだ」彼は真実の男だ。彼は言う。「私に感謝しないように。私は何もしていない。あなたの信仰があなたを癒したのだ」

そしてこれらのババたちも理解していない。彼らは、あなたが起こり続けているものに当惑しているのと同じくらい当惑している。

ムラ・ナスルディンは選挙運動で一日中演説しに出かけていて、疲労困憊して夜遅く家に戻った。

「今日のあなたの演説はどうだったの？」、彼の妻は尋ねた。

「大丈夫だと思う――」、ムラは言った。「しかし俺は聴衆の何人かが、俺が言うことのいくつかを理解していなかったのではないかと思う」

「なぜそう思うのよ？」と彼の妻は尋ねた。

「なぜなら」、ムラ・ナスルディンは囁いた。「俺が自分の言ったことを理解していないからだ」

あなたのマインドがどう機能するのかをただ見守りなさい。どのようにしてあなたのマインドは迷信的になりがちになるのか、どのようにしてあなたのマインドは利己的になりがちになるのか、どのようにしてあなたのマインドは防御的に、合理化しがちになるのか、ただそれを見守りなさい。本当の作業はあなたのマインドの内側ですべきだ。

ムーンや他の人たちを心配してはいけない。あなたはただ、自分自身のマインドについて考えればいい。するとやがて明快さが訪れるだろう。

マインドの仕組みを理解すれば、人はその仕組みから解放される。気づくことで、人はマインドを超える。マインドを超えたその状態が自由の状態だ。その時あなたは搾取されることはない。その時、誰もあなたをどんな種類の束縛にも強いることはできない。その時、誰もあなたを騙したり、馬鹿にすることはできない。

最後の質問はシャンティ・スディールからのものだ。彼は私にただの白紙を送ってきた。彼はほとんど毎日質問を書いてきた。もちろん私は一度も彼に答えたことがない。だからこれは彼の最後の自暴自棄的な努力だ。彼はこの辺りで最大の質問者だが、彼のすべての質問が単なる頭のものだったので、私は一度もあえて彼に答えたことがなかった——それらは単なる知的なゴミだったからだ。彼の実存とは何の関係もなかった。それらは彼自身とは何の関係もなかった。それらの半分は他人に関わっていて、半分は単なる書物上のものだった。

彼は良い読書家であるに違いない。彼は私に本を送り続けている。彼はとてもよく勉強したに違いなく、それは彼のマインドを動かし続け、それから質問が生じる。

これらの質問は彼の実存や彼の成長とは何の関係もない。これらの質問は単に役に立たない。せいぜい好奇心であって、問いでさえない。

私が質問に出会う時、まず私はムムクシャに属する質問に答えようとする。それは幻想を取り除き真実の世界に到達するための、あなたの情熱的な努力に属するものだ。まず私は、本当に生と死についての質問であるものにだけ答える。もし私がそのタイプの質問を見つけられないなら、二番目に私はジギャーサ、問いに属する質問に答える。もしそれさえも不可能なら、ただその時にだけ私は単に好奇心に属する質問に答える。

ただあなたが質問をしたという理由で、私はそれに答えるつもりはない。私は選ばなければならない。なぜならあなたは自分が何を尋ねているのか、そしてなぜ尋ねているのか自分自身では知らないからだ。もし私があなたの質問に答えないなら、それが私の答えだ。それはその質問がある意味で的外れだったことを、価値がなかったことを単に示している。

だから私はシャンティ・スディールに一度も答えなかった。彼は良い魂で非常に無垢だが、あまりにも頭の中にいすぎる。そして私は彼を、少しハートの方へ引き下げたかった。これは彼の必死の努力だが、彼がしてきた中で最高の質問だ。だから私は答えることに決めたのだ。彼は何も尋ねていないがね。この白紙の紙――これはハートの小さな一瞥を示している。そうだ、ハートは全く白紙の紙と同じくらい空白だ。頭はあまりにいっぱいで、混雑している。ハートは純粋な空っぽの空で、曇っていない。

そうだ、ハートはまさに、ただ一つだけ小さな特徴があるこの一枚の紙のようなものだ。その特徴は、紙のこの部分にある彼の名前だ。それは私がこの質問に見つけられる唯一の欠点だ。そこに名前がなかったら、それは完璧だっただろう。少しのエゴ――あなたはハートの中にもその小さなエゴを運べるが、その時それはハート全体を汚す。

彼が記名をせずに、ただ何も書かれていない白紙だけを送っていたなら、それは途方もなく貴重なものだっただろう。

ただ私から自分の名前を聞くために質問をする多くの人々がいる。彼らは質問には興味がない。彼らはただ自分の名前にだけ興味がある。その時私は、彼らの名前を口にしないようにする。私は、その人が興味を持っている――名前には全く興味がなく、ただ質問だけに興味を持っている――とわかる時にだけ誰かの名前を口にする。私には私のやり方がある。

しかしシャンティ・スディールに私は言いたい。何かを学びなさい。この何も書かれていない白紙はあなたの現実《リアリティ》になるべきだ。名前も落としなさい。ただ単なる空白でありなさい。

マインドにはとても多くの質問があるが答えはない。ハートには質問はなく、ただ答えだけがある。これは逆説《パラドックス》だ。マインドは尋ね続け、決して答えを見つけない。そしてハートは決して尋ねず、常に答えと共に在る。

つい先日の夜、ゴヴィンダが戻ってきた――彼はサニヤシンで、稀な存在、非常に純粋な存在だ。彼は世界的に有名な建築家だ。私は彼に尋ねた。「何か質問があるかね？」

彼は言った。「いいえ、今回私には質問はありません。私はただここにいるために来ただけです」

それで私は彼に言った。「それならあなたは答えを受け取るだろう」

なぜなら、もしあなたがどんな質問もなしに私のそばに座っているなら、誰がその答えを邪魔することができるだろう？　それならどうやって答えは妨げられるだろうか？　その時それはあなたに降り注ぐだろう。その時それはあなたに達するだろう。

それがサットサングの意味だ――どんなマインドもなくマスターと共に在ること――エネルギーが出会い、溶け合い、流れることができるように、ただ彼と共に在ること。あなたが空っぽなら、私はあなたを完全に満たすことができる。あなたは溢れ始めるだろう。だがあなたが既に質問でいっぱいなら、私があなたの中に入ることは非常に困難だ。不可能だ。

白紙になりなさい。それにあなたの名前さえ書いてはいけない。ただ空でありなさい。その虚空の中に完全なものが降りる。あなたがいない時、神がいる。

第九章

魔術を超えた真実

The Truth Beyond Magic

ブッダは言った。
百人の悪人たちに食物を与えるよりも、一人の善人に食物を与えるほうが良い。
千人の善人たちに食物を与えるよりも、ブッダの五戒に従う一人に食物を与えるほうが良い。
ブッダの五戒に従う一万人の人たちに食物を与えるよりも、
一人のスロタパンナに食物を与えるほうが良い。
百万人のスロタパンナたちに食物を与えるよりも、
一人のスクリダガーミンに食物を与えるほうが良い。
一千万人のスクリダガーミンたちに食物を与えるよりも、
一人のアナガーミンに食物を与えるほうが良い。
一億人のアナガーミンたちに食物を与えるよりも、
一人のアルハットに食物を与えるほうが良い。
十億人のアルハットたちに食物を与えるよりも、
一人のプラティエーカ・ブッダに食物を与えるほうが良い。
百億人のプラティエーカ・ブッダたちに食物を与えるよりも、
現在か、過去か、未来のブッダたちの一人に食物を与えるほうが良い。

千億人の過去、現在、未来のブッダたちに食物を与えるよりも、知識、一面性、規律、そして光明より上位にいる人に食物を与えるほうが良い。

まず人間と呼ばれる病気について少し話そう。人間が病気なのは、深いところで人間のまさに実存が分割しているから、それは一つではないからだ。それゆえに絶え間ない病気、落ち着きのなさ、心配、不安、苦悩がある。精神分裂症は全く正常な状態だ。少数の人々が精神分裂症になるのではない。人間は精神分裂症で生まれる。それは理解されねばならない。

人間は病気の中に生まれ、病気として生まれる。あなたが母親の胎内に入った時、あなたの生の最初の瞬間は二人の親、母親と父親が元だった。あなたのまさに始まりは二重に――男／女、陰／陽、ポジティヴ／ネガティヴに分割されていた。あなたの実存の最初の個体(*unity*)は、既に分割に基づいていた。あなたの半分は一人の親から、他の半分はもう一人の親からから来た。当初からあなたは二人だった。

だから精神分裂症は、少数の不幸な人々に起こるものではない。それは全く正常な状態だ。人間は分割されて生まれる。そのために絶え間ない二重性、優柔不断、迷いがある。自分が本当はどう在りたいのか決められない。行くべきところを決められない。あなたは二つの選択肢の間で選ぶことができない。あなたは曖昧なままだ。

あなたがすることは何であれ、あなたの一部はそれに反対したままだ。あなたのすることは決して完全《トータル》ではない。完全ではない行為は満たされない。そしてあなたの実存の、他の部分に反対する一部だけで選ばれたことをすると、あなたの実存の中にますます多くの亀裂を作るだろう。これを理解することだ。

統一（*unity*）は最後にあるもので、初めにはない。あなたは統一的な存在になれる。非二元的になれる。あなたはヨーガに至ることができる――ヨーガとは統一、和合、統合、個別化を意味する――しかしそれは最後にあるもので、初めにはない。初めには二重が、初めには分割が、初めには病気がある。

だからあなたが理解してそれを変容する努力をしない限り――統合はまだ起こらない。それは一つのレベル、身体のレベルだけに起こってきた。身体のレベルではあなたは一つになった。あなたの母親とあなたの父親は融合している――身体の面において。あなたは一つの身体になった。二人の身体から新しい個体が生じたが、それはただ身体上の、身体の中でのものに過ぎず、身体より深いものではない。マインドの深いところでは、あなたは分割している。そしてあなたがマインドの中で分割されているなら、マインドを超えて行く方法はない。唯一、個体になり、統合され、一つになったマインドだけがそれを超えて行けるようになる。

ブッダのこの経文は途方もなく重要だ。非常に単純な経文だが、文字通りに受け取ってはいけない。もちろん文字通りにでも真実だが、それは進歩のすべて――一つになる方法、あなたの実存のすべてのレベルで二つという状態を融合させる方法、最も粗雑なものから最も微妙なものへ、周辺から中心へ——すべての二重性を落とし、突然あなたは一つであるという地点に至る方法だ。

その地点はすべての宗教の目的地、すべてのヨーガの目的地、すべての祈り、すべての瞑想の目的地、イスラム教、キリスト教、ヒンドゥー教、ジャイナ教、仏教の目的地——すべての探求者たちの目的地だ。ひとたびあなたが一つになるなら、あなたの惨めさは消えるからだ。

惨めさは葛藤が原因だ。惨めなのはあなたの家が分割されているからだ。惨めなのはあなたが一つではなく、あなたが群衆であるから、あなたの内側の千と一つの声が、ありとあらゆる方法で、そしてすべての方向へあなたを引いたり押したりしているからだ。

あなたは乱雑、混沌だ。どうやってあなたが狂わないようにしていられるのか、それは奇跡だ。なぜならあなたは狂気立っているからだ。どうやって何とか正気のままでい続けているのか、どうやって群衆の中で失われずにいるのか、それは奇跡だ。しかし失われようと失われまいと、あなたはどんな瞬間にも噴火できる火山の上に座っている。

これを覚えておきなさい。狂気は少数の不幸な人々に起こるものではない。狂気はあらゆる人にその傾向がある。狂気は、あなたが自分の内側で種のように持ち運んでいるものだ。それはどんな瞬間にも発芽できる。それはただ適切な季節、適切な気候、適切な機会を待っているだけだ。どんな小さなことでもそれを誘発でき、そしてあなたは——単純に狂暴になる。あなたが狂暴なのは、あなたの基礎が分割されているからだ。一つになることは可能だが、その時、人はこのすべての状況にまさに気づいていなければならない。

私は聞いたことがある。

ムラ・ナスルディンはかかりつけの精神分析医のところに行って、その名医が自分の人格を分割できるかどうかを尋ねた。

「あなたの人格を分割ですか？」と医師は尋ねた。

「いったいなぜ、そんな事をしたいのですか？」

「なぜなら、」とムラ・ナスルディンは言った。

「俺はとても寂しいからだ。俺はとても孤独を感じるからだ」


それをただ笑ってはいけない。おそらく、だからあなたは一つの個体になるために熱心に働きかけたことがないのだ。なぜならこの二重性は、あなたに仲間を与えるからだ。あなたは自分自身と話すことができる。あなたは対話できる――誰もが絶え間なく対話をしている。椅子に座って目を閉じる時、あなたは何をしているのだろう？　絶え間ない対話がある。あなたは質問し、あなたは答える、こちら側から、あちら側から。

この対話を見守りなさい。この対話が止むと、非常に寂しくは感じないだろうか？　あなたは非常に独りに感じないだろうか？　この対話が止むと非常に空虚に感じないだろうか？　突然、すべての騒音が消えてしまったとは感じないだろうか？　ただ沈黙だけがあることに怖くならないだろうか？

いいや、あなたはこの対話に食べ物を与え続ける。あなたはこの対話が存在するよう手助けし続ける。あなたは他人と話をしているか、または他人が常に手に入らないので、それが不可能だと自分自身と話しているかのどちらかだ。目覚めている間、あなたは他人と話している。眠っている間、あなたは自分自身と話している。

あなたの夢とは何だろう？　それはある交際を作るために、あなたが自分の実存の内側で演じるドラマだ。なぜならあなたはとても寂しいからだ。その夢の中ではあなたは演出家であり、物語作家であり俳優だ。あなたはスクリーンであり、そして観客だ。あなたは独りだが美しいドラマを作る。一日中、そして一晩中、あなたは何をしているのだろう？　自分自身と話しているのだろうか？

この絶え間ない話、この絶え間ない自分との対話、それは退屈ではないだろうか？

そう、あなたは退屈している。あなたは自分自身に退屈している。しかし、それでもあなたはよりましな災いを選んだ。あなたは、もしこの対話が止むならさらにもっと退屈するだろうと考える。少なくとも内側で言うべき何か、するべき何かはある。何の対話もなく独り残されたら、あなたは単に途方に暮れるだろう。この対話はあなたを少し生き生きしたままに、生にわくわくしたままにさせる。ムラは正しい。彼は言う。「俺はとても寂しく感じている」

覚えておきなさい。修行《サダーナ》のすべての努力は、あなたが一人になるのを助けることだ。あなたが一人になる準備ができている時、内側の沈黙に落ちる準備ができている時、あなたがもはやこの絶え間ない話に、内的な話にしがみついていない時、ただその時にだけあなたは単一になれるからだ。この絶え間ない内的な話は、あなたが二重で、分割したままでいるための役に立つからだ。

ついこの間の夜、一人のサニヤシンが私のところに来た。彼は、夜に時々ベッドから落ちて、ただ朝にだけ油断しなくなる、と言った。ある日、ベッドから十フィート離れたところにいる自分に気づくということが起こった。では何が起こったのだろう？　今、彼は深い夢、悪夢の中に入っているに違いない。その夢はとても深いものに違いないので、たとえ彼がベッドから落ちても——彼はベッドから十フィート離れた自分自身を発見する。その眠りは昏睡状態のようだ。

私は彼に一つのことを尋ねた。「あなたは日中たくさん話し過ぎたりするのかね？」

彼は「いいえ」と言った。それならそれが証明している。

二つのタイプの人々がいる。話す者たち(*talkers*)と聞く者たち(*listeners*)、T(*talkers*)の人々とL(*listeners*)の人々だ。話す者たちは一日中話す。そして夜には、彼らは聞かなければならない。その時彼らは、宗教的な講話か何かを聞き続ける——彼らは夢の中で教会に行く、夢の中で聖職者のところに行く。一日中彼らは話してきた。人は埋め合わせをしなければならない。彼らは自分の夢の中で聞く。日中に聞かなければならない人々、そして聞く者になった人々は、夜に多く話す。

彼らは叫ぶ。彼らは常に日中に言いたくてもうまく言えなかったこと、誰も聞こうとしなかったことを言う。

人々が精神分析医のところに行き、精神分析医が辛抱強く、注意深く彼らの話を聞く時、それが彼らに起こる――もちろん彼はそのための代金を受け取っているので、聞かなければならない――彼らの夢は変わり始める。彼らの夢の中でのおしゃべりはやがて治まる。夢の質は変わる。今や彼らは、話を聞いてくれる人を見つけたからだ――彼らは話す者になり、注意深く聞く相手を見つけた。彼らの夢はより静かになる。彼らは夜に話したり叫んだりしない。彼らの夜はより静かで、より気楽になる。

覚えておきなさい、何であれあなたは、日中に逃したものを夢の中でするだろう。夢は相補的だ。それは何であろうと、日中に未完成のままだったものを補って完成させる。日中に乞食であれば、夜には皇帝である夢を見る。日中に皇帝であれば、夜にはブッダ――乞食になった夢を見るだろう。

そのようにして物事は起こった。

ブッダは皇帝の宮殿で生まれたが、彼は乞食になる夢を見始めた。十二年後、彼が光明を得て家に帰って来た時、彼の父は言った。「こんな馬鹿げたことを止めなさい！　お前は私の一人息子だ。戻ってきなさい。私はお前を待っている。このすべての王国はお前のものだ。そして私たちの家族の中に、これまで乞食はいなかったのだ」

ブッダは笑い、そして言った。「おそらくそうでしょう、父上、あなたの家族の中にはこれまで乞食はいませんでしたが、私に関する限り、私は何生もの間、乞食になっている夢を見てきました」

あなたが非常に裕福なら、貧しい人々は途方もなく美しく、くつろいだ状態で生きているに違いないと考え始める。あなたが街で、ボンベイや東京やニューヨークのような大都市で生きる時、あなたは村は美しいと考える。村人に尋ねてごらん。彼らはボンベイに、東京に、ニューヨークに到着することを憧れている。彼らは夢を見る。あなたが貧しい時、金持ちになる夢を見る。あなたが金持ちなら、貧しくなる夢を見る。

あなたの夢を見守りなさい。それはあなたに、日中に欠けている何かが満たされることを示すだろう。日中には、あなたは自分の極性の一部になり、夜には、自分の極性の別の部分になる。あなたは二つだ。だから夢見の中であなたに対話が続くだけでなく、あなたが目覚めている瞬間にも対話があるのだ。

あなたが起きている時に悪人なら、眠っている時は聖人になるだろう。起きている間が聖人なら、眠っている間は罪人になるだろう。だからあなた方のいわゆる聖人は、非常に睡眠を恐れるのだ。彼らは睡眠を減らし続ける。なぜなら一日中どうにかして彼らは聖人のままでいたのだが、夜についてはどうするのだろう？　一日中彼らは禁欲していた。彼らはどんな女性の顔も見なかった。彼らは生を避けた。しかし夜にはどうするのだろう？　彼らは避けてきたが、避けられなかったこれらすべての顔が、彼らの実存の中に浮上する。

美しい女性たちは、彼らが昼間に見たよりさらに美しく湧き出てくる。彼らは、自分たちを破壊するために天女《アプサラス》を遣しているのは、天の神インドラだと考える。誰もどんなアプサラスも遣していない。誰もこれらのかわいそうな者たちには興味がない。なぜインドラが興味を持たなければならないのだ？　何のために？

違う、これは代償だ。日中、彼らは自分の聖人らしさを制御する。夜に彼らがくつろぐ時——そして彼らはくつろがなければならない。彼らは休まなければならない——彼らが休む時、すべてが緩和される。彼らの制御力も緩和される。突然、抑圧してきたものがすべて姿を現わす。

あなたの昼とあなたの夜は、絶え間ない対話の中にある。精神分析医は、あなたの昼間の生を見守ることは、あなたの夢の生を見守るほど重要ではないと言う。なぜなら昼間の生ではあなたは装う人、偽善者だからだ。真実ではない顔を見せ続ける。夢の中ではあなたはもっと現実だ。もはや偽善者ではない。もはや装う人ではない。あなたにはどんな仮面もない。だからすべての精神分析医たちは、あなたの夢を分析しようとするのだ。

これは皮肉だが、あなたの夢はあなたの昼間よりも真実だ。あなたが眠る間は、あなたが目覚めている時よりも本物だというのは真実だ。これは残念なことだが、そうなのだ。人間はとても欺瞞的になってしまった。

私があなたに言うことがこれだ。あなたが統一体にならない限り、これは続くだろう。日中あなたは制御できる、あなたは善人になれる。夜、あなたは悪人になるだろう。夢の中で犯罪者になるだろう。自分が一日中制御してきたことと同じことをするだろう、正確に同じことをするだろう。あなたが日中に絶食していたなら、夢の中でご馳走を食べる。あなたの否定された部分はその復讐をするだろう。そしてあなたは両方の道を一緒に行くことはできない。それが人間と呼ばれる病気だ。それが人間の不安、苦悶だ――両方の道を行くことはできない。同時に善と悪であることはできない。同時に聖人と罪人であることはできない。それがその困難さだ。

あなたは選ばなければならない。そしていったん選ぶとあなたは引き裂かれる。板ばさみになる。あなたは窮地に陥る。あなたが選ぶ瞬間、困難が生じる。だから多くの人々は選ばないことを選ぶ。彼らは漂流の生を生きる――起こることは何であれ起こる。彼らは選ばない。なぜなら選ぶ瞬間、これは不安を作るからだ。

あなたが決断すべき時はいつでも非常に不安になることを、見守ったり観察したことがあるだろうか？　おそらくそれは非常に一般的な決定かもしれない。あなたは靴を購入していて、どの一足にするかを決めることができない。すると不安が生じる。さてそれはくだらないことだ。しかし、それでも不安が生じる。

不安は重大な決断とは何の関係もない。不安は決断それ自体に関係している。なぜならあなたは二つだからだ。あなたが決める時はいつでも、あなたの一部が両方とも支配しようとする。あなたの母親が支配しようとする。父親が支配しようとする。そしてもちろん、あなたはよく知っている。

彼らは何についても決して同意しなかったことを、彼らはあなたにも同意しないことをだ。

あなたの母親はこの一足が良いと言う。あなたの父親は、彼女に耳を傾けるな、彼女は愚かだ、この一足が良い、と言う。あなたの男性エネルギーは一つのことを言い、あなたの女性エネルギーは別のことを言う。あなたの女性エネルギーは異なる態度を取る。それは一足の靴の美、その形、その外観、その色、美学を見る。男性エネルギーは異なる態度を取る。それは靴の耐久性、その価格、その機能を見る――通りを歩いて行く時に、あなたの男性のエゴがそれを通して示されるほど、その靴が力強い形をしているかどうか――を。

男性のエゴが選ぶそれぞれのものは、ともかく男根の象徴でなければならない。男性のエゴは凄いスピード――男根の象徴、力強さを持つ車を選ぶ。あなたは常に、無力な人々が偉大な男根の車に座っているのに気づく――無力な人々が、だ。彼らが無力になればなるほど、彼らはより強力な車を選ぶ。彼らは補わなければならない。

男性のエゴは常に、男性のエゴを満たすものを選ぶ。私は力強い――それが基本的な考慮事項だ。女性的なエゴは別の種類の力――私は美しい――を与えるものを選ぶ。そのため彼女たちは決して同意しない。あなたの母親が何かを購入すると、あなたの父親は必ず同意しなくなる。彼らは同意するようにはならない。彼らの視点は異なる。

それは起こった。

ムラ・ナスルディンは多くの女の子たちに当たってみたが、彼の母親は拒絶する。そこで彼は私のところに来た。

彼は言った。「旦那、俺を助けてくれ。俺が誰を選んでも、俺の母親はとても支配的で、とても攻撃的ですぐに拒絶するのだ。俺は疲れた。俺は生涯独身のままなのだろうか？」

私は彼に言った。「一つのことをしなさい。あなたのお母さんの好き嫌いを考慮して女性を選ぶのだ。ただその時だけ彼女は承認するだろう」

ついに彼は一人の女性を見つけた。彼は非常に幸せだった。

彼は言った。「彼女は俺の母親のように歩き、俺の母親のような服を着て同じ色を選び、同じやり方で料理するんだ。俺は母親が気に入るのを願っている」

私は「行ってきなさい」と言った。そして母親は気に入った。彼女はすっかり気に入った。そしてムラはやって来たが、非常に悲しんでいた。私は「なぜあなたは悲しいのだ？」と言った。

彼は言った。「俺は生涯独身のままでいることになるだろう」

私は言った。「何があったのだ？　あなたのお母さんは気に入ったのではなかったのか？」

彼は言った。「彼女は気に入った。彼女はすっかり気に入った。しかし俺の父は？　彼が拒絶するのだ。今やそれは不可能だ！　親父は言う。『彼女は全くお前の母親のようだ。一人で充分だよ！そしてわしはうんざりしている。同じ面倒事を起こさないでくれ！　何をしている？　また同じ過ちを犯すつもりか？』と」

あなたの中にあるこの二つの極性があなたの不安の基礎であり、ブッダの、マスターのすべての努力はあなたがこの二重性を超えるのを助けることにある。

この経文は非常に重要だ。経文を読む前に、あなたに非常に象徴的な寓話を伝えたい。ジョン・ファウルズは、彼の素晴らしい本『魔術師』でこの寓話を伝えている。

王子と魔術師。

昔々、三つのことを除いてすべてを信じていた若い王子がいた。彼は王女がいることを信じなかったし、島があることを信じなかったし、神を信じなかった。彼の父親である王は彼に、そのようなものは存在しない、と教えていた。父親の領地には王女も島もなく、そして神の兆候もなかったので、王子は父親を信じていた。

しかしある日、王子は彼の宮殿から逃げ出して隣の国にやって来た。そこで驚いたことには、すべての海岸から彼は島を見たが、これらの島には奇妙で厄介な、何とも呼びようのない生き物がいた。彼が舟を探していた時、ゆるやかな夜会服を着た男が海岸から近づいてきた。

「これらは本当の島ですか？」と若い王子は尋ねた。

「もちろん本当の島だ」と夜会服の男は言った。

「そしてその奇妙で厄介な生き物は？」

「彼女たちはみんな本当の正真正銘の王女たちだ」

「それなら神も存在しているに違いない！」と王子は叫んだ。

「私が神だ」と夜会服の男は会釈をして答えた。

若い王子はできるだけ早く家に帰った。「おお、帰ってきたか」と彼の父王は言った。

「私は島々を見ました。私は王女たちを見ましたし、神を見ました」と王子は非難するように言った。

王は動じなかった。「本当の島々も本当の王女たちも本当の神も、存在しないのだ」

「私は見たのです」

「神がどんな服を着ていたのか教えてくれ」

「神は正式な夜会服を着ていました」

「彼の上着の袖は折り返されていたか？」

王子はそうなっていたのを思い出した。

王は微笑んだ。「それは魔術師の制服なのだ。お前は騙されていたのだよ」

これを聞くと王子は隣の国に戻り、正式な夜会服を着た男と出会った同じ海岸にもう一度行った。

「私の父王は、あなたが誰であるかを言いました」と王子は憤然として言った。

「あなたは前回私を騙しましたが、二度とごめんです！　今、私はそれが本物の島ではないこと、そして彼女たちが本物の王女たちではないことを知っています。あなたは魔術師だからです」

海岸の男は微笑んだ。「騙されているのは君だよ、坊や。お父さんの王国には多くの島があり、多くの王女たちがいるが、君は君のお父さんの呪文に縛られているので、君には見えないのだ」

王子は沈痛な面持ちで家に帰った。彼が父親に会った時、彼は父の目を見た。

「お父さん、あなたが本当の王ではなくて、ただの魔術師だというのは本当でしょうか？」

王は微笑んで彼の袖を折り返した。「そうだ息子よ、私はただの魔術師だ」

「それでは向こう岸の男は神だったのですか？」

「向こう岸の男は別の魔術師だった」と王は言った。

「私は真実を知らなければなりません。魔術を超えた真実を」と王子は叫んだ——魔術を超えた真実、この言葉を覚えていなさい。

「魔術を超えた真実はない」と王は言った。

王子は悲しみでいっぱいだった。彼は言った。「私は自殺します。魔術を超えた真実がないのなら、生き続けることに何の意味があるのですか？　私は自殺します。私は正直にあなたに話しているのです」

王は、魔術で死神を出現させた。死神は扉に立って王子を手招きした。王子は身震いした。彼は、美しいが非現実的な島々と、非現実的だが美しい王女たちを思い出した。

そして彼は言った。「わかりました。私はそれに耐えることができます。すべてが魔術で、魔術を超えたものが何もないのなら、私は死も受け入れられます」

「いいかね、息子よ」と王は言った。「お前も今、魔術師になり始めているのだ」

さて、この寓話は極めて重要だ。一つの魔術を別のものに変えることは非常に簡単だ。一つのイデオロギーを別のものに変えることは、非常に簡単だ。キリスト教徒からヒンドゥー教徒になったり、ヒンドゥー教徒からキリスト教徒になったりするのは非常に簡単だ。世間から修道院に移り変ったり、修道院から世間に戻って結婚するのは非常に簡単だ。それはとても簡単なことだ。しかしあなたは、魔術の世界だけを動かしたり変えたりしている。

あなたが自分は誰かを認識しない限り、あなたがその地点に来ない限り――騙されているこの人は誰だろう？　このすべての迷妄の遊びが作用し、魅惑し、催眠術をかけ続けるこの意識とは誰だろう？　この基本的な意識とは誰だろう？

なるほど、夢は虚偽であり得るが、夢見る人は虚偽ではあり得ない。夢が存在するためにでさえ、本物の夢見る人が必要だ。

これが真実を探求した東洋全体の結論だ。それをはっきりさせなさい。日中、あなたは世界の中で生きる。あなたは、それは現実だと考える。あなたの考えはあまり重要ではない。なぜなら夜にあなたが眠っている時、あなたはこの現実の世界を完全に忘れるからだ。あなたがそれを忘れるだけではなく、あなたがこれまでそれについて知っていたことさえ思い出さない。このすべての現実は単純に消える。夢の世界では、あなたは夢が現実であると考え始める。夢は、それが起こる時はこの世界と同じくらいリアルだ。

さて、たった今あなたは私の前に座っている。あなたは本当に私に耳を傾けているのか、それとも私についての夢を見ているのか、それを判断する方法があるだろうか？　決定する何らかの基準があるだろうか？　あなたは単に眠って夢を見ているだけなのかもしれない。あるいはおそらく私が眠っていて、あなたについての夢を見ているのかもしれない、あるいはおそらくそれは真実かもしれない。しかしどうやって決定する？

それは現実だと感じる感覚が、それを現実にすることはできない。なぜなら夢の中では、夢は現実だと感じるからだ。だからあなたの感覚は、現実性を充分保証するものではあり得ない。現実はどんな意味もなさないとあなたは感じるからだ。なぜなら夢の中では、それが現実だと絶対に感じるからだ。夢の中では決して疑わなかった。もちろんあなたが自分の夢の外にいる時には疑うが、それは要点ではない。

もしいつか、あなたが自分の目覚めている生と呼ぶこの夢が壊れるなら――それはある日壊れる、それがブッダになるという意味だ――この目覚めている夢が壊れる時、突然人は、それを通して生きていたものはすべて、ただの魔術、幻想、夢だったことを認識する。それは非現実になる。ちょうど毎朝あなたが目を覚ますと、夜全体と夢の世界が消えるようにだ。そして突然、あなたはそこには何もないことを実感する。

夜には夢が現実に見え、昼間にはあなたが現実と呼ぶものは何であれ現実に見えるが、それが疑わしいのは、夜には昼間の現実は消え、昼間には夜の現実が消えるからだ。そしてあなたがそれをこれまで比較できなかったのは、それら両方を一緒に持てないからだ。比較は、あなたが一方に山のような夢を、他方にいわゆる山のような現実を持てる時にだけ可能だ。その時あなたは比較できる。しかしあなたはそれらを両方一緒に持つことはできない。

夢が存在する時、現実は存在しない。いわゆるあなたの現実のことだ。現実が存在する時、夢は存在しない。どうやって比較する？　比較する方法はない。

それで東洋の賢人たちは、その必要はないと言ってきた。唯一現実であるもの、あるいは唯一あなたが確かであり得るもの、それはあなただ。確かなものはあなたが見るものではなく、見る者だ。人は夢が存在することは確かだと思える――夢は非現実かもしれないし、あるいは現実かもしれないが、それは重要ではない――だが夢が存在するためには、たとえそれが非現実でも、現実の見る者が必要だ。

夜には、あなたは現実だった、夢は非現実だった。朝、夢はもはや存在しない。ただあなただけが存在する。再びもう一つの夢が繰り広げられる。

人が光明を得る時、その夢さえ消えるが、あなたはまたもや現実だ。あなたはそれでも現実だ。

たったひとつの現実があり、それはあなたの内なる意識、あなたの目撃する魂だ。他のすべては現実であるかもしれないし、非現実かもしれない。それを決定する方法はない。

荘子について言われていることがある。彼はある夜に、一つの花からもうひとつの花に移ったり、庭に飛び込んでいたりする蝶になった夢を見た。朝、目を覚ました時、彼は非常に困惑した。彼は偉大な教師、偉大なマスターで、これまで地上に生まれた中で最も偉大な覚者《ブッダ》の一人だった。彼の弟子たちが集まり、彼らは彼を見た。すると彼は非常に悲しんでいた。

彼らは言った。「先生はこれまで悲しんだことがありませんでした。どうしたのですか？」

彼は言った。「お前たちにとって解決すべき問題がある。その問題は、私、荘子は夜に自分が蝶になった夢を見たことだ」

彼らは笑って言った。「今、夢は消えています。あなたは目覚めています。なぜそれについて悩むのですか？」

荘子は言った。「全部を聞きなさい。今、問題が生じている。荘子が夢を見ることができて、夢の中で蝶になれるなら、なぜその逆は起こらないのだ？　蝶は眠りに就いて自分が荘子になった夢を見る。では誰が誰なのだ？　荘子が蝶になった夢を見ているのか、蝶が荘子になった夢を見ているのか――。これが私を非常に悲しませている問題なのだ」

彼の弟子の誰もこの難問、この公案を解けなかったと言われている。どうやってそれを解いたらいい？　誰が誰かをどうやって決定するのだろう？　だが非常に瞑想的な誰かがいたなら、彼は答えただろう。

実のところ荘子は、弟子の中の誰が本当に瞑想的なのかを知るために、質問を提起しただけだった。なぜならその時、蝶も真実ではなく荘子も真実ではないが、困惑している者、蝶を見た者、荘子を見ている者、蝶になっている荘子を見た者と、荘子になっている蝶を見た者はいるからだ。その油断なき状態、その気づくこと、その目撃、その観照《サクシン》、それが唯一の現実だ。

これがマーヤの概念の意味だ。それは、あなたが見るものすべては非現実であるということだ。ただ見る者だけが現実だ。見る者に向かって進み続けなさい。そうでなければ、あなたは魔術の世界に生きる。あなたは一つの魔術の世界から、別の魔術の世界に変わることができる。人間は嘘の中で生きる。人々は彼らの嘘を彼らの哲学と呼ぶ。

フロイトはどこかで、非常に鋭い洞察力で、人間は嘘なしでは生きていけない、と言った。人間に限り、フロイトは正しいと思われる。人間は嘘なしでは生きられない。嘘のない人間は困難になる。なぜならその時あなたは、多くの勇気が必要になるからだ。あなたの嘘は生を生き易くさせる。それは潤滑油のように機能し、あなたをより動き易くさせる。

ある人は神を信じている。それは生を少し円滑にさせる。あなたは誰かに自分の責任を負わせることができる。ある人は他の世界があることを信じている。おそらくここで私たちは惨めだが、その楽園は私たちを待っている、私たちを歓迎する準備ができている。これは助けになる。マルクスは、宗教は人々の阿片であると言った。確かに、彼もまたある意味で真実だ。

すべての希望は嘘だ。未来へのすべての期待は嘘だ。確かに、宗教は阿片であり得るが、共産主義もそうであり得る――この世界であれ別の世界であれ、未来への希望を与えるもの、起こるかもしれないし起こらないかもしれない何かのために、あなたの現在を犠牲にするよう促すもの、あなたに意味の感覚を与えるもの、あなたは英雄であるという感覚を与えるもの、あなたのエゴを養うのを助けるもの、それらは何でも阿片であり得る。

かつてグワーリヤル（インドのマディヤ・プラデーシュ州の都市）の王妃《マハラニ》が、一連の会談のためにグワーリヤルに私を招待した。最初の講演を彼女が聞いた後、彼女は非常にかき乱された。それは非常にヒンドゥー教的なマインド、非常に独断的なマインド、ありふれた古風なマインドだ。彼女は非常に心を乱された。彼女は午後に私に会いに来て言った。

「先生、あなたが言うことは何でも魅力がありますが、それは危険です。私は一つの要望を持って来ました。どうか人々の信仰を破壊しないでください」

私は彼女に言った。「もし信仰が破壊されるのなら、それには価値がない。もし信仰が破壊され得る信仰なら、それは嘘の信仰だ。本当に真実の信仰である信仰は、破壊されることを決して恐れない。それが破壊されないのは、真実が破壊され得ないからだ」

ヒンドゥー教徒は恐れている、キリスト教徒は恐れている、イスラム教徒は恐れている、ジャイナ教徒は恐れている、誰もが恐れている——我々の信仰を破壊しないでくれ！と。彼らの信仰の中に、まさに自分たちの嘘、魔術の世界、夢、期待を隠している。彼らは非常に神経過敏だ。もしあなたが彼らの肋骨を突くなら、彼らの信仰は皮一重の深さか、それさえもないものだ。彼らがすぐイライラするのは、彼らの信仰が彼らのハートの中の深い何かではないからだ。それは単にマインドの中の信念にすぎない。

グワーリヤルのマハラニは私に言った。

「私は息子を連れて来たかったのです。彼は非常に興味を持っています。あなたの話を聞いて、彼は魅了されてしまいました。でも私は彼を妨げました。私は彼をあなたのところへ連れて来ませんでした。あなたは危険ですし、彼は若いです。そして彼は、あまりにもあなたに感銘を受けるようになるでしょう。ですから私は彼を連れて来ませんでした」

この恐怖は何だろう？　あなたは嘘にしがみついているのだろうか？　嘘だけが破壊されるのを恐れる。嘘だけが保護を必要とする。真実はそれ自体において自明だ。だから、もしあなたがただの嘘に過ぎない何らかの信仰を持つと、それはあなたを安心させる。私にはわかる。それは世界に適応する助けになる。それはわかる。しかしそれは、究極的にはあなたを助けることにはならない。遅かれ早かれあなたは夢から覚めるだろう。そして人生が浪費されてしまったのがわかるだろう。

外側のどんなものにもしがみつく必要はない。外側の何が真実で何が嘘かを決めることは、いずれにせよあなたにとってはまだ可能ではないからだ。今のところ、あなたはただ内側に進み、外側に関するすべてを忘れるほうが良いだろう。ヒンドゥー教、キリスト教、イスラム教を気にしてはいけない。ヴェーダやギータやコーランを気にしてはいけない。ただ内に入って一つのことをあなたのゴールにしなさい。この意識は誰か、この意識は何か、私は誰か、を知ることを……。

この経文は内側の旅の段階的な指標だ。それに耳を傾けなさい。

ブッダは言った。

百人の悪人たちに食物を与えるよりも、一人の善人に食物を与えるほうが良い。

誰が悪人で誰が善人だろう？　その定義は何だろう？　悪人とは他人への思いやりがない人だ。悪人とは他人を利用し、他人への敬意がない人だ。悪人とは自分が世界の中心であり、あらゆる人はただ利用すべきものに過ぎないと考えている人だ。すべては彼のために存在する。悪人とは、他の人たちは彼の満足のための単なる手段だと考える人だ。

この定義を心に留めておきなさい。なぜならあなたは、悪人とは犯罪者だと普通は考えるからだ。悪人は犯罪者ではないかもしれない。すべての悪人が犯罪者だというわけではない。すべての犯罪者は悪いが、すべての悪人が犯罪者というわけではない。彼らの何人かは裁判官で、何人かは非常に立派な人々で、何人かは政治家、大統領や首相であり、何人かは聖者としてまかり通ってさえいる。

だから私たちがこの経文について語る時は、悪人の定義を覚えていることだ——ブッダは、悪人とは他人への思いやりがない人だと言う。彼はただ単に、自分自身のことだけを考える——彼は自分が存在の中心であると考え、すべての存在が彼のために作られたと感じる。彼は自分自身のためにあらゆる人を犠牲にする権限を与えられていると感じる。彼は一般的には悪くはないかもしれないが、もしこの態度をとるなら彼は悪人だ。

善人とは誰だろう？　悪人と正反対の人だ。他人への思いやりがある人、自分自身に与えるのと同じくらいの尊敬を他の人に与える人、どんな形であれ、自分は世界の中心であるというふりをしない人、誰もが世界の中心であることを感じるようになった人。世界は一つだが、数多くの中心が存在する。彼は非常に尊敬の念を持っている。彼は他人を手段として使うことは決してない。他人はその人自身に帰する。彼の畏敬の念は途方もない。

見守りなさい。自分の生を見守りなさい。あなたは性欲のために妻を利用しているだろうか？　あなたは売春婦のところには行かないかもしれない。普通あなたは、売春婦に行く人は悪いと考える——それは非常に大雑把な定義だ。自分の妻を単なる性的対象として利用しているなら、他の誰とも同じくらい悪い。あなたと売春婦に通う人との唯一の違いは、あなたが永久的な売春婦を持っているということ、あなたの結婚が永久的な取り決めであり、別の人は日々取り決めをすることだ。あなたは車庫に車を持ち、彼はタクシーを利用する。

　もしあなたが自分の妻を尊重していないなら、あなたの妻は売春婦だ。もしあなたが彼女を自立した人として彼女を尊敬していないなら――。これは何を意味しているのだろう？　それは、もし彼女にその気がないなら、彼女が愛を交わす気分でないなら彼女を強要しない、という意味だ。あなたは「私は君の夫で私には権利がある、法的権利が――」とは言わない。いや、あなたは尊重する。あなたは彼女の意志を尊重する。もし両者が同意するならけっこうだ。相手が同意していないなら、あなたは多少なりとも強制しないだろう。あなたは、妻は夫の犠牲になるべきだという経典を引用しない。あなたは、妻は夫を、彼が神であるかのように信じなければならないと言うことはない。これはすべてナンセンスだ。これはすべて男性指向のトリップだ。

　もし妻が自分の夫を、ただ経済的な代物として、生活資金的な保障として利用するなら、それは売春だ。なぜ売春婦を非難するのだろう？　彼女がお金のために身体を売るからだろうか？　だがもし妻が、夫と愛を交わすのは、彼がお金を持っているから、彼と一緒にいることは安全だから、そして未来が不確かではないからとだけ考えているのなら、そして彼女が愛を持たずに、彼女のハートに愛を持たずに一緒に住み続け、この男と一緒に寝るなら、その時彼女は売春している。その時彼女の考えは、夫とは彼のお金、彼の銀行預金残高以外の何ものでもない。

ブッダが善人とは誰かと言う時、自分自身を尊重するのと同等に他人を尊重する人を、善人と定義している。イエスは「あなた自身を愛するように、他人を愛しなさい」と言う。それが善人の定義だ。彼の尊重は途方もない。彼の敬意は途方もない。

たとえ子供があなたの家に生まれても、あなたは彼に自分のイデオロギーを強制しない。あなたはイスラム教徒かもしれないし、ヒンドゥー教徒かもしれない。子供はあなたの家に生まれる。あなたはヒンドゥー教徒、またはイスラム教徒になることを子供に強制しない。あなたが子供を強制すると、子供に向けて敬意を表していないことになるからだ。あなたは単に機会を使っている。子供は無力であり、子供はあなたに依存しなければならないからだ。彼はあなたに従わなければならない。もしあなたが彼を寺院や教会に連れて行こうとすれば、彼は行かざるを得ない。あなたが何を言おうと、彼の生存のためには、あなたにイエスと言う必要があるからだ。あなたがこの機会を使うなら、無力な子供を搾取している。おそらくそれはあなたの子供だろうが、あなたは彼を搾取している。

世界が善良な人々で成り立っているなら、子供たちは完全に自由で、どんな宗教に入ることも強制されないだろう。世界にはキリスト教徒やヒンドゥー教徒やイスラム教徒はいないだろう。そこにはただ善人、成長する人々だけがいるだろう。そして彼らは、どこであれ自分のハートが合うと感じるところを選ぶだろう。おそらくそれは寺院かもしれない、あるいはそれは教会、モスク、グルドゥワラかもしれない。彼らは自分の宗教を選ぶ。それは彼らの自由だ。彼らは自分の人生を選ぶ。それは彼らの自由だ。
あなたは強制しない。あなたは子供を愛するが、自分の知識を彼に与えることはない。あなたは子供を愛するが、自分の野心で彼の存在を毒さない。あなたは子供を愛するが、彼を所有しない。子供があなたに準じて成長するのではなく、彼の存在に準じて、彼自身であることに準じて成長するよう助ける。それならあなたは善人だ。

百人の悪人たちに食物を与えるよりも、一人の善人に食物を与えるほうが良い――

なぜならもしあなたが悪人に食物を与えるなら、あなたは悪を養うことになるからだ。あなたが善人に食物を与えるなら、あなたは善を養う。世界が良くなるための役に立ちなさい。あなたが世界を見出した時と全く同じような世界のままではいけない。それを少し良くしなさい、それをもう少し美しくしなさい。そこにもう少し多くの歌を、もう少し祝祭を増やしなさい。戦争を減らし、政治家を減らしなさい。愛をもっと増やし、憎しみを減らしなさい。それが、ブッダが一人の善人に食物を与えるとい言う意味だ――それは百人の悪人たちに食物を与えるよりも良い、はるかに良いことだ。

千人の善人たちに食物を与えるよりも、ブッダの五戒に従う一人に食物を与えるほうが良い。

さて、ブッダは誰をブッダの五戒――パンチャシーラに従う人と呼ぶのだろう？パンチャシーラとは、五戒とは、所有欲がないこと、盗まないこと、暴力的でないこと、嘘をつかないこと、性的ではないことだ。ブッダの五戒に従う人、彼は善であるだけではなく、他人に親切であるだけではなく、道徳的なだけではなく、宗教的であり始めている。

それが善人と宗教的な人との違いだ。善人は知性を通して生きる。彼は考え、熟慮し、思考を通して方法を見つけようとする、そして彼は「私が存在するように、私に存在する権利があるように、他の人にも存在する権利がある。私が自由でいたいと思うように、他の人も自由を好む」と感じるようになる。これは彼がよく考えた上での意見だ。それについて考えている。彼は宗教的ではない。極めて知的な人間だ。

バートランド・ラッセルは善人で道徳的な人だが、宗教的ではない。彼が善いと考えるようになるものは何でも彼はするだろう。しかし善は論理として、三段論法として生じる。それは思考の結論だ。

宗教的な人は、思考において善であるだけではない。彼は在ることにおいて善くなり始める。瞑想的な状態へ成長し始める。宗教的な人はこれらの五戒に従う。これらはすべて否定的だ。盗まないこと、嘘をつかないこと、性的でないこと、暴力的でないこと、所有欲がないこと。宗教的な人が否定的なのは、彼自身がまだ真実とは何かを経験していないからだ。他の誰かを通して真実を感じるようになった。彼はブッダに従う。彼はマスターの近くに生きる。彼は誰かが炎になっているのを見た。彼はそれがどこかで起こるのかを見守った。しかしそれは彼自身に起こっていない。彼は引き付けられる。それの真実を確信しているが、それでもそれは外側からのものだ。彼は従う者だ。

だからブッダは言う。

千人の善人たちに食物を与えるよりも、ブッダの五戒に従う一人に食物を与えるほうが良い。

彼のアプローチはまだ否定的だ。肯定的な真実は、ただあなたによってのみ達成され得るからだ。誰かが達成しているかもしれない。彼を見守ると、彼との深い親密な関係にあると、あなたはその肯定《イエス》を、そこに真実があるのを感じるかもしれない。しかしそれは外側にあるままだ。それはあなたの体験ではない。

あなたはのどが渇いていて、川から来る誰かを見る。彼にはのどの渇きがない。あなたは彼の渇きが癒されていることを、彼の顔から、彼の目の輝きから見ることができる。そしてあなたは彼が水の源泉を見つけたのに違いないと感じることができる。そしてあなたは川に向かって彼に従うが、それでも尚あなたは自分の渇きを癒していない。

しかし、ただ善であるよりましだ。その時あなたは、単にあなたの知性によって動いているのではない。今あなたは、自分の直感で動き始めた。今あなたはただ頭だけではない。あなたはハートに向かって動いている、ハートに傾いている。

マスターを見つけることが、宗教的な人になるための唯一の方法だ。マスターなしでは、あなたはせいぜい道徳的な人、善人にはなれるが、宗教的な人にはなれない。なぜならあなたが決して味わったことのない何かを、どうやって信じるのだろう？　あなたが決して体験したことのない何かをどうやって信じるのだろう？　あなたが他の誰かにさえ起こるのを決して見たことがない何かをどうやって信じるのだろう？

覚者《ブッダ》が世界を通過する時、多くの人々はぞくぞくする。彼らの熱意は沸き立つ。

彼らはその肯定《イエス》を、世界は世俗的なもので終わりではないことを、それ以上のものがあるのを感じ始める。ブッダのまさにその臨在、彼の冷静さ、沈黙、彼の溢れ出る至福と慈悲、彼の光明を得た輝く存在、ただ彼の雰囲気が新しい人生に向けてあなたを揺り動かし、未知の扉を開く。しかしそれでもブッダは言う、あなたは従っている、と。あなたはまだ自分自身の光であることができない。あなたの目は眩んでいるが、あなた自身の炎に達していない。

ブッダの五戒に従う一万人の人たちに食物を与えるよりも、一人のスロタパンナに食物を与えるほうが良い。

それからブッダは言う、サニヤシンに食物を与えるほうが良い――スロタパンナとはサニヤシン、川に入った人を意味する。それは他の人が川で泳ぎ、足をばたつかせ、楽しみ、川の冷たさを祝っているのを、川岸の上に立って見ていない人だ。

宗教的な人は川岸の上に立っている。彼は、川の中にいて途方もなく幸せな人々を見ることができるが、彼はまだ跳び込む勇気を奮い起こすことができていない。彼はまだ世界に、川岸に多く関わり合っている。彼は普通の、世俗的なものに多く関わり合っている――金銭、権力、名声、家族、身体、健康――千と一つの物事に――。彼はまだ手放すための充分な勇気がない。

スロタパンナは明け渡した人、流れに入った人を意味する。スロタパンナは私がサニヤスによって意味するもの――ジャンプした勇気ある人を、まさに意味している。それはほとんど馬鹿げたジャンプだ。なぜなら川岸の上に立っている人は笑うだろうからだ。

そして彼らはこう言うだろう。「あなたは何をしているのだ？　どこへ行くのだ？　あなたは泳ぎを知らない。まず泳ぎを学びなさい。それから入りなさい」

しかし、どうやって川に入らずに泳ぎを学べるだろうか？

彼らの論理は非の打ちどころがない。彼らは、まず学びなさい、まず知りなさい、それから行きなさい、と言う。しかし最初は川岸で学ぶ。そうでなければあなたは危険を冒している。川はあなたにとって深すぎるかもしれないし、家に帰れなくなるかもしれない。それがどこへ行くのか誰にわかるだろう？　川の中にいるこれらの人々、たぶん彼らはみんな欺かれているのだろう。たぶん彼らはみんな気が狂ったのだろう。ちょっと見てごらん。大多数の人は川岸の上に立っている。ごく少数の人だけが川の中にいる。大多数の人が間違っているはずはない。

川岸の上の人々は言う。「少数派は間違う可能性がある。集団は間違うはずがない。世界にはほんのわずかなサニヤシンがいる、世界にいるブッダたちは非常に稀だ。たぶん彼らは欺かれているのだろう。急いではいけない。たぶん彼らは他人を欺いているのだ。誰にわかるだろう？ たぶん彼らには他に何か隠された動機があるのだ。待って成り行きを見守った方がいい。急いでそのようなことをしてはいけない」

しかし、そうしたことは急ぐことでしか為されない。もしあなたが待って見守るなら、待つことと見守ることはあなたの機械的な習慣になる。その時あなたはただ単に待ち続け、そして見守り続ける。それが多くの人が多くの生でやっていることだ。

ブッダは言う。

ブッダの五戒に従う一万人の人たちに食物を与えるよりも、
一人のスロタパンナに食物を与えるほうが良い。

なぜならスロタパンナは、流れの体験をするだろうからだ。彼は頼るべき自分自身の体験を持つ。

彼は流れの風味を味わい、冷静な流れの体験をするだろう——それはくつろぐこと、世俗的な心配や不安が消えることだ。それは人が奮闘、苦悩を止め、しだいにますます離れて動き、遠く離れて行く。普通の心配や不安は消える。人はより落ち着き、冷静になる。しかしこれはただスロタパンナ、サニヤシンによってのみ知られることができる。

サニヤシンは実存的な一歩を踏み出した。彼は深淵へと移動した。彼は自分の生を危険に曝している。

ブッダは、生を危険に曝している人を尊敬しなさい、その人に食物を与えなさいと言う。おそらくあなたはまだ勇気がないかもしれない。だが勇気のある人々の近くにいなさい。勇気は他のすべてと同じように伝染する。流れに入った人々を見つけなさい、彼らと一緒にいなさい、彼らに食物を与えなさい。少なくともそれは、何かがある人に起こっている、という考えをあなたに与えるだろう。あなたはそれを夢見始め、望み始めるかもしれない。あなたの隠されたエネルギーが表面に出始めるかもしれない。あなたは未知への挑戦を感じ始めるかもしれない。

宗教的な人は否定的《ネガティヴ》だ、スロタパンナは肯定的《ポジティヴ》だ。宗教的な人は他の誰かの後に続く。スロタパンナは生の流れの中に、意識の流れの中に入った。彼はエゴを落とした。今、彼はもはや覚者《ブッダ》の追従者ではない。これは理解されなければならない。

普通、もしあなたが私のサニヤシンなら、人々はあなたを私の追従者だと言うだろう。サニヤシンになることで、実際あなたは私の一部になる、あなたはもはや追従者ではない。あなたがサニヤシンになる前、あなたは追従者であったかもしれない。それからあなたは、後に続くことは充分ではない、と決心した。それは、あなたはまっしぐらに私と同行する準備ができている、私が行くところはどこであっても私と同行する準備ができている、ということだ。

さて、ひとたびあなたがサニヤシンになるなら、あなたは追従者ではない。あなたは私というエネルギーの一部だ。あなたはまさに私と一つだ。

人々は私に尋ねる。「もし私たちがサニヤスを取らないなら、あなたは私を助けてくれないのですか？ あなたは私たちを助けてくれないのですか？」

私は言う。「私は助けるだろう。それは問題ではない。しかしあなたはそれを受け取ることができないだろう。なぜならあなたは別々のままであり続けるだろうからだ、あなたは川岸の上に留まり続けるだろう」

川はあなたを海に連れて行く準備ができている。招待状は既にあなたに与えられている。川はあなたを常に歓迎している (*a standing invitation*) が、あなたは川岸に立っているだけだ (*standing*)。川に何ができるだろう？ 川は川岸からあなたを奪うことはできない。たとえそれが可能でも、それは良いことではないだろう。あなたは自発的に川へ落ちなければならないからだ。自由になるのはその時だけだ。あなたが川に誘われるなら、私が強制的にあなたを連れ去るなら、あなたを助けることはできない。それはあなたを破壊する可能性がある。それはあなたに自由を与えることはできない。どうやってあなたに究極の自由を、モクシャを与えることができるだろう？　まさに初めから束縛になるだろう。

だから私は、氾濫した川が人々を奪うようにあなたを奪うつもりはない。私は待たねばならない。あなたは私のところに来なければならない。流れの中に入らなければならない。流れの一部になることだ。

スロタパンナ、またはサニヤシンは肯定的だ。今、非-真実の代わりに、真実が彼の中に生じる。非-真実は真実が入るためのまさに準備だった。非-暴力または不-暴力の代わりに、愛、慈悲が彼の中に生じる。非-暴力はまさにそのための準備だった。暴力的でないこと、虚偽でないこと、および他の否定はただの薬に過ぎない。

あなたは病気だ。医師はあなたの病気を治すために薬を与える。病気が治ると、その後に健康が生じる。薬は決して健康をもたらさない。それは病気を治すだけだ。どんな薬によっても健康は生じない。健康を与える薬はない。健康はあなたの内なる実存だ。障害物が除去されると、あなたの生の水は流れ始める。岩が取り除かれると、あなたの泉は湧き出す。

健康は自然なものだ。薬はそれを与えることはできない。病気は不自然なものだ。病気は外からあなたに入る。外側の薬はそれを取り去ることができる。健康はあなたの最も内側の核だ。それはあなただ。あなたが自然に自分自身である時、あなたは健康だ。

宗教的な人は治療を受けている。彼は入院している。スロタパンナは我が家に帰ってきた。彼はもはや入院していない。彼は治療を受けていない。彼の健康は発芽し始めた。彼の生の泉はよく流れている。彼は肯定的だ。彼のゴールは非暴力ではない。彼のゴールは非真実ではなく、虚偽ではない。彼のゴールは何かを削除することではなく、何かを取り除くことではない。彼のゴールは何かを破壊することではない。彼のゴールは、既に彼の実存の中で沸騰しているもの、発しているものを助けることだ。

百万人のスロタパンナたちに食物を与えるよりも、一人のスクリダガーミンに食物を与えるほうが良い。

ブッダはさらにもっと深く進む。スクリダガーミンは、死んで、それから生の中に再び入ってくる人だ。彼のサマーディはまさにすぐ近くに来ている。スロタパンナは川岸から流れに跳び込んだ人だ。スクリダガーミンは、彼の川が海の非常に近くに来ている人だ。彼は究極の、最後のジャンプをする準備をしている。しかし彼はもう一度来る。ただそれだけの違いだ。

スロタパンナは七回生まれる。それが川岸から海までの距離だ。サニヤシンは七回生まれる。スクリダガーミンはもう一度、もう一度だけだ。その時、彼の負債は清算される。その時、彼は生の最終的な卒業を通過した。その時、この世界はもはや彼に対して存在しない。しかし、もう一度彼は来るだろう。おそらく彼の卒業以後のために。

一千万人のスクリダガーミンたちに食物を与えるよりも、一人のアナガーミンに食物を与えるほうが良い。

アナガーミンはやって来ない人だ。アナガーミンは、戻ってくる地点を超えて進んだ人――この世界の岸を渡った人を意味する。いったん死ぬと、彼は世界に再び来ることはない。彼はまさに海になろうとしている。川はまさにそこに――まさに海の入口にあり、ジャンプする準備ができている。彼は振り返ることさえないだろう。

スクリダガーミンは振り返る、少し躊躇している、もう一度来たいと思っている。この世界は美しい。それは魅了する。そこには多くの祝祭がある。多くの花がここに咲く。スクリダガーミンは、微妙な欲望がまだ深い無意識のどこかに潜んでいる人だ。そう、彼は人が行かなければならないことを知っているが、もう少しこの岸に居残りたいと思う。彼が最後のジャンプをして永遠に消える前に、もう一度この生を味わいたいと思う、ただ､さよならを言うための別れの挨拶として。

アナガーミンは振り返らない人だ。彼はさよならさえ言わないだろう。彼は完全に終わる。スクリダガーミンは、より良い世界が待っていることを完全に確信しているが、それでも過去を少し懐かしんでいる。

あなたは常にそれを、少し郷愁を感じる。あなたが二十年間住んでいた家から去る時、見守ったことがあるだろうか？　あなたは振り返る。またはあなたは二十年間住んでいた町を、あなたが生まれた場所を去る――あなたは振り返る。列車が出発する時でさえ、あなたは窓の外を見続ける。あなたの目は、思い出、郷愁、過去、すべての過去で少し涙ぐんでいる。あなたはあまりにも長い間ここにいた。あなたはここで愛し、ここで憎んだ。あなたには友人がいた。あなたには敵がいた。あなたはここで多くの種類の体験を持った。あなたはこの生にとても多くの借りがある。そう、あなたは行く準備ができている。あなたは既に電車の中にいるが、それでも懐かしむ目は後方を見る。スクリダガーミンは一度来る。アナガーミンは来ない。彼の出発は全面的で完璧だ。彼は振り返らない。彼には郷愁はない。起こっている未来、起ころうとしている未来はよりはるかに美しい。この世界は単に彼の意識から消えてしまった。神の黄金の峰峰が彼を待っている。無限の大洋が彼を待っている。彼は制限された存在である川を、もはや切望していない。

そう、川岸には多くの花があり、そして美しい木々と影と多くの夢があったが、それは消え失せた。消えたものは消えたのだ。

ブッダは言う。

一千万人のスクリダガーミンたちに食物を与えるよりも、
一人のアナガーミンに食物を与えるほうが良い。

一億人のアナガーミンたちに食物を与えるよりも、一人のアルハットに食物を与えるほうが良い。

アルハットとは海に落ちた人、消えた人だ。アナガーミンとは、まさに消滅の間際にいる人、境界線上にいる人だ。もう一歩で彼はアルハットとなるだろう。ほんの少しの距離で彼はアルハットになるだろう。もう一滴、ただ最後の藁がラクダの背中に必要で、それでラクダは崩れる。アナガーミンは九十九度で沸騰している。あと一度だ——。アルハットは百度を越えて蒸発した人だ。アルハットとは蒸発した人のことだ。

ブッダは言う。

一億人のアナガーミンたちに食物を与えるよりも、一人のアルハットに食物を与えるほうが良い。

アルハットとはエゴが失われた人、全体の一部になった人だ。彼はもはや彼自身としては存在しない。今彼は宇宙として、全体として存在する。実際のところそれが「神聖 (*holy*)」という単語の意味だ。それは全体 (*whole*) になった人だ。アルハットは神聖だ。キリスト教徒が使う「聖人 (*saint*)」という言葉の意味での神聖ではない——いや、その意味ではない。

キリスト教の言葉「聖人 (*saint*)」は非常に醜い。それは「サンクトゥス (*sanctus*)」という語源から来ている。教会によって認可されたものだ。それは醜い――どうやって認可できるだろう？　誰が認可するのだ？　どの政府も聖人の証明書を発行できない。バチカンに存在する政府にさえ、ローマ法王にさえ権限はない。聖人を認定することはできないが、キリスト教の「聖人」という言葉はローマ法王によって認定される人を意味する。

アルハットはそういう意味での聖人ではない。アルハットとは、全体の中に彼自身を失って神聖になった人を意味する。

十億人のアルハットたちに食物を与えるよりも、
一人のプラティエーカ・ブッダに食物を与えるほうが良い。

次に、このプラティエーカ・ブッダ（独覚）とは誰だろう？

アルハットは覚者《ブッダ》たちに従って我が家に到着した人だ。プラティエーカ・ブッダとは決して誰の弟子でもなかった人、独りで探求するようになった人だ――彼の旅は全く一人だった、彼の道は全く一人だった。プラティエーカ・ブッダは稀な現象だ。何世紀にもわたって数多くのアルハットがいるが、極めて稀なのが、全く一人で奮闘したプラティエーカ・ブッダだ。そしてもちろん、彼らは必要とされる。そうでなければアルハットは起こり得ないだろう。

プラティエーカ・ブッダは、他の人たちが彼らに従えるために必要とされる。彼らは先駆者であり突破口であり、彼らは道を作る。

それを覚えていなさい。プラティエーカ・ブッダは初めて生のジャングルに移動して、彼のまさに動きによって道を作る人だ。その後、他の人たちは従うことができる。それらの他の人たちは同じ地点に、同じゴールに到達するが、彼らはアルハットだ。彼らは道を作らなかった。彼らは道の発見者ではない。彼らは道の建設者ではない。より多くの敬意がプラティエーカ・ブッダに払われる必要があるのは、そこに道はなかったからだ。彼が道を作ったのだ。


百億人のプラティエーカ・ブッダたちに食物を与えるよりも、現在か、過去か、未来のブッダたちの一人に食物を与えるほうが良い。


次に、プラティエーカ・ブッダとブッダの違いは何だろう？

プラティエーカ・ブッダは道を作るが、誰かが彼に従っているかどうかを決して気にしない人だ。彼に慈悲はない。彼は孤独な旅人で、彼は一人で見つけた。だから彼は自分が見つけた時、誰でも見つけられると考える。人々のところに行って伝えることに、何の意味があるだろう？　彼はマスターではない。

プラティエーカ・ブッダは道を作るが、他の人たちのためではない。それを覚えていなさい。彼はただ動いているだけで、道は彼の動きによって作られる——ジャングルの中の小さな小道。彼が動いたので、他の人たちは彼に従う。それは彼らにとってのことだ――彼は決して気にしない。彼は孤独な旅人であり、自分に起こり得ることは他の人たちにも起こり得ると考える。

ブッダ自身が光明を得た時、これら二つの選択肢が彼の前にあった。ブッダになるか、あるいはプラティエーカ・ブッダになるか、そのどちらかの選択肢が――。七日間、彼は静かなままだった。そこには、プラティエーカ・ブッダを選ぶかもしれないあらゆる可能性があった。そうしたら人類全体は、途方もない価値を逃していただろう。

ブラフマーが、彼のすべての神々と共に天から降りて来たと言われている。それは美しい寓話だ。彼らはブッダの足元に伏して、彼を拝んだ。

「目を開いてください。そしてあなたが見つけたものは何であれ私たちに教えてください」

しかしブッダは言った。

「何の意味がある？ もし私が見つけられるのなら、他の人たちも見つけられる」

彼はプラティエーカ・ブッダになる方向に傾いていた。彼の論理は完璧だった。私が見つけられるのに、なぜ他の人たちにはできないのか？「そして、」と彼は言った。

「たとえ私が教えても、耳を傾けたい人たち、彼らだけが私に耳を傾けるだろう。行く準備ができている人、彼らだけが私と一緒に行くだろう。彼らは私なしで行くことができる。そして行く準備ができていない人、彼らは、たとえ私が屋根の上から叫んでも、耳を傾けようとしないし、彼らは行かないだろう。ではなぜ気にするのだ？」

神々はどうすべきか彼ら同士で議論した、どうやってこの男を説得するかを……。偉大な機会が宇宙で起こった。もし彼がプラティエーカ・ブッダになるなら、再びメッセージは失われるだろう。もちろん、少数の人々は再び道を見つけるだろうが、超高速道路を作るという可能性がある。そして歩道はすぐさま消え得る。木は再びそこに蔓延《はびこ》ることができる。それは来る世紀のために、人々が従えるような方法で準備されるべきだ。木や密林がそれを破壊しないように、再びそれを覆わないように。彼らは議論した。彼らは自分たちの間で論じ合い、一つの論拠を見出した。

彼らは再びブッダのところに来て言った。

「あなたは教えなければなりません。なぜなら私たちは見たからです。私たちは世界中を見て回りました。確かに、あなたは正しいです。あなたにすぐに従う少数の人々がいます。そして私たちは知っています。それらの人々は、たとえあなたが言わなくても見つけるだろうということを――少し後に、多分あと二、三歩でしょうが、彼らは見つけるでしょう、私たちはそれに確信があります。彼らは既に探求にたずさわっています。ですから、おそらくあなたの教えはゴールをより早くもたらすでしょうが、それ以上のことは何も起こらないでしょう。あなたは正しいです。

そしてあなたのような人に耳を傾けない人々、耳を貸さない数多くの人々がいるのを私たちは知っています。私たちは見てきました。私たちは人間の心の中を調べてきました。だから、彼らに話すことは何の意味もありません。しかし私たちはまさにその二つの間にいる、まさにその境界線上に潜在している少数の人々を見てきました。あなたが話さないなら、彼らは進まないでしょう。そしてあなたが話すなら彼らは耳を傾け、勇気を奮い起こすでしょう。ですからお願いします、それらの少数の人々のために」

そしてブッダは反論できなかった、彼は譲歩しなければならなかった。そして彼はブッダになり、プラティエーカ・ブッダになるという考えを落とした。

ブッダは自分の道を見つけた人だが、それだけではない。彼はより多くの人々がそれに従えるようにその道を作った――。彼は他人に対して、暗闇の中で手探りしているすべての奮闘する人間に対して、途方もない慈悲を持っていた。

百億人のプラティエーカ・ブッダたちに食物を与えるよりも、ブッダたちの一人に食物を与えるほうが良い。
千億人の過去、現在、未来のブッダたちに食物を与えるよりも、知識、一面性、規律、そして光明より上位にいる人に食物を与えるほうが良い。

それから彼は最後の地点、ゼロ地点に来る――さらにブッダを超える地点に。人間の知性が行き着くところに関する限り、ブッダは最後の地点のように見える。だから私たちはゴータマ・シッダールタを「ブッダ」と呼ぶのだ。なぜならそれは言語が行き着くところだからだ。しかし言語を超えた地点がある。表現できない地点がある、象徴を超えた、言い表せない地点が。ブッダが、ブッダであることさえ超えて行くと呼ぶものが。

その時、人は自分が光明を得たとは何ら考えることさえない。その時、人は全く規律を持たない、その時、人は性格を持たない。その時、人はいない。人は単なる虚空の空間だ。

なぜならブッダの中には、少なくとも他の人たちを助けたいという少しの欲求が、他の人たちへの慈悲が存在するからだ。しかしそれもまた束縛だ。それはブッダがまだ「他の人たちがいる。そして私がいる。そして私は他の人たちを助けることができる」と考えていることを意味している。まだ「私」と「あなた」、「私 *me*」と「汝 *thou*」の最後の微妙な境界線が存在する。

ブッダが言う最後の地点は、すべての知識が消え、すべての体験が消えるゼロ地点だ——涅槃《ニルヴァーナ》の体験さえも——それを体験する人は誰もいないからだ。それについて何かを言うことは困難だ。ただ否定的な描写だけが可能だ。

すべての宗教にこの地点を見つけることができる。それに対して異なる言葉がある。ユダヤ教徒、キリスト教徒、イスラム教徒、ヒンドゥー教徒はこの地点を神と呼ぶ。それが彼らの「超えたもの」の言い方だ。しかし、仏教の方法ははるかに優れていると思われる。ジャイナ教徒、サーンキャ学派、ヨーギたちはこの状態をモクシャ、絶対的な自由と呼ぶ。または他の人たちはそれをカイヴァリヤ、絶対的な独りあること、と呼ぶ。しかしそれでも、これらすべての言葉はそれを制限する。ブッダはどんな言葉も使わない。彼は単純に言う。

千億人の過去、現在、未来のブッダたちに食物を与えるよりも、知識より上位に、一面性より上位に、規律より上位に、光明より上位にいる人に食物を与えるほうが良い。

これらはあなたの内側の可能性だ。普通あなたは悪人として存在するので、あなたは最小で最低の段に存在している。善人になるように試みてごらん。それは悪いよりも良いが、それがゴールだと考えてはいけない。それはすべて比較によるものだ。それはすべて相対的だ。

私は聞いたことがある。

ムラ・ナスルディンは女性に恋をしていた。彼は少女の父親のところに行って、彼が娘の手をつなぐことを許されるよう頼み込んだ。父親は全く異存がなかった。

彼は言った。「私は全く嬉しい。私には異存はないが、妻は同意しないだろう。彼女は君の長いヒッピーのような髪、君の詩的な生活スタイル、君のユニセックスの服に関して考えるだろう。彼女は君が女々しく見えると思うだろうね」

ムラはそれについて考え込み、そして言った。「彼女は正しいです。彼女と比較したら、ね」

すべては比較だ。善人は悪人と比較すると良いが、宗教的な人と比べると、彼はまさに悪人のようだ。サニヤシンは宗教的な人と比較すると良いが、スクリダガーミンと彼を比較するとどうなる？

——そしてそれが続いてゆく。

あなたが内側の道を旅すればするほど、より高い頂上があなたに入手できるようになる。あなたがまさにその最後に、極限に到達しない限り、決して終わらせてはいけない。そしてその極限が超えた状態——何も存在しないか、ただ純粋な存在だけが残るところだ。

その純粋さがゴールであり、その純粋さの中であなたは一つになる。その純粋さが達成されない限り、何らかの形で二元性は続く。まず粗雑な方法で、その次に微妙な方法で、それから極めて微妙な方法で。まず意識の中で、それから無意識の中で、だがそれは続く。それから超意識の中でもそれは存続する。それは影を作り続ける。

だからそれを覚えていなさい。ゴールは完全に消えることだ。ゴールはすべての二元性を、すべての定義を超えることだ。ゴールは全体と一つになることだ。

第十章 かくの如く来たりてかくの如く去りぬ

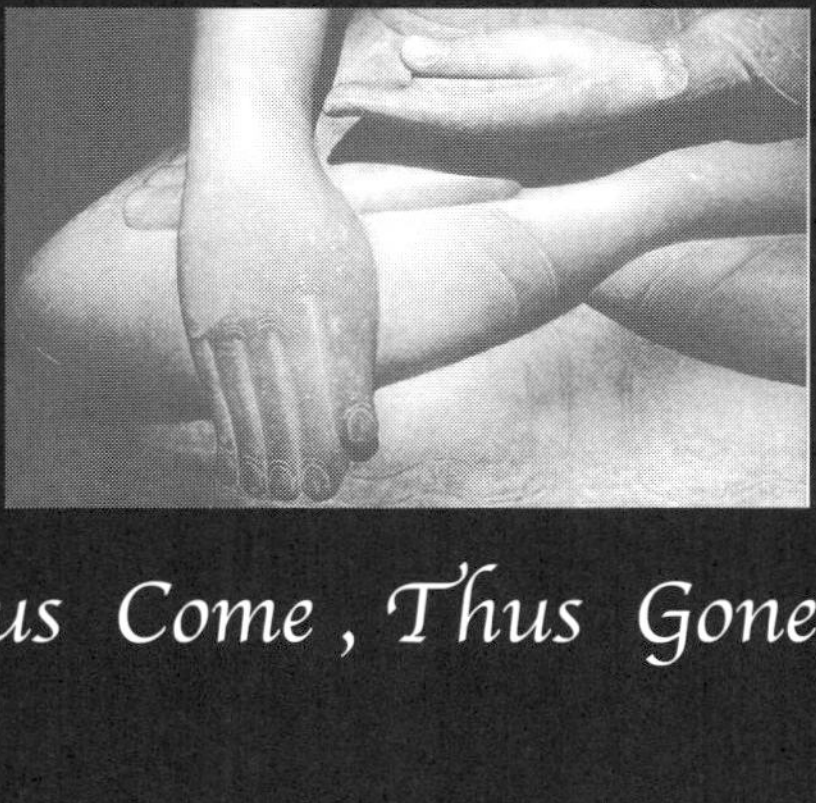

Thus Come, Thus Gone

最初の質問はアナンド・ニルグランサからだ。

質問一

あなたは、ブッダが神について話さないのはそれが証明できないからだ、と言います。それでも次の瞬間には、彼は別の生と輪廻について話します。これは科学的事実とどのように適合するのでしょうか？

ブッダは、魂はない、と言います。死後に残るものとは何なのですか？　輪廻とは何ですか？　私は漠然と、残るものは無形のものであることができる、と理解しています。でもそれは個々の実体を持てるのでしょうか？　同じ波は再生しません。

その質問は非常に重要だ。無自己という観念、それは人間の意識への、ブッダの最も基本的な貢献の一つだ。それは非常に複雑だ。それを理解するために、あなたは非常に静かに注意深くいなければならないだろう。それはあなたが条件付けられてきたすべての型に反対するからだ。

まず二、三の類推的な説明をしよう。確かに、彼が無自己によって何を意味しているのか、あなたには一定の考えがある。あなたの身体は皮膚の袋だ。皮膚はあなたの身体を限定する。それはあなたと世界が始まるところを限定する。それはあなたの周りの境界だ。それは世界からあなたを守り、世界とあなたを分ける。そして世界に入るための、あるいは世界をあなたの中に入らせる唯一の特定の開き口をあなたに与える。もし全く皮膚がなければ、あなたは存在できないだろう。あなたは自分を取り囲むすべてに対して境界を失うだろう。しかし、あなたはあなたの皮膚ではない。そして皮膚は変化し続ける。

それは蛇が、何度も古い皮膚から脱皮し続けるようなものだ。あなたもまた何度も何度もあなたの皮膚から抜け出す。もし生理学者に尋ねるなら、彼らは言うだろう。

「もし人間が七十年生きようとするなら、ほぼ十回、自分の皮膚を完全に変えるだろう」

しかしこの過程は非常に遅いので、あなたは決して気づかない。あなたには感じられないほどの小さな部分が刻々と変わる。あなたの感覚はそれほど敏感ではない。その変化は非常に微細だ。皮膚は変化し続けるが、それでもあなたはこれがあなたの身体であり、同じ身体であると心の中で思い続ける。それは同じ身体ではない。それは連続体だ。

母親の子宮の中にいた最初の日、あなたは肉眼では見えないほんの小さな細胞だった。その時はそれがあなたの皮膚であり、あなたの身体だった。それからあなたは成長し始めた。九ヶ月後あなたは生まれた。その後あなたは完全に違う身体になった。もし突然、あなたがまさに生まれて一日目の、生まれたばかりの自分自身に出会うなら、これが自分であるとは認識できないだろう。あなたはそれほど幾度も変わってきた。しかしそれでもあなたは、自分は同じだと思っている。ある意味であなたが同じなのは、あなたが同じ連続性であるからだ。ある意味であなたが同じでないのは、継続的に変化してきているからだ。

同じ意味で、ちょうど皮膚のようにあるのがエゴだ。皮膚はあなたの身体を型の中に、限定の中に、ある境界の中に保つ。エゴはある境界の中に、あなたのマインドの内容を保つ。エゴとは、あなたが自分とは誰かを知るための内側の皮膚だ。そうでなければあなたは失われるだろう。あなたは誰が誰であるか、誰が私で誰が他人かを知ることができないだろう。

自己、私、エゴという考えは、あなたに限定を、実用的な限定を与える。それはあなたが他人から分離していることを明白にさせる。しかしそれも皮膚、非常に微妙な皮膚だ。それはあなたのマインドのすべての内容を保つ――あなたの記憶、あなたの過去、あなたの欲望、計画、あなたの未来、現在、あなたの愛、憎しみ、怒り、悲しみ、幸福を――それは袋の中にそのすべてを保つ。しかしあなたはそのエゴでもない。なぜならそれも変わり続けるし、それは身体の皮膚以上に多く変わるからだ。一瞬一瞬それは変化している。

ブッダは炎の例えを用いる。ランプが点灯している。あなたは炎を見るが、それは連続的に変化している、それは決して同じではない。朝までにあなたが明かりを消す時、あなたは同じ炎を消すのではない。それは一晩中連続的に変わってきた。

一瞬一瞬、炎は煙の中に消えていて、新しい炎がそれに代わっている。しかしその交換はとても速いので、一つの炎が消えて別の炎が来るまでの不在を見ることができない。それはなくなり、別のものが来る。その運動はとても速いので、二つの間の隙間を見ることができない。もしくは、そこにはただ連続性があるだけだ。それは同じ炎ではない。だがそれでも、ある意味でそれが同じ炎なのは、同じ炎の連続だからだ。それは同じ炎から生まれる。

まさにあなたが両親から生まれたように――あなたは連続性だ。あなたは同じものではない。あなたはあなたの父親ではない。あなたの母親ではない。しかしそれでも、あなたはあなたの父親と母親だ。なぜならあなたは同じ伝統、同じ血筋、同じ遺産を引き継いでいるからだ。

ブッダは、エゴとは連続性だと言う。それは物質ではない。炎のような連続性、川のような連続性、身体のような連続性だ。

問題が生じる――私たちは、いいだろう、それはそうかもしれない、と容認できる。もし人が死んで、死をもってすべてが消えるなら、それは完全に真実だ。多分それはただの炎に過ぎないのだろう。しかしブッダは、人は生まれ変わる、と言う。そこで問題が生じる。では誰が生まれ変わるのだ?

それではまた、二、三の類推的な説明をしよう。

燃えている大きな家、または燃えているジャングルを見たことがあるだろうか?

もし見守るなら、あなたはひとつの現象を見ることになるだろう。炎は単に一本の木から飛んで別の木に達する。そこには何の物体もない。それはただ炎だけだ。そこには何の物質もない。それは全く純粋なエネルギー、エネルギーの量、特定の量のエネルギーだ。それは一本の木から飛んで別の木に達する、すると別の木は燃える。

あるいは、点火していない松明を点火した松明の近くに持ってくると、どうなるだろう？　炎が点火した松明から点火していない松明に飛び移る。それは量子的飛躍だ。それは飛び越える。純粋な炎が他の松明に向かって飛び移り、別の連続性を始める。

あるいは、ちょうど今あなたは私に耳を傾けている。あなたがラジオをつけるなら、突然あなたは、ある局から流れている特定の放送を聴き始めるだろう。ただ受信機が必要なだけだ。いったん受信機がそこにあれば、ロンドンから、あるいはモスクワや北京から放送されているものを、あなたは捕まえる。

何の物質も来ていない。単なる純粋な思考の波が北京からプネーに飛んでいる——。単なる思考の波で、何も実体は無い。自分の手で持つことはできない。それを見ることはできない。だがそれが存在するのは、あなたのラジオ装置が受信したり、テレビが受信するからだ。

ブッダは言う。人が死ぬ時、彼の全人生の蓄積された欲望、全人生の蓄積された記憶、全人生のサンスカーラ、カルマがエネルギーの波のように新しい子宮に飛ぶ、と。それはジャンプだ。その正確な言葉は物理学にある。彼らはそれを「量子的飛躍」と呼ぶ。それは「そこにどんな物質もない純粋なエネルギーの飛躍」だ。

ブッダは最初の量子物理学者だ。アインシュタインは二十五世紀後に彼の後に続いたが、彼らは両方とも同じ言語を話す。そして私はやはりブッダは科学的だと言う。彼の言語は現代物理学のものだ。彼は自分の時代より二十五世紀先んじてやって来た。

人が死ぬ時、身体は消え物質的部分は消えるが、非物質的な部分、心《マインド》の部分は一つの振動になる。その振動は解き放され拡散する。今、どこであれ、この振動のための適切な子宮が準備できているなら、それはその子宮の中に入る。

逝く自己はない。逝く人はいない。逝く自我《エゴ》はない。実在するものは何も逝く必要がない。それは単なるエネルギーの推進だ。重要なことは、ジャンプするものは再び同じ自我《エゴ》という袋だということだ。一つの家は住めなくなった。一つの身体はもはや生きることは無理だ。古い欲求、生への欲望――ブッダ用語でのタンハ、生への欲望が生きていて、燃えている。まさにその欲求がジャンプをする。

さて、現代物理学に耳を傾けてごらん。彼らは物質はないと言う。私の後ろにあるこの実在的な壁が見えるだろう？　あなたはそれを通過できない。もしやってみるなら、けがをするだろう。しかし現代物理学は、それは何もない、何も実在するものはないと言う。それは途方もないエネルギーで動く全く純粋なエネルギーであるため、そのまさに運動が虚偽や幻影、物質の外観を作る。

速く回転する扇風機を、たまに見ることがあるだろう。その時あなたはその羽を見ることはできない。そこにはただ三枚の羽があるだけだが、それはとても速く動いているので、円のように、皿のように見える。二枚の羽の間の隙間を見ることはできない。扇風機が、電子が動いているのと同じ速度で回転していたなら――その速度は途方もない――その扇風機の上に座ることができるし、それから落ちることもないだろう。あなたは私が椅子に座っているように座れるし、どんな動きも感じないだろう。なぜならその動きはとても速いからだ。

全く同じことがこの椅子に起こっていて、同じことがあなたの下のその床に起こっている。それは大理石の床ではない。それは外観に過ぎないが、そのエネルギーの粒子、そのまさに動き、その速さは非常に速く動いているので、物質という幻覚を作る。物質は存在しない。純粋なエネルギーだけが存在する。現代科学は、物体は存在しない、非物質的なエネルギーだけが存在する、と言う。だから私は、ブッダは非常に科学的だと言う。彼は神については話さずに、非物質的な無自己について話す。ちょうど現代科学がその形而上学から物質についての考えを得たように、ブッダは自分の形而上学から自己についての考えを得た。自己と物質は相関している。壁を実在のないものと信じることが困難なのと同じように、自己はあなたの中に存在しないと信じるのは困難だ。

今、二、三のことがそれをより明確にさせるだろう。私はあなたがそれを理解するだろうとは言えないが、こう言えばよりはっきりするだろう。

あなたは歩く、あなたは歩いている。あなたは朝の散歩に行ってきた。まさにその言葉――私たちが「あなたは歩いている」と言うこと――が問題を作る。私たちのまさしくその言語の中に、問題がある。私たちが誰かが歩いていると言う瞬間、私たちは、歩いている誰か――歩く人がいる、と思い込む。私たちはこう尋ねる――もし歩く人がいないなら、どうやって歩けるのだ？と。

ブッダは、歩く人はいない、ただ歩くことだけがある、と言う。生は物で成り立ってはいない。ブッダは、生は出来事で成り立っている、と言う。それがまさに現代科学が言うことだ。そこにはただプロセスだけがあり、物質はない。あるのは出来事だ。

生命が存在する、と言うことさえ正しくない。無数の生きるプロセスだけが存在する。生命とは一つの考えに過ぎない。生命のようなものは何もない。

ある日、あなたは空に黒い雲が集まっているのを見る。そして雷と稲妻が起こる。稲妻が起こっている時あなたは、「稲妻の背後に何かがありますか？　稲妻とは誰ですか？　稲妻とは何ですか？」と尋ねるだろうか？　あなたはこう言うだろう。

「稲妻は単に稲妻だ。その背後には誰もいない。それはただのプロセスだ。それは稲妻という何かが存在するということではない。これは単に稲妻だ」

二元性は言語によってもたらされる。あなたは歩いている――ブッダは、そこにはただ歩くことだけがある、と言う。あなたは考えている――ブッダは、そこにはただ考えることだけがある、考える人はいない、と言う。考える人はただ言語によって作られる。私たちが二元性に基づいている言語を使うので、それはすべてを二元性に分割する。

あなたが考えている間、そこには思考の群れが確かにある。しかし考える人はいない。本当にそれを理解したいなら、あなたは深く瞑想して、思考が消える地点に来なければならないだろう。思考が消える瞬間、あなたは驚くだろう。考える人もいなくなっている。思考と共に考える人も消える。それは動いている思考の出現に過ぎなかった。

川を見てごらん。川は本当に存在するのだろうか、それとも単なる動きに過ぎないのだろうか？もしあなたがその動きを取り除くと、そこに川はあるだろうか？　動きが取り除かれたら川は消えるだろう。川が動いているということではない。川とは川であろうとしているもの (*rivering*) 以外の何ものでもない。

言語がその困難を引き起こす。おそらく特定の言語にある特有の構造のために、ブッダはただ日本、中国、ミャンマーにおいてのみ重要で意義深くなり、根づくようになった。なぜなら彼らには全く異なる言語があるからだ。なぜブッダが中国人の心《マインド》の中でとても重要になったのか、なぜ中国は彼を理解できてインドは理解できなかったのか、それを理解することは非常に意義深い。

中国には仏教の思想に完全に適う異なる言語がある。中国語は二つに分割しない。中国語、または韓国語、または日本語やミャンマー語には、サンスクリット語、ヒンディー語、英語、ギリシャ語、ラテン語、フランス語、ドイツ語とは全く異なる構造が存在する——全く異なる構造が。初めて聖書がミャンマー語に翻訳された時、多くの困難があった。それは二、三の文章が全く翻訳できなかったからだ。あなたが翻訳する瞬間、それらすべての意味は失われる。

例えば、単純な文「*God is*（神はいる）」だ。それはミャンマー語に翻訳できない。それを翻訳するなら、「*God becomes*（神はなる）」となる。「*God is*（神はいる）」が翻訳できないのは、「*is*（いる）」に相等する用語が存在しないからだ。なぜなら「*is*」は静止した状態を示すからだ。

私たちは「*the tree is*（木がある）」と言えるが、ミャンマー語では、「*is*（ある）」ではなく「*tree is becoming*（木はそうなっている）」と言わねばならない。「*is*（ある）」に相等するものはない。

木は「*becomes*（なる）」だ。あなたが「*the tree is*（木がある）」と言う頃には、それはもはや同じではない。ではなぜあなたは「*is*（ある）」と言うのだろう？「*is*（ある）」は静止した状態の印象を与える。「*tree is becoming*（木はそう成っている）」——それは川のような現象だ。

私は「*tree is becoming*（木はそうなっている）」と言わねばならないが、ミャンマー語ではそれは単純に「*tree becoming*（木はなる）」だろう。「*is*（ある）」は存在しない。

「*The river is*（川がある）」は——もしあなたが翻訳したいなら——「*river moving*（川は動く）」であるだろう。「*River rivering*（川は川でありつつある）」がミャンマー語の正確な翻訳になるだろう。

だが「*God becoming*（神はなる）」と言うことは非常に難しい。なぜならキリスト教徒はそのように言えないからだ。神は完全で、彼はなることはできない。彼はプロセスではない。彼には成長の可能性はない。彼は既に到着した。彼は絶対だ。「*becoming*（なる）」は何を意味するのだろう？「*becoming*（なる）」は、誰かが不完全なら可能になる。神は完全だ。彼はなることはできない。ではそれをどうやって翻訳するのか？　非常に難しい。

しかしブッダはすぐに、ミャンマー人、中国人、日本人、韓国人の心《マインド》にすぐに浸透した。言語のまさにその構造がそれを可能にした。彼らはブッダを非常にたやすく理解できた。

生の中にはただ出来事だけがある。〝食べること〟はあるが、〝食べる人〟はいない。ちょっと、食べることを見守ってごらん。〝食べる人〟は、本当にいるだろうか？　あなたは空腹を感じる、当然だ――空腹はあるが、空腹である人は誰もいない。それから、あなたは食べる――〝食べること〟はあるが〝食べる人〟は誰もいない。そして空腹は満たされる、その時あなたは満腹を感じる――この満足感は存在するが、満足している人は誰もいない。

ブッダは、生は出来事で成り立っていると言う。生とは生きているという意味だ。生は名詞ではない、それは動詞だ。そしてすべては動詞だ。見てみるとあなたにはわかるだろう。すべてはなっている（*becoming*）、何も静的ではない。

エディントンは、英語には絶対的に誤ったいくつかの言葉がある、と言った。例えば休息(*rest*)だ。休息の状態にあるものは何もない。まさにその言葉は間違っている。現実には相当するものがないからだ。あなたはこれまで休息している(*at rest*)何かを見たことがあるだろうか？　あなたが安らいでいる(*at rest*)時でさえ、それは休息している(*resting*)であって休息(*rest*)ではない。それはプロセスだ。何かは起こっている。あなたはそれでも呼吸している。

横たわる、くつろいでいる——しかしそれは休息(*rest*)ではない。多くのことが、千と一つのことが起こっている。あなたはこれまで休息している(*at rest*)何かを見たことがあるだろうか？　それは不可能だ。休息(*rest*)は存在しない。人が死んだ時でさえ、その後の身体はそのプロセスを継続する。

聞いたことがないかもしれないが——時々それは起こる。イスラム教徒やキリスト教徒など、死者を土葬する人々は、時々、その人は死んでいるが、彼の髭が生えたり、彼の毛が長くなったり、彼の爪が伸びたりしているのを知る。その人は死んでいるのにだ！

さてこれは非常に異様なことだ。あなたが男の髭を剃って、彼を墓に埋葬して、六ヶ月後に墓を開けたら、彼には髭がある——さてどう言うべきだろう、彼は生きているのか？　それとも死んでいるのか？　あなたは非常に恐れるだろう。あなたは家に逃げ帰るが、その顔は夜にあなたを悩ませるだろう。何が起こったのだろうか？　その男が死んでいるのなら、どうやって彼の髭は生えたのか？　そして彼の髭が生えるのなら、彼は本当に死んでいるのか？　それとも死んでなくて、ただふりをしているだけなのか？

生は数多くのプロセスだ。あなたの自我《エゴ》がこの基盤から消え、この空港から離陸し、別の子宮に着陸する時でさえ、多くのプロセスがまだ続く。すべてのプロセスが停止するわけではない。なぜならあなたのエゴとは何の関係もない、多くのプロセスがあるからだ。あなたのエゴとは何の関係もない——あなたのエゴは去ることができるが、それは継続する。生えている毛、伸びている爪は、何の関係もない——。

そしてすぐさま、あなたのエゴが去る瞬間、数多くの小さな微生物が動き出し、彼らは働き、機能し始める。あなたはほとんどの市場のようだ。あなたはその面で充分に生きることになるだろう。多くのことが起こっている。多くの微生物があちらこちらで走り、突進し、愛を交わし、結婚し、死んでゆく。あらゆることが起こっている。あなたが身体を離れる瞬間、あなたの身体は、「どうか去ってください！　私たちに入らせてください」と言って待っていた他の多くの人々の着陸地面になる。

生は連続的なプロセスだ——単数のプロセスだけでなく複数のプロセス、連続性だ。

ブッダは、自己についての考えそのものが言語のせいだと言う。あなたは空腹を感じる。言語では私たちは「私は空腹だ」と言う。言語は「私」という考えを作る。それをどう言うべきだろう？　正確には、あなたはただ「空腹」としか言えない。「私は空腹だ」は、その中に何か絶対的に誤ったものをもたらしている。「空腹」――それで充分だ。

あなたのプロセスを見守ってごらん。するとそれを感じるだろう。今日あなたが空腹を感じる時、ただ見守りなさい。空腹である誰かがそこに本当にいるのだろうか？　それともただ空腹があるのだろうか？　それを曲解して二つに分割するのはまさに言語のパターンであり、それであなたは「私は空腹だ」と感じ始めるのだろうか？

仏教は世界にこのメッセージを――あなたの宗教やあなたの哲学は、他の何よりもあなたの言語のパターンにより基づいている、ともたらした最初の宗教だ。そしてあなたが自分の言語をよりよく理解できるなら、自分の内側のプロセスをよりよく理解できるだろう。彼は最初の言語学者であり、彼の洞察は途方もなく意義深い。

あなたは、ブッダが神について話さないのは、それが証明できないからだと言います。

そうだ、彼が神について話さないのは証明できないからだ。そして彼が神について話さないのは、あなたが存在すると思う神は存在しないからだ。あなたの神はまたもや自己についての同じ古い誤信だ。あなたは、自分には自己がある、だから宇宙全体には自己があるに違いない、と考える。あなたに自己があるので、宇宙全体には至高の自己があるに違いない。その至高の自己が神だ。ブッダは、あなたにはどんな自己もないと言う。宇宙はあるが、そこに至高の自己はない――数多くのプロセスはあるが、至高の自己はない。そこに中心はない。それはすべて周辺だ。

それを理解することは非常に難しい――あなたが瞑想しない限りは。だからブッダは決して形而上学的な議論に関わらないのだ。彼は言う、「瞑想しなさい」と。なぜなら瞑想の中で、これらのことはとても明確になるからだ。思考が止む時、突然あなたは思考する者が消えているのがわかる。それは影だった。そして思考する者が消える時、あなたは「私は～」とどうやって言うことができ、どうやって感じることができるだろう？　そこに「私」は残されていない。あなたは純粋な空間だ。それこそがブッダがアナッタと呼ぶもの、無自己の純粋な空間だ。それは途方もない体験だ。

……それでも次の瞬間には彼は別の生と輪廻について話します。

彼は話す。そして仏教徒は常に困った事になる。ブッダは非常に科学的なので、その事実を曲解することができない。彼がそのような科学的な人間ではなかったら、単なる形而上学者だったら、彼は自分の全哲学を首尾一貫させるために自己を受け入れたか、または輪廻の考えを落としたかのどちらかだっただろう。なぜなら両方の物事は矛盾しているように見えるからだ。しかし彼は、自分のマインドの中のどんなことも、現実《リアリティ》に対して強制しないような科学者だ。彼は単に事実を述べた。もしそれが矛盾しているなら彼は言う、「多分それは矛盾しているが、それはそのようにある」

これが現代科学に起こっていることだ。ちょうど五十年前（※一九七六年当時より）、科学者が物質の最も奥の核に入った時に非常に困惑した。電子が非常に非論理的に振る舞っていたからだ。

さて、電子を論理的であるように強制はできない。あなたは彼らを、アリストテレスを学ぶために大学に送ることはできないし、彼らにこう言うこともできない。

「あなた方は非論理的に振る舞っている。きちんとしなさい！　これは正しくない」

そのように言うことはできない。彼らが非論理的に振る舞っているなら、ただ非論理的に振る舞っているということだ——あなたは理解しなければならない。それだけだ。どうしようもない。

その非論理性は実に大きかった。それは通常の物質ではなかった。同じ電子が時には波のように振る舞い、時にはそれは量子のように、粒子のように振る舞う。さて、その二つの振る舞いは不可能だ。彼らは非ユークリッドおよび非アリストテレスだ——まるでこれらの電子は、ユークリッドとアリストテレスを信じていないかのようだ。彼らは何をしているのだろう？　彼らはユークリッドについて聞いたことがないのだろうか？

私たちが学校で学んできたものは、すべて単純な幾何学だ。それは、点は線ではあり得ない、線は点ではあり得ない、ということだ。線とは多くの点を順番に一緒に置いたものだ。だからたった一つの点も線のように振る舞えない。そうでなければ、すべての幾何学は混乱するだろう。あなたは点を置いてトイレに行く。戻って来るとそれは線になっていた！　それならあなたはどうするだろう？

　しかし、これがまさに物質の最も内側の核で起こっていることだ。見守り続けると、それは点のように見えていたが、突然それは線になる。そしてそのジャンプは、それが線に成長することさえわからないほどのものだ。

　ある瞬時には点であり、別の瞬時には線だ——線に成長することさえない。ただ、ジャンプする——非常に突然に、非常に非論理的に。それがゆっくり成長するなら、私たちはそれも理解できる。多分それは種子のような、発芽して木になるようなものだろう。いいだろう、私たちは理解できる。ある瞬間には、それは種だ。別の瞬間の時にそれは成長する。やがてそのうちに、徐々に木になる。私たちは理解できる。

　点がゆっくり線になるなら、私たちは理解できる。だが突然に？　そして突然なだけでなく、さらにより非論理的なのは、二人の観察者が一つの瞬間に、同時に観察できるということだ。一人はそれを点として観察できるし、もう一人はそれを線として観察できる。さてどうしたらいい？　ある観察者は種としてそれを見て、別の観察者は木としてそれを見ている？　一瞬の間に、だ。

　西洋科学のすべてはギリシャの論理から成長した。これらの電子たちはアリストテレスに反逆していて、彼らを正す方法はなかった。科学者たちは多くの方法で試みた。なぜなら心《マインド》には、独自の概念やパターンに固執する傾向があるからだ。これらの愚かな電子たちに、くつろがせて降伏させるのはそれほど簡単ではない。

ほとんど二、三十年間、科学者は困惑していた。彼らは、なぜそれが起こっているのか、それを説明するための、あるいは少なくとも釈明するための何らかの方法を見つけようとしていた。しかし最終的に彼らは、その事実に譲歩せざるを得なくなり、それを受け入れた。それ故に量子物理学の理論がある。

量子、まさにその言葉が発明された。それが以前に存在しなかったのは、人間がそのような非論理的な現象に決して遭遇しなかったからだ。量子とは点と線が一緒に、同時にあることを意味している。量子とは粒子と波が一緒に、同時にあることを意味している。私たちは、絶対に非論理的で私たちがその象徴を持たないものに対して、名前を見つけなければならなかった。

そして人々が科学者に「あなたはそれをどう説明するのだ？——それは非論理的だ」と尋ねる時、彼らはこう言う。「それは非論理的だが、それはそうであり、どうすることもできない。私たちは現実に耳を傾けなければならない。現実が非論理的なら、私たちの論理の何かが間違っているに違いない。それだけだ。私たちは論理を変えることはできるが、現実を変えることはできない」

それこそがブッダが生まれた時に起こったことだ。彼はあなたのいわゆる自己の最も奥の核に入ったが、彼もまた困惑した——どうしたらいい？　そこに自己はない。それでも生まれ変わり、輪廻はある。さて、もし彼が本当にこのような偉大な科学者ではなかったなら、そして普通の哲学者だったなら忘れてしまっただろう。彼は全くこの事実について話さなかっただろう——彼は選んだだろう。選択は簡単だ。自己は存在しないから、全く生まれ変わりはない、と言うかそれとも——。

それが、魂を信じない人々が常に言ってきたことだ。無神論者、チャルヴァカ派、彼らは常に自己はないと言う——あなたが死ぬ時、あなたは単に死ぬ、存続するものはない、そして生まれ変わりはない、と。それは単純で論理的だ。あるいは永久主義者、有神論者、自己を信じている人がいる。彼らは、あなたは死ぬが身体だけが死ぬ、と言う。あなたの自己、あなたの中心は生き残る。あなたの魂、あなたの真我《アートマー》は生き残る。それは永遠である。それもまた論理的だ。

ブッダは非常に非論理的であり、彼が非論理的なのは、現実に反対しようとしない彼の主張が絶対的だからだ。彼の強調点はこれだ——何であれ、現実が現わすものに耳を傾けなければならない。私たちは、自分たち固有の観念論を押し付けるためにここにいるのではない。私たちは何様なのだ？

これが事実なら、私たちの論理の、私たちの言語の、私たちのまさに思考方法の何かが間違っているのだ。現実を避けるよりも、現実から逃げるよりも、私たちはそれを変えなければならない。だから、彼は世界で最も不合理な思想家であるように見えるのだ。これは最も不合理な声明の一つだからだ——あなたは存在しないがあなたは生まれ変わる、ということは——。

あなたにはそれが明白にわかる。それは不合理だ。あなたが存在しないなら、どうやって生まれ変われるだろう？

そしてブッダは言う。「私は知らない。あなたは存在しないが、あなたは生まれ変わる——それだけは私は知っている。それを私はわかるようになった。それを私は見た。もしそれを見たいなら、瞑想しなさい。私が自分の実存の中に入って行ったように、あなたの実存の中へ深く入って行きなさい。するとあなたも困惑し、非常に混乱する。しかし、やがてあなたはその現実に落ち着き、それから自分のすべての言語を変えるだろう」

ブッダは言語全体を、哲学のスタイル全体を変えた。かつてこれほどまで独創的な人間はいなかった。彼を理解することがほとんど不可能だったのは、あなたと同じ言語を彼が話していなかったのと、彼が世界にある新しいヴィジョンをもたらしていたからだった。

魂を信じない人は非常に古くからおり、そこに何も新しいものはない。マルクスは新しいことなど何も言っていない。何千年もの間、魂を否定して生まれ変わりを否定した無神論者たちがいた。マハーヴィーラもパタンジャリも、何も新しいことを言ってはない。なぜなら常に魂や輪廻を信じていた人々がいたからだ。

ブッダは真実のヴィジョンを、非常に独創的なものをもたらしている。

彼は言う——魂はないが、それでも輪廻はある。これは量子的飛躍だ。

だから、私が彼は科学者だと言う時、それを意味しているのだ。そしてあなたが現代物理学の言語を理解すれば、ブッダを理解できるだろう。実際、現代物理学を理解せずにブッダを理解することは不可能だ。初めて、現代物理学は相等しいことを提供してきた。ハイゼンベルク、プランク、そしてアインシュタイン、彼らは相等しいことを提供してきた。物質は消えてしまった。そこにはただエネルギーだけがあり、それはその中に自己を持たない、その中に物質を持たない。そしてブッダが言うことは同じだ。アナッタ、無自己。

これは科学的事実とどのように適合するのでしょうか？

それは完全に適合している。実際のところ、ニルグランサがそれは科学的な事実とどのように適合するのかと尋ねている時、彼の科学についての考えは十九世紀のものであり、彼は現代科学を認識していない。彼は最新の動向に気づいていない。彼の科学についての考えは非常に伝統的で、非常に古く時代遅れだ。科学は途方もなく変化してきた。

もしニュートンが戻ってくるなら、彼は科学を全く理解できないだろう。なぜなら科学は迅速に変化しており、その洞察は、科学者が形而上学者や神秘家のように話しているくらい、不可解なものになっているからだ。彼らは今や数学者のようには話していない。彼らは神秘家や詩人のように話している。

私は漠然と、残るものは無形のものであることができる、と理解しています。

いや、あなたはそれを知的に理解することはできないだろう。あなたの無形のものは再び特定の形になるからだ。どうやってあなたは無形のものを想像できるのだろう？　言葉は問題ないが、無形のものを思い描こうとする瞬間、すぐにそれは形を取り始める。なぜなら想像できるのは形だけだからだ。無形のものは想像できない。それは空虚な言葉だ。

あなたは神を無形のものと呼び続けられるが、想像はできない。そして無形の神について語るシャンカラのような人々でさえ、礼拝に行く時はいつでも、彼らは形の前で礼拝するために行く。それから彼らはバジ・ゴヴィンダム・ムラマテーを歌い始める。その時そこには、またもや彫像、儀式、神、女神、形がある。

シャンカラのような人でさえ無形のもの、属性の無いもの――ニルグーナについて話し続けるが、彼の礼拝、彼の祈りは、サグナ――属性を持つもの、形を持つものに捧げられる。なぜなら無形のものを想像することは不可能だからだ。概念はただ形に関するものにしかない。あるいはあなたが想像できるものは何でも、それが想像されるまさしくその可能性によって形を取るだろう。だからそれは単なる漠然とした考えだ。

ニルグランサは言う、私は漠然と、残るものは無形のものであることができる、と理解しています、と。

違う、それは漠然と理解するという問題ではない。知的な方法はない。その方法は瞑想的であること、実存的であることしかない。あなたは知性を通じてはそれを把握しない。あなたはただ単に瞑想の中へより以上に進み、ヴィジョンの新たな次元を開く。ブッダと同じくらい瞑想を強調した人はいない。彼の技法のすべては瞑想だ。

では瞑想とは何だろう？　瞑想とは、やがて無思考になることであり、眠りに落ちることではない――油断のないままでいて、それでも無思考になることだ。ひとたび思考が消えたら、すべてが非常に明白になる――思考する者とは、動いている思考の単なる副産物に過ぎなかった、ということがわかる。それは思考の束であり、それ以外の何ものでもなかった。それには別々の存在はなかった。

その時あなたは歩くが、もはや歩く人はいない。あなたは食べるが、もはや食べる人はいない。あなたは眠るが、もはや眠る人はいない。あなたは生きるが、生きている者はいない。あなたは死ぬ、そして死んでゆく者はいない。

あなたとは、数多くのプロセスが存在し、生がそのすべてのプロセスと共に流れる純粋な空間であり、あなたは損なわれないままでいる。

あなたは広々とした空のようなものだ――雲は来ては去る。

ブッダに与えられた最も美しい名前の一つは如来《タターガタ》だ。それは、「かくの如く来たりて、かくの如く去りぬ」という意味だ。来た人は誰もいなかったし、去った人もいなかった——ただ来ることと去ることだけ。それがタターガタの意味だ——ただ来ることのプロセスと去ることのプロセスだけ。来た人は誰もいなかったし、去った人もいなかった。

禅のマスターたちは常に言ってきた。この男は決して存在しなかった、ゴータマ・ブッダと呼ばれた男は決して存在しなかった、と。そうだ、彼は確かに来て去りもしたが、彼は決して存在しなかった。それはちょうど夢のプロセスのようなものだ。夢は来ては去り、朝までには、あなたはそれが決して存在しなかったのを知っている。

ひとたびあなたが自分自身を、純粋な空間と、起こっている多くの物事として理解するなら、あなたは超然とするようになる。その時あなたは恐れなくなる。なぜなら何も失うものがなく、何かを失う人もいないからだ。その時あなたは、もはや生への欲望に満ちていない。なぜならどんな自己も心に描かないからだ。その時あなたは死を恐れないし、生への欲望の中にいない。その時あなたは過去について考えないし、未来を計画しない。その時あなたは単に在る——外側の広大な空と同じくらい純粋に。あなたもまた内側の純粋な空になる。そしてこれら二つの空の出会い、内側と外側の出会いが、ブッダが涅槃《ニルヴァーナ》と呼ぶものだ。

私は漠然と、残るものは無形のものであることができる、と理解しています。でもそれは個々の実体を持つことができるのですか？

いや、それは個々の実体を持っていない。

同じ波は再生しません。

それは本当だ。実際、あなたが一心に見るなら――川や海に行って波を見守ると、以前には決して考えなかった何か新しいものを見て驚くだろう。あなたに向かって来る波を見る時、何も来ていない。波は決してあなたのところには来ない。あなたはそれがあなたに向かって動いているのを見る。それは動いていない。一つの波は側で他の波が生じるのを助けているだけだ。他の波はもう一つの波が生じるのを助ける。しかしそれはとても速く起こるので、蜃気楼や錯覚を引き起こす。あなたは、同じ波があなたに向かって来ていると思う。何もあなたに向かって来てはいない。

一つの波が生じる時、その波の影響で他の波が生じる。ほんのすぐ近くに別の波が。一番目の力によって二番目の波が。二番目の力によって三番目の波が。三番目の力によって四番目が――。それが波が生じる方法だ。しかしそれらは、まるで同じ波があなたに向かって来るかのような錯覚を与える。それらは決して来ない。あなたがはるか遠くの水平線上で波が生じるのを見る時、それはそこに残っている。それは決してあなたのところには来ない。

それは起こり得る。川のちょうど真ん中に流木を置けばいい。その流木はあなたのところに来るだろうが、それによって騙されてはいけない——波は来ていない。一つの波が高くなる時、その流木は他の波に移る。他の波が高くなると、それは三番目の波と共に動く。上昇したり落ちたりする波と共に流木は海岸に来るが、波は決して来ない。これは科学的な事実だ。それらはただ到着しているように見えるだけだ。

まさしく、その通りだ。それがブッダが言うことだ。同じ波は再生しない。彼はあなたが再生するとは言っていない。彼は単に再誕生があると言う。

しかしある意味で私たちは、あなたは生まれるだろう、と言うことができる。それは連続性だからだ。同じ波——A波はB波を作り、B波はC波を作る。それは連続性だ。連続体が適切な言葉だ。連続体——それも現代物理学から来ている。

ブッダはそれをサンタティと呼ぶ。ちょうど子供があなたに生まれるようにだ。彼はある意味ではあなただが、それでもあなたではない。完全にあなたというわけではない。彼には彼固有の人格があるが、あなたは波を作った。新しい波を作ったのは父親の、そして母親のエネルギーだ。この波は去るだろう。父親は死ぬかもしれない。母親は死ぬかもしれない。この波は継続する。そしてこの波は独自の方法で、独自の時間に他の波を作る。

サンタティ、連続体。あなたは生まれない。ただあなたの欲望だけが再び生まれる。なぜならあなたはいないからだ。だからあなたは生まれることができない。それゆえに、ブッダは言う、もしあなたが欲することを落とすなら、あなたは決して再び生まれないだろう、と。したがって、もしあなたが欲望のすべての無益さを理解して、欲することを止めるなら、欲することを落とすなら、あなたにとって誕生はないだろう。

その時、まずあなたはスロタパンナになる。あなたは流れの中に入る。あなたは物事がどのようにあるのか、物とは何かを、自己のない生のプロセスを理解し始める。これが彼の言うスロタパンナになることで、流れに入ることだ。それは流れという考えを、生は川のようなもの、静的ではなく動的だという考えを受け入れることだ。物はなくただ出来事だけがある。ダイナミズム、エネルギーの現象だ。

それから、やがて、あなたがこの流れの中により深く進んで行くにつれて、あなたはスクリダガーミンになる。もう一度だけあなたは生まれるだろう。あなたは理解するが、まだあなたの理解は完全ではない。それからあなたはアナガーミンになる。あなたは二度と生まれることはない。あなたはすべての現象を理解した。まさにその理解で、あなたは解放される。

二度と生まれないことが可能になることで、あなたはアルハットに、達成した人、到着した人になる。今私は仏教徒のものではない言語を使っている。だから注意しなさい。私は仏教徒のものではない言語を使わなければならない。だから私は「到着した人」と言う表現を使っている。現在、それを言うための他の方法はない。しかしあなたは理解しなければならない。私が「到着した人」と言う時、そこに「人」はいない。ただ「到着」だけ――ただ「到着している」だけだ。「到着」さえない。

ブッダのヴィジョンは非常に実存的で、ブッダのヴィジョンと同じくらい解放させるものは何もない。なぜなら、もしあなたが魂を信じるなら、世界から去ることはできても、その時あなたは楽園を欲するだろうからだ。あなたは自分の自己からは去っていないからだ。欲望は新たな次元へ方向を変える。強欲を落とすが、本当にはあなたはそれを落とさない。微妙な強欲が生じる。

イスラム教徒やキリスト教徒やヒンドゥー教徒の楽園を、ちょっと見てごらん。それはとても世俗的に、とても不敬に見える。これらの宗教があなたにここで落とすようにと言うものは何でも、そこで、それも大量に提供されるからだ。彼らは言う、「アルコールを飲んではいけない!」。そしてイスラム教徒の楽園フィルダウスには、アルコールの川がある。購入したり買ったりする必要はない。許可証を携える必要はない。そこにただ飛び込めばいい。水浴びできる。泳ぐことができる。さて、これは何なのだろう?

イスラム教徒の国では、同性愛が非常に蔓延している。だからそれさえも用意されている。美しい女性がいるだけでなく、美しい少年たちも用意されている。さてこれは醜く見えるが、普通の人間の心《マインド》だ——。

あなたがここで落としているものは何でも、より多くを得るためにだけ落としている——これがその論理だ。

美しい女性は——ヒンドゥー教徒は彼女たちをアプサラスと呼ぶ、イスラム教徒は彼女たちをフーリーと呼ぶ――そしてフーリーだけでなくギルミス、美しい少年たち、ハンサムな少年たちも手に入る。なぜなら少数の同性愛者が到着するからだ。彼らは何をするつもりなのだろう？

ブッダは言う、あなたが自己を落とさない限り、何度も同じ馬鹿げたことを延々とやり続けるだろう、と。あなたの楽園は投影された世界以外の何ものでもない。修正され、より美しくされ、より多くの装飾が施された同じ世界だ。地上では女性は年を取り、老いる。楽園では、ヒンドゥー教の楽園では、彼女たちは決して老いることはない。彼女たちは十六歳で止まっている。彼女たちは非常にうんざりしているに違いない――十六歳で。彼女たちは決してそれを超えて成長しない。

実際、それはすべての女性たちの願いだ――十六歳で止まること。それはここでは決して起らないが、そこでは――。十六歳以降、女性たちは非常に不本意ながら成長する。三、四年に一回だけ彼女たちの誕生日が来る。非常に不本意ながら――しかしそれは――美しさを永続的なものにすることは願望だった。

ここではそれは不可能だ。すべての科学的な装置、器具、美容の方法、形成外科手術、あれやこれやをもってさえ、それでもそれは不可能だ。人は年を取らなければならない。ヒンドゥー教徒、イスラム教徒、キリスト教徒、ユダヤ教徒の楽園では、その奇跡が起こってきた。神はあなたのために、美しい壁に囲まれた庭園のパラダイスを用意してきた。彼は待っている。もしあなたが徳の高い人なら、もしあなたが彼に従うなら、あなたは途方もなく報われるだろう。もしあなたが従わないなら、その時は地獄だ。

だから自己は欲望のセンターとしてここに存在していて、神はその欲求を満たすためのセンターとして存在している。ブッダは、両方とも存在しない、両方を取り除きなさい、と言う。神もなく、自己もない。現実を見なさい。欲望の中に入ってはいけない。幻想を落としなさい。夢見を止めなさい。そして在るものを見なさい。そして彼は、ただこのプロセスによる一時的な世界だけが――この流転のような世界、現実のこの渦だけがあると言う――すべては一時的で変化している。何も永久ではない。

それが、自己は存在しないという彼の強調の意味だ。なぜならあなたは自分の中の何かを永続的なものにさせようとしているからだ。あなたは言う。身体は変わる、よろしい。世界は変わる、よろしい。関係性は変わる、壊れる、よろしい――しかし自己は、自己は永遠だ。確かに、この目に見える世界は変わる――しかし目に見えない神、彼は永遠だ。あなたはとても必死に永遠の何かを望んでいるので、それを信じ始める。永遠なものが存在するはずだ、というのはあなたの願望だ。

ブッダは永遠なものは何もないと言う。すべては一時的であり、すべてが流れの中にある。これを理解しなさい。するとまさにこの理解があなたを解放するだろう。

覚えておきなさい。他の人たちが解放についての話をする時、彼らは自己のための解放について話す。ブッダが解放について話す時、彼は自己からの解放について話す。それは途方もなく急進的な見地だ。あなたが解放されることではなく、あなたから解放されるのだ。

ブッダが言う唯一の自由はあなたからの自由であり、それが本当の自由だ。そうでなければあなたのマインドはゲームをし続ける。それは新しいキャンバスに新しい願望を描き続ける。何も変わらない。あなたはキャンバスを変えることができる。あなたは市場から抜け出して、寺院の中に座ることができる。何も変わらない。あなたのマインドは天国や楽園に同じ願望を投影する。

このマインドを見なさい。その願望を見なさい。見守り、気づきなさい。何度も私はあなたに思い出させなければならないだろう。私は非仏教の言語で話しているからだ。だからブッダが気づきなさいと言う時、彼が意味しているのは、気づきの状態(*awareness*)でありなさい、ということだ。気づく者は誰もいない。そこにはただ気づきの状態だけがある。

確かに、あなたは決して再び生まれることはないだろうが、もし自分は在るという考えを持つなら、あなたは連続体のままだろう。あなたが自己についての考えを落とすなら、連続体は消える。あなたは消失する。

それこそがニルヴァーナだ。ちょうどランプを消すと光が止み消えるように、あなたが自分の欲求する心《マインド》を消すと、すべての惨めさ、すべての輪廻、すべての苦しみは止む。突然、あなたはいない。

しかし、それは何もないという意味ではない。そうでなければチャルヴァック派と仏教徒との間に違いはない。それなら無神論者とブッダとの間に違いはないだろう。そこには途方もない違いがある。彼は言う、あなたが止むと、初めて現実《リアリティ》が引き継ぐ、と。しかし彼はそれにどんな名前も決して与えない。名付けることは不可能だからだ。それを名付けることはそれを偽り伝えることだ。それを言うことは、それに真実ではないことだ。彼は静かにして、それに全く沈黙を保つ。彼はそれを体験する方法を示す。彼はその周りで哲学を長々と話したり組み立てたりしない。

質問二
あなたは何度も私たちに言ってきました。自己本位でありなさい、と。自己本位であるとはどういうことなのですか？

自己を落とすことだ。それはあなたに起こり得る最も美しいことだからだ。それはあなたに起こり得る最大の満足だろう。

自己を落としなさい——もしあなたが本当に自己本位であるなら。本当に幸せでありたいなら、自己を落としなさい。なぜなら自己がすべての不幸とすべての地獄を作っているからだ。

難しい。なぜならそれは逆説《パラドックス》のように見えるからだ。しかし見守ったことがあるだろうか？すべての不幸はあなたの自己のせいで、あなたのエゴのせいであなたのところにやって来る。あなたは何度も傷つく。あなたはエゴのせいでそれほど苦しむ。それは常に生々しく残る傷のようなもので、どんなものでも、そよ風でさえ、涼風でさえあなたを傷つける。誰かが微笑むと、それは傷つける。誰かが笑うと、それは傷つける。ある人は自分の道を進んでいて、多分自分自身の考えに没頭していて、あなたを見ていない。その時それは傷つく。

ムラ・ナスルディンは妻に言っていた、「もうこれ以上俺を悩ませるな！　お前は俺をいらいらさせる！」。そして彼は本当に怒っていた。

妻は言った。「でも私はただの一言も言わなかったわよ。私は自分の仕事をしているのよ」

ムラは言った。「だからだ。お前はとても静かにしている。それが腹立たしいのだ。頼むから、何か言ってくれ！」

今、あなたが静かにしているなら、その時もまた誰かは悩まされる。あなたが話すと、その時は面倒な事がある。エゴは傷つく準備ができている。それは傷つく方法と手段を見つけるだろう。だからエゴを持って、自己を持って生きる人は、本当は利己的な人ではない。彼は愚かな人だ。なぜならただ苦しむだけだからだ。あなたが苦しむだけなら、この無自己な自己本位とはどういうタイプなのだろう？

私はあなたに道を示す。自己を落としなさい。エゴについてのすべてを忘れなさい。まるであなたはいないかのように、虚空のように存在しなさい。そして見なさい。あなたは数多くの美しい体験をするようになる。すべてが深く、満足のいく体験になる。すべてが贈り物を、恵みをもたらす。

すべてが祝福になる。

エゴは常に期待しているので、常に欲求不満を起こしつつある。非エゴイスト的な人は何も期待しない。そのためすべてが満たされている。起こるものは何であれ途方もない。起こるものは何であれ素晴らしい。たとえ小さな草花に出会っても、彼はそれに魅了される。

「とても美しい花だ！　私は何もしていない。私はそれに値しない。それはそこでまさに私を待っている」

ただ空を見ることで、彼は満たされる。ただ鳥に耳を傾けることで、素晴らしい歌が彼のハートに現われる。その時、すべてが彼を満たす。

覚えておきなさい。欲求不満は期待から生じる。そしてエゴは常に期待している。エゴは乞食だ。

私は美しいスーフィーの話を聞いたことがある。

ある乞食が皇帝のところに来て言った。

「もしあなたが私に何かをくれるつもりなら、条件がある」

皇帝は多くの乞食を見てきた――しかし条件をつける乞食とは？　そしてこの乞食は本当に奇妙で、非常に力強い男だった。彼はスーフィーの神秘家だった。彼には魅力が、カリスマ性があった。彼の人格にはオーラがあった。皇帝でさえ少し嫉妬を感じた。そして条件だと？

皇帝は言った。「どういう意味だ？　お前の条件とは何を意味しているのだ？」

乞食は言った。「これが私の条件だ。あなたが私の托鉢碗を完全に満たした場合にだけ、私は受け入れる」

それは小さな托鉢碗だった。

王は言った。「お前は私を誰だと思っているのだ？　私は乞食か？　私がこの汚い小さな托鉢碗を満たすことができないとでもいうのか？」

乞食は言った。「前もってあなたに言っておくほうがいい。後であなたは面倒な事に巻き込まれる可能性があるからだ。もしあなたが満たすことができると考えるなら、満たすがいい」


王は宰相を呼び、宝石でそれを満たすようにと言った。ダイヤモンドやルビー、エメラルドで。この乞食に、彼が誰と話しているのかを知らしめよう！　しかし問題があった。碗は満たされたが、王は驚いた。宝石がその中に落ちると、それは消えてしまう。それは何度も満たされたが、毎回それは再び空になった。今や彼は大変激怒したが、彼は宰相に言った。

「たとえ私の王国全体がなくなろうとも、たとえ私のすべての財宝が空になろうとも、そうさせよう――しかし私は、この乞食が私を負かすのを許せない。これはあんまりだ」

そしてすべての財宝は消えてしまったと言われている。やがて王は乞食になった。それは数ヶ月かかった。そして乞食がいて、王がいて、首都全体があったが、誰もが何が起こっているのか、最終的にはどうなるのか理解に苦しんでいた。すべては全く消えていた。

ついに王は乞食の足元に平伏しなければならなかった。そして彼は言った。

「許してくれ。でもあなたが去る前に、ちょっと私に一つのことを教えてほしい。この托鉢碗の秘密は何なのだ？　すべてがその中に消えてしまった」

乞食は笑い始めた。彼は言った。「それは人間のエゴで作られている。私は人間のエゴでこの托鉢碗を作ったのだ。すべてがその中に消える。それを満たすものは何もない」


それは途方もなく美しい物語だ。それがあなたに起こっていることだ。それは物語ではない。それはあなたの生だ。あなたは自分の托鉢碗に家や、車、銀行の預金残高を入れ続ける――すべてが消える。再びあなたは空っぽだ。決してどんな充足もない。決してどんな満足もない。再びあなたは物乞いをしている。あなたは多くの生でそれをしてきた。それはあなたの物語だ。それは文字通りの真実だ。それは単に、象徴的な意味において真実なのではない。それはみんなの生において、あらゆる人間の生において真実だ。

私たちは乞食のままだ。托鉢碗は空のままだ。それには底がないようだ。あなたは何かを落とす。それはただ単に消える。

エゴは決して満たされない。だから非エゴイストは非常に非自己本位な人だ。この逆説を覚えていなさい。利己主義者は非常に自己本位な人だ。なぜなら彼は決して満たされないからだ。非‐利己主義者は、彼が満たされるため、非常に利己的な人だ。彼は至福に達する。

質問三

毎日あなたは合掌して、笑ってやって来ます。そして講話の後、同じようにあなたは帰ります。この所作の意味は何なのですか？

笑って来なさい、笑って去りなさい、と私は言っている。それがタターガタ、かくの如く来たりて、かくの如く去りぬの意味だ。この往来を単なる笑いに、笑い以上の実体は何もないようにさせなさい。笑いは世界で最も実体のないものだ。それを掴むことはできない。それはすり抜ける。それは捉えどころがない、言いようのないものだ。あなたの生を単なる笑いにしなさい。笑って来なさい、笑って去りなさい。

そしてもちろん、手を合わせる、そうでなければ誰かが傷つくかもしれない。もしあなたが合掌せずに笑うなら、誰かのエゴが傷つくかもしれない。彼は「どういう意味だ？　私を笑うとは？」と言うことがあり得る。だから、ただどんな誤解をも防ぐために――。

しかし、それを実のない身ぶりにしようとしてはいけない。なぜなら偽りの笑いは私たちが覚えるべき最も危険なものの一つだからだ。決して偽って笑ってはいけない。なぜならいったん偽って笑い始めると、あなたは本当に笑う方法を忘れてしまうからだ。決してあなたの笑いを汚してはいけない。そうしなければそれは単なる見せかけに、しかも非常に危険な見せかけになる。あなたは他人を欺いているだけではない。あなたは自分自身を欺いているかもしれない。

あなたの笑いを、まさにあなたの内なる虚空からの笑いにさせなさい。それをあなたの無自己の核そのものから来させ、そしてあなたの周りに広めなさい。それをまさに、その根から来ている花のようにさせなさい。樹液は根を通って、まさにその頂点へ行って開花する。あなたの笑いを、あなたのまさに本物の実存的な核から生じさせなさい。それは人工的であるべきではない。

私は聞いたことがある。

最近、初老の敬虔なユダヤ人が自分の子供たちを驚かせた。彼らは彼がキリスト教に改宗したと思った。なぜなら彼は、家を出るたびに十字を切っているように見えたからだ。

彼らが彼に立ち会った時、彼は「馬鹿馬鹿しい!」と言った。

「わしは自分が眼鏡を持っているのを確認するために自分の右側を、そして自分がハンカチを持っているのを確認するために自分の左側を触る。そしてヤムルカ(ユダヤ教徒が被る小さな帽子)を被っているのを確認するために頭に手を置き、ボタンが掛かっているのを確認するために自分の服の前立てを触るのだ」

あなたの十字を切ることは、そうしたものであり得る。あなたの笑いもまた、そのようなものであり得る。決して無駄な身ぶりをしてはいけない。真実でありなさい。本当の悲しみでさえ偽りの笑いよりましだ。少なくともそれは真実で本物であり、あなたが成長するのを助ける。人は本物であることを通して成長する。

だから私は、笑うことを学びなさいとは言っていない。笑いに達しなさいと言っているのだ。私は学びなさいとは言っていない。笑いに達しなさい、笑いを起こしなさいと言うのだ。

質問四

時々私は羊のように、時には狐のように、さらに時には弟子のように感じています。人を弟子に変えるものは愛ですか？　それとも理解ですか？

それは真の観察だ。誰もがそのように在る。それはプレム・アシーシからだ。それは本物の観察だ。それが物事の在り様だ。

時々私は羊のように感じています――

そしてもしあなたが羊のようであるなら、弟子であることはできない。もちろん多くの羊は、自分たちは弟子だと思っている。もし私に従うのがただ恐れのためだけなら、あなたは恐怖に従っているのだ。あなたは私に従っていない。私はあなたを羊にするためにここにいるのではない。社会、政治家たち、聖職者たちは充分に害を与えてきた――もうこれ以上必要ない。あなた方は何世紀にもわたってずっと臆病者に陥《おとしい》れられてきた。誰もがあなたを臆病者であるように強いてきた。誰もがあなたを恐がる存在であるように強いてきた。あなたはいつも震えている。

私はあなたがこの震えを落とすのを助けるためにここにいる。失うものは何もないから、何も恐れることはない。死でさえ恐れることはない。なぜなら死ぬ人は存在しないからだ。どんな害もあなたに及ぼすことはできない。あなたがこれを理解したら、羊は消える。羊は信奉者にはなれるが弟子にはなれない。

そして信奉者は必ずしも弟子ではない。信奉者は自分自身を守るための、安全であるための方法と手段をただ見つけているだけだ。信奉者はただ他の誰かに責任を転換しようとしているだけだ。信奉者は単に、集団を見つけようとしているだけだ。そこでは彼は我を忘れられ、彼自身の怖れはもはや存在せず、彼は一人ではない。彼は単に仲間を求めている。彼は一人でいることができない。一人でいることを恐れている。彼は自分自身を信頼できない。信奉者とは自分自身を信頼できない人だ。

弟子とは自分自身を信頼する人だ。彼の信頼から、彼は自分自身より少し先へ進んでいる誰かから学ぶようになる。彼は信奉者ではない。模倣者ではない。そして彼は安全を求めていない。彼は理解を求めている。たとえその理解がより多くの不安定をもたらしても、彼はそのための準備ができている。

信奉者は決して不安定に対する準備はできていない。彼がグルのところへ、マスターのところへ行くのは保護、避難所を求めるため、彼の後ろに隠れるためだ。彼は父親像を求めている。

弟子はマスターを求めている、父親像ではない。彼は生とは何かを学びたい。たとえ生が不安定であっても、学ぶ準備ができている。たとえ生が死を意味したとしても、彼は学ぶ準備ができている。信奉者は単に地図を望んでいる。弟子は冒険を望んでいる。彼は地図については心配しない。彼は単に挑戦を望んでいる。「私に挑戦させてください！」と弟子は言う。「私の昏迷から私を引き出してください」と弟子は言う。「冒険に私を駆り立ててください」と弟子は言う。信奉者は言う。「私を守ってください。私を決して一人にしないでください。あなたなしでは私は失われます。私を追い払わないでください！　ただ私をあなたの後ろに隠れさせてください」

覚えておきなさい。弟子は探求者だ。信奉者は単に怖れを持った病人だ。

時々私は羊のように感じています——

それは、少なくとも私にとっては、あなたは弟子ではあり得ない時だ。

時には私は狐のように感じています。

そう、狐も弟子ではあり得ない。狐は計算高くて、合理的で非常に狡猾な人間だ。狐のマインドは常により多くの情報、より多くの知識を求めている。より多くの理解を求めてはいない。狐のマインドは、彼がより以上に物知りになるように、あらゆる情報源から分捕れるものは何でもただ分捕っているに過ぎない。なぜなら知識は力をもたらすからだ。

狐は力を求めている。羊は保護することができる強力な人を求め、狐は力を求めている。狐はただ誰かからもう少し分捕りするために、しばしば羊のふりをするが、内心では狐はもっと利己的になることだけを学んでいる。

遅かれ早かれ、ただマスターになるためにマスターのところに来る人々がいる——それが彼らの唯一のゴールだ。彼らは学ぶためには来ていない。実際、内心では彼らは教えるために来た。仕方なしに彼らは学ぶ。なぜなら学ばずに教えることは困難だからだ。

狐は謙虚でいるためにはあまりにも狡猾すぎる。狐はマスターとのより深い関係に入るには、愛の中に入るには、あまりにも狡猾で物知りで計算高い。羊が弟子ではあり得ないのは、あまりに恐れているからだ。狐が弟子ではあり得ないのは、本心では力を誇示しているからだ。

しかしこれらの両者は存在する。そしてアシーシは本当にそれを正しく、確かに見守ってきた。

時々私は羊のように、時には狐のように、ほんの時たま弟子のように感じています。

貴重なのは、あなたが弟子のように感じるこれらの瞬間だ。それらを養いなさい。それらの瞬間をますます育まなければならない。そうするとやがて、それらはますますあなたのところにやって来る。それらはますますあなたに起こる。あなたが弟子であるそれらの稀な瞬間に、あなたの羊と狐の両方を明け渡しなさい。

弟子は恐れるのでもなく、力を求めているのでもない。弟子はこの生とは何かを知ることを求めている。彼は征服を望んではいない。彼は自分がたいした人間であることを世界に示すことを望んではいない。彼は単に「私は誰か？」を知りたいと望んでいる。彼は証明することには少しも興味がない。彼はただ単に、知ることを求めている。「私に起こったこの神秘は何だ？」。深い謙虚さで彼は尋ねる。

彼の質問は好奇心からのものではない。彼の質問は単なる問い合わせではない。彼の疑問は本物の探求者、ムムクシュからのものだ。彼の質問はムムクシャ――生とは何かを知りたいという情熱的な欲求だ。弟子とは生を情熱的に愛している人、この生が何であるかを知りたい人、この神秘の中に入って行きたい人だ。

人を弟子に変えるものは愛ですか？　それとも理解ですか？

愛だけではあなたを弟子にさせない。理解だけでもあなたを弟子にさせない。あなたを弟子にさせるものは愛ある理解だ。あなたが単に私を理解するだけなら、あなたは遠く離れたままだろう。そこにはよそよそしさがあるだろう。なぜなら橋がないからだ。愛なしでは橋はない。あなたは理解するだろうが、あなたの理解は潤いのないままだ。あなたは私と繋がっていない。私はあなたの中に流れない。あなたは私の流れを許さない。あなたは私があなたに押し寄せることを、あなたを変容させることを許さない。あなたは厳密に遠ざかったままだろう。

そしてただ愛だけでは助けにならない。なぜなら、愛は理解することを忘れるほど幸せだからだ。愛はとても祝っている。それは理解することを忘れる。それは愛にとても熱中するので、理解するための超然とした態度がない。

マスターを理解することは、あなたは理解するのに充分離れているが、それにも関わらず理解するのに充分関わっている時にだけ起こる。橋は存在する。私はそれを愛ある理解と呼ぶ。その時あなたは私に関与する。その時あなたは私に心を震わす。しかし、そのときめきはあなたを溺れさせない。そのときめきはあなたを酔っ払いにさせない。あなたはできるだけたくさん私を飲むことができるが、それでもあなたは油断がなく、気づいたままだ。あなたはそれに失われていない。

愛ある理解——これは非常に逆説的な状態だ。その時あなたは私との深い関与にあり、それでもあなたは別々のままでいる。あなたは私と一つになっているが、それでもあなたは別々だ。唯一その時、そしてその時にだけ、あなたは弟子になる。

質問五
ママ、母親、そしてマ（女性サニヤシンの尊称）の違いは何ですか？

私はあまりよく知らないが、最善を尽くしてみよう。ママは母親であるふりをしているが、そうではない人、母親であると考えているが、そうではない人だ。なぜなら母親であることは、非常に、非常に難しいからだ。ママであることはとても簡単だ。ただ生殖するためにはママであることで充分だ。何の理解も必要ない。

全世界はママでいっぱいだが、母親を見つけることは非常に困難だ。母親はあなたが自分自身であるよう助ける人だ。ママとは、彼女はあなたを愛していると考え、信じているが、本当は彼女自身を愛していて、そしてあなたに彼女の野心の投影になってほしい人だ。それはパパもまた同じだ。ママとパパを、あなたはどこでも見つけることができる。彼ら――ママたちとパパたちは、全世界を堕落させた。

フロイトは言う。もしあなたが神経症を深く調べれば、常に最終的にはママを見つけるだろう、と。すべての精神分析は、最終的に、母親——ママが作った何らかの問題に近づく。だからママは母親の見せかけ——スピリチュアルな母親の肉体的な相似物だ。

母親であることは非常に難しい。我が家に到着した人だけが、母親であることができる。出産することは非常に簡単だが、それはただ自然な、生物的なことに過ぎない。しかし母親であることはスピリチュアルな何かだ。

ママはあなたを彼女に従わせたいと思う。彼女はあなたを所有したい——あなたを彼女の一部に、彼女の貴重な所有物にしたいと思う。彼女はあなたの周りにしがみつく。

母親はあなたが自立するのを助ける。彼女はあなたが個人になるのを助ける。彼女はあなたを愛するが、彼女はあなたに何かを強制しようとはしない。彼女はあなたに愛を与えるだろうが、あなたに彼女の知識を与えることはない。彼女はあなた自身の真実を見つけさせるために、あなた自身の生を見つけさせるために、あなたをこの世界に送り出す。彼女はあなたにパターンや型を与えない。彼女はあなたを構築しない。彼女はあなたが何になろうとも、ただ単にあなたを助けるだろう。母親はまさに理想だ。それはめったに起こらない。ママはどこでも見つけられる。母親はまさに理想、ユートピア的理想であり、あなたの魂を誕生させられる人だ。ブッダだけが母親であることができる。あるいはミーラが母親であることができる。あるいはクリシュナ、あるいはモハメッドが母親であることができる。それは、あなたにあなたの魂を、あなたの運命を与えることができる唯一の人だ。

ママはただ生物学的なものだ。母親の概念はスピリチュアルだ。そしてママを理解するのは非常に簡単だ。ママとはラジニーシ狂と呼ばれる病気を患っている女性だ！

ブッダ－最大の奇跡　超越の道シリーズ❶

二〇十九年四月十九日　初版第一刷発行

講　話■ＯＳＨＯ

翻　訳■スワミ・ボーディ・デヴァヤナ（宮川義弘）

照　校■マ・ギャン・プーナム

装幀・カバー写真■スワミ・アドヴァイト・タブダール

発行者■マ・ギャン・パトラ

発行所■市民出版社

〒一六七―〇〇四二

東京都杉並区西荻北一―十二―一 エスティーアイビル

電　話〇三―六九一三―五五七九

ＦＡＸ〇三―六九一三―五五八九

郵便振替口座：〇〇一七〇―四―七六三一〇五

e-mail：info@shimin.com

http://www.shimin.com

印刷所■シナノ印刷株式会社

Printed in Japan

ISBN978-4-88178-263-7 C0010 ¥2450E

●著者（OSHO）について

OSHOの説くことは、個人レベルの探求から、今日の社会が直面している社会的あるいは政治的な最も緊急な問題の全般に及び、分類の域を越えています。彼の本は著述されたものではなく、さまざまな国から訪れた聴き手に向けて、即興でなされた講話のオーディオやビデオの記録から書き起こされたものです。

OSHOは、「私はあなたがただけに向けて話しているのではない、将来の世代に向けても話しているのだ」と語ります。

OSHOはロンドンの「サンデー・タイムス」によって『二十世紀をつくった千人』の一人として、また米国の作家トム・ロビンスによって『イエス・キリスト以来、最も危険な人物』として評されています。

また、インドのサンデーミッドデイ誌はガンジー、ネルー、ブッダと共に、インドの運命を変えた十人の人物に選んでいます。

OSHOは自らのワークについて、自分の役割は新しい人類が誕生するための状況をつくることだと語っています。彼はしばしば、この新しい人類を「ゾルバ・ザ・ブッダ」――ギリシャ人ゾルバの世俗的な享楽と、ゴータマ・ブッダの沈黙の静穏さの両方を享受できる存在として描き出します。

OSHOのワークのあらゆる側面を糸のように貫いて流れるものは、東洋の時を越えた英知と、西洋の科学技術の最高の可能性を包含する展望です。

OSHOはまた、内なる変容の科学への革命的な寄与――加速する現代生活を踏まえた瞑想へのアプローチによっても知られています。その独特な「活動的瞑想法《アクティブメディテーション》」は、まず心身に溜まった緊張を解放することによって、思考から自由でリラックスした瞑想の境地を、より容易に体験できるよう構成されています。

●より詳しい情報については　http:// **www.osho.com**　をご覧下さい。

多国語による総合的なウェブ・サイトで、ＯＳＨＯの書籍、雑誌、オーディオやビデオによるＯＳＨＯの講話、英語とヒンディー語のＯＳＨＯライブラリーのテキストアーカイブやＯＳＨＯ瞑想の広範囲な情報を含んでいます。

ＯＳＨＯマルチバーシティのプログラムスケジュールと、ＯＳＨＯインターナショナル・メディテーションリゾートについての情報が見つかります。

●ウェブサイト

http://.osho.com/Resort

http://.osho.com/AllAboutOSHO

http://www.youtube.com/OSHOinternational

http://www.Twitter.com/OSHOtimes

http://www.facebook.com/pages/OSHO.International

◆問い合わせ　Osho International Foundation ; www.osho.com/oshointernational,
oshointernational@oshointernational.com

●ＯＳＨＯインターナショナル・メディテーション・リゾート

場所：インドのムンバイから百マイル（約百六十キロ）東南に位置する、発展する近代都市プネーにあるＯＳＨＯインターナショナル・メディテーション・リゾートは、通常とはちょっと異なる保養地です。すばらしい並木のある住宅区域の中にあり、二十八エーカーを超える壮大な庭園が広がっています。

ＯＳＨＯ瞑想：あらゆるタイプの人々を対象としたスケジュールが一日中組まれています。それには、活動的であったり、そうでなかったり、伝統的であったり、画期的であったりする技法、そして特にＯＳＨＯの活動的《アクティブ》な瞑想が含まれています。瞑想は、世界最大の瞑想ホールであるＯＳＨＯオーディトリアムで行なわれます。

マルチバーシティー：個人セッション、各種のコース、ワークショップがあり、それらは創造的芸術からホリスティック健康管理、個人的な変容、人間関係や人生の移り変わり、瞑想としての仕事、秘教的科学、そしてスポーツやレクリエーションに対する禅的アプローチなど、あらゆるものが網羅されています。マルチバーシティーの成功の秘訣は、すべてのプログラムが瞑想と結びついている事にあり、私達が、部分部分の集まりよりもはるかに大きな存在であるという理解を促します。

バショウ（芭蕉）・スパ：快適なバショウ・スパは、木々と熱帯植物に囲まれた、ゆったりできる屋外水泳プールを提供しています。独特のスタイルを持った、ゆったりしたジャグジー、サウナ、ジム、テニスコート……そのとても魅力的で美しい環境が、すべてをより快適なものにしています。

料理：多様で異なった食事の場所では、おいしい西洋やアジアの、そしてインドの菜食料理を提供しています。それらのほとんどは、特別に瞑想リゾートのために有機栽培されたものです。パンとケーキは、リゾート内のベーカリーで焼かれています。

ナイトライフ：夜のイベントはたくさんあり、その一番人気はダンスです。その他には、夜の星々の下での満月の日の瞑想、バラエティーショー、音楽演奏、そして毎日の瞑想が含まれています。

あるいは、プラザ・カフェでただ人々と会って楽しむこともできるし、このおとぎ話のような環境にある庭園の、夜の静けさの中で散歩もできます。

設備：基本的な必需品のすべてと洗面用具類は、「ガレリア」で買うことができます。「マルチメディア・ギャラリー」では、ＯＳＨＯのあらゆるメディア関係の品物が売られています。また銀行、旅行代理店、そしてインターネットカフェもあります。ショッピング好きな方には、プネーはあらゆる選択肢を与えてくれます。伝統的で民族的なインド製品から、すべての世界的ブランドのお店まであります。

宿泊：ＯＳＨＯゲストハウスの上品な部屋に宿泊する選択もできますし、より長期の滞在には、住み込みで働くプログラム・パッケージの一つを選べます。さらに、多種多様な近隣のホテルや便利なアパートもあります。

www.osho.com/meditationresort
www.osho.com/guesthouse
www.osho.com/livingin

日本各地の主なOSHO瞑想センター

OSHOに関する情報をさらに知りたい方、実際に瞑想を体験してみたい方は、お近くのOSHO瞑想センターにお問い合わせ下さい。

参考までに、各地の主なOSHO瞑想センターを記載しました。尚、活動内容は各センターによって異なりますので、詳しいことは直接お確かめ下さい。

◆東京◆

・**OSHOサクシン瞑想センター**　Tel & Fax 03-5382-4734
マ・ギャン・パトラ　〒167-0042　東京都杉並区西荻北1-7-19
e-mail osho@sakshin.com　http://www.sakshin.com

・**OSHOジャパン瞑想センター**
マ・デヴァ・アヌパ　Tel 03-3701-3139
〒158-0081　東京都世田谷区深沢5-15-17

◆大阪、兵庫◆

・**OSHOナンディゴーシャインフォメーションセンター**
スワミ・アナンド・ビルー　Tel & Fax 0669-74-6663
〒537-0013　大阪府大阪市東成区大今里南1-2-15 J&Kマンション302

・**OSHOインスティテュート・フォー・トランスフォーメーション**
マ・ジーヴァン・シャンティ、スワミ・サティヤム・アートマラーマ
〒655-0014　兵庫県神戸市垂水区大町2-6-B-143
e-mail j-shanti@titan.ocn.ne.jp　Tel & Fax 078-705-2807

・**OSHOマイトリー瞑想センター**　Tel & Fax　078-412-4883
スワミ・デヴァ・ヴィジェイ
〒658-0000　兵庫県神戸市東灘区北町4-4-12 A-17
e-mail mysticunion@mbn.nifty.com　http://mystic.main.jp

・**OSHOターラ瞑想センター**　Tel 090-1226-2461
マ・アトモ・アティモダ
〒662-0018　兵庫県西宮市甲陽園山王町2-46　パインウッド

・**OSHOインスティテュート・フォー・セイクリッド・ムーヴメンツ・ジャパン**
スワミ・アナンド・プラヴァン
〒662-0018　兵庫県西宮市甲陽園山王町2-46　パインウッド
Tel & Fax 0798-73-1143　http://homepage3.nifty.com/MRG/

・**OSHOオーシャニック・インスティテュート**　Tel 0797-71-7630
スワミ・アナンド・ラーマ　〒665-0051　兵庫県宝塚市高司1-8-37-301
e-mail oceanic@pop01.odn.ne.jp

◆愛知◆

・**OSHO 庵瞑想センター**　Tel & Fax 0565-63-2758
スワミ・サット・プレム　〒 444-2326 愛知県豊田市国谷町柳ヶ入２番
e-mail satprem@docomo.ne.jp

・**OSHO EVENTS センター**　Tel & Fax 052-702-4128
マ・サンボーディ・ハリマ
〒 465-0058　愛知県名古屋市名東区貴船 2-501 メルローズ 1 号館 301
e-mail: dancingbuddha@magic.odn.ne.jp

◆その他◆

・**OSHO チャンパインフォメーションセンター**　Tel & Fax 011-614-7398
マ・プレム・ウシャ　〒 064-0951　北海道札幌市中央区宮の森一条 7-1-10-703
e-mail ushausha@lapis.plala.or.jp
http:www11.plala.or.jp/premusha/champa/index.html

・**OSHO インフォメーションセンター**　Tel & Fax 0263-46-1403
マ・プレム・ソナ　〒 390-0317　長野県松本市洞 665-1
e-mail sona@mub.biglobe.ne.jp

・**OSHO インフォメーションセンター**　Tel & Fax 0761-43-1523
スワミ・デヴァ・スッコ　〒 923-0000　石川県小松市佐美町申 227

・**OSHO インフォメーションセンター広島**　Tel 082-842-5829
スワミ・ナロパ、マ・ブーティ　〒 739-1733　広島県広島市安佐北区口田南 9-7-31
e-mail prembhuti@blue.ocn.ne.jp http://now.ohah.net/goldenflower

・**OSHO フレグランス瞑想センター**　Tel 090-8473-5554
スワミ・ディークシャント
〒 857-2306　長崎県西海市大瀬戸町瀬戸東濱郷 1982-5
e-mail: studio.emptysky@gmail.com　http://osho-fragrance.com

・**OSHO ウツサヴァ・インフォメーションセンター**　Tel 0974-62-3814
マ・ニルグーノ　〒 878-0005　大分県竹田市大字挟田 2025
e-mail: light@jp.bigplanet.com　http://homepage1.nifty.com/UTSAVA

◆インド・プネー◆

OSHO インターナショナル・メディテーション・リゾート
Osho International Meditation Resort
17 Koregaon Park Pune 411001 (MS) INDIA
Tel 91-20-4019999 Fax 91-20-4019990
http://www.osho.com
e-mail：oshointernational@oshointernational.com

＜OSHO 講話 DVD　日本語字幕スーパー付＞

■価格は全て税別です。※送料／ DVD 1 本 ¥260　2 ～ 3 本 ¥320　4 ～ 5 本 ¥360　6 ～ 10 本 ¥460

■ **道元 7** ―1 日をブッダとして生きなさい―

偉大なる禅師・道元の『正法眼蔵』を題材に、すべての人の内にある仏性に向けて語られる目醒めの一打。

『一瞬といえども二度と再びあなたの手には戻ってこない、過ぎ去ったものは永久に過ぎ去ってしまったのだ』。一茶の俳句など、様々な逸話を取り上げながら説かれる、好評道元シリーズ第 7 弾！（瞑想リード付）

●本編 117 分　● ¥ 3,800（税別）● 1988 年プネーでの講話

■ **道元 6** ―あなたはすでにブッダだ―（瞑想リード付）

●本編 2 枚組 131 分　● ¥ 4,380（税別）● 1988 年プネーでの講話

■ **道元 5** ―水に月のやどるがごとし―（瞑想リード付）

●本編 98 分　● ¥ 3,800（税別）● 1988 年プネーでの講話

■ **道元 4** ―導師との出会い・覚醒の炎―（瞑想リード付）

●本編 2 枚組 139 分　● ¥ 4,380（税別）● 1988 年プネーでの講話

■ **道元 3**―山なき海・存在の巡礼―（瞑想リード付）

●本編 2 枚組 123 分　● ¥ 3,980（税別）● 1988 年プネーでの講話

■ **道元 2** ―輪廻転生・薪と灰―（瞑想リード付）

●本編 113 分　● ¥ 3,800（税別）● 1988 年プネーでの講話

■ **道元 1**―自己をならふといふは自己をわするるなり―（瞑想リード付）

●本編 105 分　● ¥ 3,800（税別）● 1988 年プネーでの講話

■ **禅宣言 3**　―待つ、何もなくただ待つ―（瞑想リード付）

禅を全く新しい視点で捉えた OSHO 最後の講話シリーズ。「それこそが禅の真髄だ―待つ、何もなくただ待つ。この途方もない調和、この和合こそが禅宣言の本質だ（本編より）」

●本編 2 枚組 133 分● ¥ 4,380（税別）● 1989 年プネーでの講話（瞑想リード付）

■ **禅宣言 2**　―沈みゆく幻想の船―（瞑想リード付）

深い知性と大いなる成熟へ向けての禅の真髄を語る、OSHO 最後の講話シリーズ。あらゆる宗教の見せかけの豊かさと虚構をあばき、全ての隷属を捨て去った真の自立を説く。

●本編 2 枚組 194 分● ¥ 4,380（税別）● 1989 年プネーでの講話

■ **禅宣言 1**―自分自身からの自由―（瞑想リード付）

禅の真髄をあますところなく説き明かす、OSHO 最後の講話シリーズ。古い宗教が崩れ去る中、禅を全く新しい視点で捉え、人類の未来への新しい地平を拓く。

●本編 2 枚組 220 分　● ¥ 4,380（税別）● 1989 年プネーでの講話

■ **内なる存在への旅** ― ボーディダルマ 2 ―

ボーディダルマはその恐れを知らぬ無法さゆえに、妥協を許さぬ姿勢ゆえに、ゴータマ・ブッダ以降のもっとも重要な＜光明＞の人になった。

●本編 88 分　● ¥ 3,800（税別）● 1987 年プネーでの講話

■ **孤高の禅師** ボーディダルマ―求めないことが至福―

菩提達磨語録を実存的に捉え直す。中国武帝との邂逅、禅問答のような弟子達とのやりとり、奇妙で興味深い逸話を生きた禅話として展開。「“求めないこと” がボーディダルマの教えの本質のひとつだ」　●本編 2 枚組 134 分　● ¥ 4,380（税別）● 1987 年プネーでの講話

＜OSHO 既刊書籍＞ ■価格は全て税別です。

伝記

OSHO・反逆の軌跡—異端の神秘家・魂の伝記

■著／ヴァサント・ジョシ

OSHO の生涯と活動を、余すところなく弟子が綴る魂の伝記。悩み惑う日常からの脱却と、自己本来の道への探求を促す自由と覚醒の足跡。誕生から始まる劇的な生涯そのものが、まさに OSHO の教えであることを示す貴重な書。

＜内容＞ ●青少年期：冒険の年 ●光明 ●ワールドツアー ●あなたに私の夢を託す 他

■ A5 変判並製 400 頁 ¥2,600（税別） 送料 ¥390

新装版 朝の目覚めに贈る言葉
新装版 夜眠る前に贈る言葉
—魂に語りかける 365 日のメッセージ集

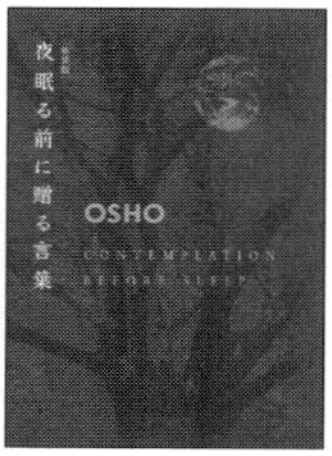

眠る前の最後の思考は、朝目覚める時の最初の思考になる……。生まれ変わったように、新たな一日一日を生きる……。特別に朝と夜のために編まれたインドの神秘家・OSHO の言葉。生きることの根源的な意味と、自分を見つめ活力が与えられる覚者からの 365 日のメッセージ。コンパクトサイズでギフトにも最適です。

＜朝＞ B6 変判並製 584 頁 2,300 円（税別） 送料 390 円 ＜夜＞ B6 変判並製 568 頁 2,200 円（税別） 送料 390 円

探求

奇跡の探求Ⅰ，Ⅱ—内的探求とチャクラの神秘

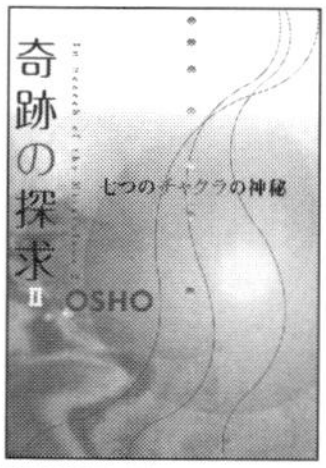

内的探求と変容のプロセスを秘教的領域にまで奥深く踏み込み、説き明かしていく。Ⅱは七つのチャクラと七身体の神秘を語る驚くべき書。男女のエネルギーの性質、クンダリーニ、タントラ等について、洞察に次ぐ洞察が全編を貫く。

＜内容＞ ●道行く瞑想者の成熟 ●シャクティパット・生体電気の神秘 ●クンダリーニ・超越の法則 ●タントラの秘法的側面 他

第Ⅰ巻■四六判上製 488 頁 ¥2,800（税別） 送料 ¥390

改装版第Ⅱ巻■四六判並製 488 頁 ¥2,450（税別） 送料 ¥390

死ぬこと 生きること
— 死の怖れを超える真実

OSHO 自身の幽体離脱の体験や、過去生への理解と対応、死におけるエネルギーの実際の変化など、「死」の実体に具体的にせまり、死と生の神秘を濃密に次々と解き明かしていく。 ■四六判並製 448 頁 2,350 円＋税／送料 390 円

新瞑想法入門—OSHO の瞑想法集大成

禅、密教、ヨーガ、タントラ、スーフィなどの古来の瞑想法から、現代人のために編み出された OSHO 独自の方法まで、わかりやすく解説。技法の説明の他にも、瞑想の本質や原理、探求者からの質問にも的確な道を指し示す。真理を求める人々必携の書。

■ A 5 判並製 520 頁 3,280 円（税別）送料 390 円

魂のヨーガ
— パタンジャリのヨーガスートラ

■四六判並製 408 頁 2,400 円＋税／送料 390 円

インナージャーニー
— 内なる旅・自己探求のガイド

■四六判並製 304 頁 2,200 円＋税／送料 320 円

グレート・チャレンジ
— 超越への対話

■四六判上製 382 頁 2,600 円＋税／送料 390 円

隠された神秘
— 秘宝の在処

■四六判上製 304 頁 2,600 円＋税／送料 390 円

神秘家 **エンライトメント** ●アシュタバクラの講話	インド古代の12才の覚者・アシュタバクラと比類なき弟子・帝王ジャナクとの対話を題材に、技法なき気づきの道についてOSHOが語る。 ■ A5判並製／504頁／2,800円 〒390円
ラスト・モーニング・スター ●女性覚者ダヤに関する講話	過去と未来の幻想を断ち切り、今この瞬間から生きること——。スピリチュアルな旅への愛と勇気、究極なるものとの最終的な融合を語りながら時を超え死をも超える「永遠」への扉を開く。 ■ 四六判並製／568頁／2,800円 〒390円
シャワリング・ウィズアウト・クラウズ ●女性覚者サハジョの詩	光明を得た女性神秘家サハジョの、「愛の詩」について語られた講話。女性が光明を得る道、女性と男性のエゴの違いや、落とし穴に光を当てる。 ■ 四六判並製／496頁／2,600円 〒390円
禅 **禅宣言** ●OSHO最後の講話	「自分がブッダであることを覚えておくように——サマサティ」この言葉を最後に、OSHOはすべての講話の幕を降ろした。禅を全く新しい視点で捉え、人類の未来に向けた新しい地平を拓く。 ■ 四六判上製／496頁／2,880円 〒390円
無水無月 ●ノーウォーター・ノームーン	禅に関する10の講話集。光明を得た尼僧千代能、白隠、一休などをテーマにした、OSHOならではの卓越した禅への理解とユニークな解釈。OSHOの禅スティック、目覚めへの一撃。 ■ 四六判上製／448頁／2,650円 〒390円
そして花々は降りそそぐ ●パラドックスの妙味・11の禅講話	初期OSHOが語る11の禅講話シリーズ。「たとえ死が迫っていても、師を興奮させるのは不可能だ。彼を驚かせることはできない。完全に開かれた瞬間に彼は生きる」——OSHO ■ 四六判並製／456頁／2,500円 〒390円
インド **私の愛するインド** ●輝ける黄金の断章	光明を得た神秘家や音楽のマスターたちや類まれな詩などの宝庫インド。真の人間性を探求する人々に、永遠への扉であるインドの魅惑に満ちたヴィジョンを、多面的に語る。 ■ A4判変型上製／264頁／2,800円 〒390円
タントラ **サラハの歌** ●タントラ・ヴィジョン新装版	タントラの祖師・サラハを語る。聡明な若者サラハは仏教修行僧となった後、世俗の女性覚者に導かれ光明を得た。サラハが国王のために唄った40の詩を題材に語るタントラの神髄！ ■四六判並製／480頁／2,500円 〒390円
タントラの変容 ●タントラ・ヴィジョン 2	光明を得た女性と暮らしたタントリカ、サラハの経文を題材に語る瞑想と愛の道。恋人や夫婦の問題等、探求者からの質問の核を掘り下げ、内的成長の鍵を明確に語る。 ■ 四六判並製／480頁／2,500円 〒390円
スーフィ **ユニオ・ミスティカ** ●スーフィ、悟りの道	イスラム神秘主義、スーフィズムの真髄を示すハキーム・サナイの「真理の花園」を題材に、OSHOが語る愛の道。「この本は書かれたものではない。彼方からの、神からの贈り物だ」OSHO ■ 四六判並製／488頁／2,480円 〒390円
ユダヤ **死のアート** ●ユダヤ神秘主義の講話	生を理解した者は、死を受け入れ歓迎する。その人は一瞬一瞬に死に、一瞬一瞬に蘇る。死と生の神秘を解き明かしながら生をいかに強烈に、トータルに生ききるかを余すところなく語る。 ■四六判並製／416頁／2,400円 〒390円
書簡 **知恵の種子** ●ヒンディ語初期書簡集	OSHOが親密な筆調で綴る120通の手紙。列車での旅行中の様子や四季折々の風景、日々の小さな出来事から自己覚醒、愛、至福へと導いていく。講話とはひと味違った感覚で編まれた書簡集。 ■ A5判変型上製／288頁／2,300円 〒320円

数秘&タロット&その他

■ **わたしを自由にする数秘**—本当の自分に還るパーソナルガイド／著／マ・プレム・マンガラ
＜内なる子どもとつながる新しい数秘＞ 誕生日で知る幼年期のトラウマからの解放と自由。 同じ行動パターンを繰り返す理由に気づき、あなた自身を解放する数の真実。無意識のパターンから自由になるガイドブック。 A5判並製 384頁 2,600円（税別）送料 390円

■ **直感のタロット**—人間関係に光をもたらす実践ガイド／著／マ・プレム・マンガラ
＜クロウリー トートタロット使用 ※タロットカードは別売 ＞ 意識と気づきを高め、自分の直感を通してカードを学べる完全ガイド本。初心者にも、正確で洞察に満ちたタロット・リーディングができます。 A5判並製 368頁 2,600円（税別）送料 390円

■ **和尚との至高の瞬間**—著／マ・プレム・マニーシャ
OSHO の講話の質問者としても著名なマニーシャの書き下ろし邦訳版。常に OSHO と共に過ごした興味深い日々を真摯に綴る。 四六判並製 256頁 1,900円（税別）送料 320円

OSHO TIMES 日本語版 バックナンバー

※尚、Osho Times バックナンバーの詳細は、www.shimin.com でご覧になれます。
（バックナンバーは東京・書泉グランデ、埼玉・ブックデポ書楽に揃っています。） ●1冊／¥1,280（税別）／送料 ¥260

	内容紹介		
vol.2	独り在ること	vol.3	恐れとは何か
vol.4	幸せでないのは何故？	vol.5	成功の秘訣
vol.6	真の自由	vol.7	エゴを見つめる
vol.8	創造的な生	vol.9	健康と幸福
vol.10	混乱から新たなドアが開く	vol.11	時間から永遠へ
vol.12	日々を禅に暮らす	vol.13	真の豊かさ
vol.14	バランスを取る	vol.15	優雅に生きる
vol.16	ハートを信頼する	vol.17	自分自身を祝う
vol.18	癒しとは何か	vol.19	くつろぎのアート
vol.20	創造性とは何か	vol.21	自由に生きていますか
vol.22	葛藤を超える	vol.23	真のヨーガ
vol.24	誕生、死、再生	vol.25	瞑想—存在への歓喜
vol.26	受容—あるがままの世界	vol.27	覚者のサイコロジー
vol.28	恐れの根源	vol.29	信頼の美
vol.30	変化が訪れる時	vol.31	あなた自身の主人で在りなさい
vol.32	祝祭—エネルギーの変容	vol.33	眠れない夜には
vol.34	感受性を高める	vol.35	すべては瞑想
vol.36	最大の勇気	vol.37	感謝
vol.38	観照こそが瞑想だ	vol.39	内なる静けさ
vol.40	自分自身を超える	vol.41	危機に目覚める
vol.42	ストップ！気づきを高める技法	vol.43	罪悪感の根を断つ
vol.44	自分自身を愛すること	vol.45	愛する生の創造
vol.46	ボディラブ—からだを愛すること	vol.47	新しい始まりのとき
vol.48	死—最大の虚構	vol.49	内なる平和—暴力のルーツとは
vol.50	生は音楽だ	vol.51	情熱への扉
vol.52	本物であること	vol.53	過去から自由になる
vol.54	与えること 受け取ること ■受容すること ■瞑想の贈り物 他		

●OSHO Times 1冊／¥1,280（税別）／送料 ¥260

■郵便振替口座：00170-4-763105 ■口座名／（株）市民出版社

■TEL／03-6913-5579

・代金引換郵便（要手数料¥300）の場合、商品到着時に支払。
・郵便振替、現金書留の場合、代金を前もって送金して下さい。

< OSHO 瞑想 CD >

ダイナミック瞑想

全５ステージ
60 分

◆デューター

¥2,913（税別）

生命エネルギーの浄化をもたらす OSHO の瞑想法の中で最も代表的な技法。混沌とした呼吸とカタルシス、フゥッ！という スーフィーの真言《マントラ》を、自分の中にとどこおっているエネルギーが全く残ることのないところまで、行なう。

クンダリーニ瞑想

全４ステージ
60 分

◆デューター

¥2,913（税別）

未知なるエネルギーの上昇と内なる静寂、目醒めのメソッド。OSHO によって考案された瞑想の中でも、ダイナミックと並んで多くの人が取り組んでいる活動的瞑想法。通常は夕方、日没時に行なわれる。

ナタラジ瞑想

全３ステージ
65 分

◆デューター

¥2,913（税別）

自我としての「あなた」が踊りのなかに溶け去るトータルなダンスの瞑想。第１ステージは目を閉じ、40 分間とりつかれたように踊る。第２ステージは目を閉じたまま横たわり動かずにいる。最後の５分間、踊り楽しむ。

ナーダブラーマ瞑想

全３ステージ
60 分

◆デューター

¥2,913（税別）

宇宙と調和して脈打つ、ヒーリング効果の高いハミングメディテーション。脳を活性化し、あらゆる神経繊維をきれいにし、癒しの効果をもたらすチベットの古い瞑想法の一つ。

チャクラ サウンド瞑想

全２ステージ
60 分

◆カルネッシュ

¥2,913（税別）

７つのチャクラに目覚め、内なる静寂をもたらすサウンドのメソッド。各々のチャクラで音を感じ、チャクラのまさに中心でその音が振動するように声を出すことにより、チャクラにより敏感になっていく。

チャクラ ブリージング瞑想

全２ステージ
60 分

◆カマール

¥2,913（税別）

７つのチャクラを活性化させる強力なブリージングメソッド。７つのチャクラに意識的になるためのテクニック。身体全体を使い、１つ１つのチャクラに深く速い呼吸をしていく。

ノーディメンション瞑想

全３ステージ
60 分

◆シルス&シャストロ

¥2,913（税別）

グルジェフとスーフィのムーヴメントを発展させたセンタリングのメソッド。この瞑想は旋回瞑想《ワーリング》の準備となるだけでなく、センタリング《中心を定める》のための踊りでもある。３つのステージからなり、一連の動作と旋回、沈黙へと続く。

グリシャンカール瞑想

全４ステージ
60 分

◆デューター

¥2,913（税別）

呼吸を使って第三の目に働きかける、各 15 分４ステージの瞑想法。第一ステージで正しい呼吸が行われることで、血液の中に増加形成される二酸化炭素がまるでエベレスト山の山頂にいるかのごとく感じられる。

ワーリング瞑想

全２ステージ
60 分

◆デューター

¥2,913（税別）

内なる存在が中心で全身が動く車輪になったかのように旋回し、徐々に速度を上げていく。体が自ずと倒れたらうつ伏せになり、大地に溶け込むのを感じる。旋回を通して内なる中心を見出し変容をもたらす瞑想法。

ナーダ　ヒマラヤ

全３曲
50 分 28 秒

◆デューター

¥2,622（税別）

ヒマラヤに流れる白い雲のように優しく深い響きが聴く人を内側からヒーリングする。チベッタンベル、ボウル、チャイム、山の小川の自然音。音が自分の中に響くのを感じながら、音と一緒にソフトにハミングする瞑想。

＜ヒーリング，リラクゼーション音楽CD＞

■価格は全て￥2,622（税別）です。

サットヴァ
◆デューター

全2曲
63分03秒

本来の自分自身への回帰。存在の光の渦が心地よいスリルとリズムにのって限界なく展開される恍惚の波。シンセサイザーをベースにした壮大なる光と解放の音楽。来るところまで来た感のあるデューターサウンド、深い味わいの一枚。

クリスタル・チャクラ・ヒーリング
◆ワドゥダ／プラサナ＆ザ・ミステリー

全6曲
61分03秒

虹色に鳴り渡るクリスタルボウル独特の穏やかな響きが、七つのチャクラの目覚めと活性化を促す、ヒーリングパワー・サウンド。まさにいま目の前で鳴っているようなライブ感が印象的。クリスタル・ボウルは、欧米では医療にも使われています。

レイキ・ヒーリング・サイレンス
◆デューター

全8曲
63分52秒

微細なスペースに分け入る音の微粒子―ピアノ、シンセサイザーに、琴や尺八といった和楽器をも取り入れて、デューターの静謐なる癒しの世界は、より深みを加えて登場。透きとおった、えも言われぬ沈黙の世界を築きあげる。

バンブー・フォーレスト
◆デューター

全11曲
60分17秒

琴、尺八など邦楽器を自在に繰りながら描く竹林に鳴る静寂の世界、言葉を超えた領域に深く分け入り、究極の癒しと瞑想の世界を運んでくる。
「尺八は、静寂を生み出すユニークで強力なツールだ―デューター」

ブッダ・ガーデン
◆パリジャット

全10曲
64分12秒

パリジャットの意味は＜夜香るジャスミンの花＞―彼の生み出す音楽は、優しく香り、リスナーを春のような暖かさで包み込みます。秀歌ぞろいのこのアルバムの、高まるメロディーとくつろぎの谷間が、比類なき安らぎのスペースへ導きます。

アートマ・バクティ-魂の祈り
◆マニッシュ・ヴィヤス

全3曲
66分47秒

魂の中核に向かって、インドの時間を超えた調べが波のように寄せては返す。空間を自在に鳴り渡るインドの竹笛・バンスリの響きと、寄り添うように歌われるマントラの祈り。催眠的で、エクスタティックな音の香りが漂う。

チベット遥かなり
◆ギュトー僧院の詠唱（チャント）

全6曲
55分51秒

パワフルでスピリチュアルな、チベット僧たちによるチャンティング。真言の持つエネルギーと、僧たちの厳粛で深みのある音声は、音の領域を超えて、魂の奥深くを揺さぶる。チベット密教の迫力と真髄を感じさせる貴重な1枚。

マッサージのための音楽
◆デューター・カマール・パリジャット・チンマヤ

全6曲
69分

マッサージはもちろん、レイキや各種ボディワーク、ヒーリングなど、どのワークにも使える、くつろぎのための音楽。ヒーリング音楽で活躍するアーティストたちの名曲が奏でる究極のリラックスサウンドが、深い癒しをお届けします。

※ＣＤ等購入ご希望の方は市民出版社 www.shimin.com までお申し込み下さい。
※郵便振替口座：市民出版社　00170-4-763105
※送料／CD1枚￥260・2枚￥320・3枚以上無料（価格は全て税込です）
※音楽ＣＤカタログ（無料）ご希望の方には送付致しますので御連絡下さい。